3~10세를 위한

엄마표 캠핑놀이 106

박근희 지음

조선앤북

PROLOGUE

한 번 놀아줄 때마다
한 번 더 행복해지는, 캠핑 놀이!

캠핑을 시작한 가장 큰 이유는 아이들이었습니다. 맞벌이 부모를 둔 까닭에 우리 주주들은 주말에만 엄마 아빠와 놀 수 있었지요. 그런데 주말엔 어디를 가든 줄을 서야 했습니다. 놀이공원은 물론이고 밥을 먹을 때도, 백화점에서 엘리베이터를 탈 때도 가는 곳마다 온통 줄을 서야 했어요. 줄을 서기 위해 달려가는 것이 당연하다고 여기던 아이들. 혹시 자리를 빼앗길까 봐, 엘리베이터에 못 오를까 봐 짧게는 몇 분, 길게는 몇십 분을 조바심 느끼며 서 있는 아이들을 보면서 갑자기 미안해졌습니다. 매번 주말을 그렇게 보내다 보면 슬프도록 치열한 아이들이 될 것만 같았어요. 그래서 캠핑장으로 떠나기로 마음먹었습니다. 줄을 설 일도 없고, 쓸데없는 경쟁도 없는 곳. 마당이 없는 아파트에 살다 보니 일주일에 한 번만이라도 너른 마당을 선물해주고 싶었고, "뛰지 마!" 하는 잔소리 대신 "마음껏 뛰어놀렴~" 하고 말하는 좋은 엄마 아빠가 되어주고 싶었어요. 캠핑장에선 그 모든 것이 가능했습니다. 처음에는 캠핑장에서도 녀석들의 손에서 스마트폰이 쉽게 떨어지지 않았어요. 하지만 차츰 캠핑장 친구들과 어울리면서 온종일 숲이며 산을 돌아다니며 곤충들을 잡아 관찰하면서 스마트폰보다는 땅과 풀숲을 들여다보기 시작했고, 하늘의 구름과 별을 보며 내일 날씨는 어떨지 소소한 이야기를 나누게 되었습니다. 두서너 평밖에 안 되는 좁은 공간에서 다 함께 자면서도 좁다는 짜증 대신 "내일은 일어나서 산책하고, 계곡에 물고기를 잡으러 가야지." 하는 계획을 중얼거리다 금세 잠이 들기도 하고요. 그런 아이들의 변화를 보면서 지금이 아니면 사라지고 말 이 순간을 소중히 보내고 싶다는 생각에 엄마표 캠핑 놀이를 준비하기 시작했습니다. '과연 재미있어 해줄까?'라는 고민과는 달리 아이들의 반응은 무척 좋았어요. 몇 번 캠핑 놀이를 해본 후부턴 "엄마, 이번 주에는 캠핑 가서 무슨 놀이 할 거야?"라고 호기심 가득 찬 얼굴로 물어봤고, 엄마는 그 얼굴에 힘을 얻어 매주 금요일 퇴근 후 피곤한 줄 모르고 즐거운 마음으로 캠핑 놀이 준비물을 챙겼습니다. 그렇게 한 주 한 주가 쌓여

년이라는 시간이 훌쩍 지나고 나니 한 권의 책이 될 만한 분량이 모였습니다.

그 사이 아이들도 많이 자랐어요. 이제 아이들은 엄마에게 숲에서 만난 벌레들의 암수를 구분하는 법을 설명해주고, 잠자리나 곤충을 직접 잡아 관찰통에 넣고 맘껏 관찰하고는 자연으로 돌려보낼 줄도 아는 꼬마 자연 과학자가 다 되었습니다. 자연을 자주 마주하고 관찰하다 보니 관찰력도 좋아져서 때론 엄마는 놓치고 지나치는 현상이나 사물에 대해서도 곧잘 설명해주곤 해요. 레고로 장수풍뎅이와 사슴벌레 모양을 뚝딱 만들어내고 캠핑장에서 있었던 일을 그림으로 즐겁게 표현하는 작은아들 초코, 다소 점잖고 내성적인 성격이었지만 이제는 어디 가면 놀이를 만들어 주도할 정도로 적극적으로 변한 큰아들 밀크. 이 모든 것이 오직 캠핑과 캠핑 놀이의 덕이라고만 말할 수는 없지만 내 아이들의 성장을 얘기할 때 빼놓을 수 없는 부분인 것만은 사실입니다.

제가 육아에 있어서 무엇보다 중요하게 생각하는 것은 세로토닌·도파민·엔도르핀, 바로 행복 호르몬입니다. 하나를 더 가르치려 하기보다는 한 번 더 행복하게 해주려고 노력하는 것, 저는 그게 하나를 더 배우는 것보다 녀석들이 이 세상을 살아가는 데 더 큰 힘이 되리라는 것을 믿어 의심치 않습니다. 2012년 4월 봄볕이 좋던 날 시작했던 캠핑 육아는 제가 두 아이를 낳고 키우면서 가장 잘한 일이라고 감히 자신 있게 말하고 싶어요. 그곳에서만큼은 녀석들의 웃음소리가 끊이질 않았고, 행복하다는 말을 넘치도록 들었고, 시시때때로 저를 괴롭히던 조바심으로부터 해방될 수 있었으니까요.

이 책은 참 쉬운 놀이 책입니다. 전 뛰어난 미술 실력이 있는 전문가도 아니고, 만들기에 특별한 재주가 있는 사람도 아닙니다. 소개하는 놀이들 대부분도 주변에서 흔히 있는 사물을 이용해 발상의 전환만으로 만들어낸 것이라서 아이와의 놀이에 서툰 아빠도, 야외에서 아이와 놀아본 적 없는 엄마도 누구나 쉽게 도전해볼 수 있는 것들이에요. 사실 굳이 캠핑장이 아니어도 자연물, 재활용품 등이 있는 곳이라면 어디에서든 가능한 놀이들이

PROLOGUE

기도 해요. 이 책에 소개된 놀이를 책 내용 그대로 꼭 따라 하기보다는 '아이들과 잘 놀아주고 싶다'는 동기가 되고 모티브가 되었으면 좋겠습니다. 책에 실린 놀이들이 정말 쉬워서 여러 사람들에게 공유가 되고 그래서 잘 노는 아이들이 많아지고, 너도나도 잘 놀기 때문에 노는 아이들이 전혀 이상하지 않은 그런 세상이 됐으면 좋겠어요. 서로 영어 에세이를 얼마ㅏ 잘 쓰는지, 책은 몇 권 읽었는지, 수학 경시대회 성적은 몇 점이나 받았는지 묻는 대신 오늘은 어디에서 뭐 하고 놀았는지가 더 궁금한 그런 세상이 오길 진심으로 바랍니다.

책이 나오기까지 시간이 좀 오래 걸렸지만, 저는 이 책을 쓰는 동안 참 행복했습니다. 캠핑 놀이에 좀 더 적극적으로 참여하면서 내 아이들과 수많은 추억을 나눠가졌고 "엄마, 오늘 정말 재미있었어요!" "엄마, 오늘 한 놀이 집에서 또 해봐요." "엄마, 오늘 진짜 최고였어요." 등 녀석들에게 수많은 극찬을 차고 넘치게 들었거든요. 행복한 육아를 할 수 있게 도와준 그때의 그 숲과 하늘, 함께해준 캠핑장 이웃들 참 고맙습니다.

그리고 *Special Thank To_*

두 아이와의 캠핑 일기를 조용히 지켜보셨다가 이 책이 세상에 나올 수 있게 이끌어주시고 기다려주신(동시에 마음 고생도 '솔찬히' 하신) 출판 팀장님과 담당 편집자 민정 씨, 늘 일만 벌여놓고 수습을 못 하는 아내를 든든하게 서포트해주는 남편, 온라인이라는 말도 안 되는 연결고리로 만났지만 언제나 든든한 응원을 아끼지 않는 나의 '블친(블로그 이웃)' '카친(카카오스토리 친구)'들. 그리고 주주엔터테인먼트(대표 주주맘) 전속 모델들이자 엄청난 리액션으로 어떤 놀이든 열심히 즐겨줬던 우리 연년생 시범 조교 '주주 브라더스', 마지막으로 이 시대에 흔치 않은 감성을 가진(?) 사람으로 자랄 수 있도록 공부하라는 잔소리 대신 말처럼 뛰노는 모습을 흐뭇하게 바라봐주셨던 나의 엄마, 아빠께 진심으로 감사드립니다.

캠핑 육아를 권할 수밖에 없는
8가지 이유

한 업체의 조사에 따르면 현재 우리나라 캠핑 인구는 600만이라고 해요. 잠깐의 붐이 아닌 하나의 문화로 자리 잡은 가족 캠핑은 단순히 아이들과 야외를 나가서 시간을 보내는 것을 넘어 자연 속에서 사람들과 어울리며 함께 살아가는 법을 체득하는 가장 효과적인 육아법 중 하나가 아닐까 합니다. 캠핑장에서 캠핑 놀이를 하고 캠핑 놀이법을 SNS에 공유하면서 주변 사람들에게 가장 많이 받는 질문 중 하나가 바로 "캠핑 놀이를 하면 무엇이 좋나요?" 이거였습니다. 그럴 때면 처음에는 그랬습니다. "캠핑 놀이 좋은데, 아이들한테 진짜 좋은데, 뭐라고 말로 표현할 방법이 없네!" 그런데 3년이 지난 지금은 우리 아이들의 변화를 통해서 캠핑 놀이의 효과에 대해 조금은 설명할 수가 있을 것 같습니다. 캠핑 놀이를 하면 대체 뭐가 좋냐고요?

스마트폰과 TV에 대한 집착이 줄었어요

우리 주주들도 캠핑 놀이를 시작하기 전에는 스마트폰에 대한 집착이 심했습니다. 스마트폰을 뺏거나 하지 못하게 하면 먹던 사탕을 뺏긴 것보다 더 서럽게 울곤 했어요. 스마트폰이 손에서 멀어지면 뭘 해도 의욕이 없어 보이기도 하고 짜증도 많이 냈고요. 물론 처음에는 캠핑장에서 가서도 스마트폰을 보여 달라고 조르기 일쑤였어요. 그렇게 현란한 영상, 자극적인 소리에 눈과 귀를 떼지 못하는 두 아이를 보며 '더 이상 캠핑장에서 고기만 구워 먹다 가선 안 되겠다'는 생각에 캠핑 놀이를 준비하여 시작했고, 그 이후부터는 놀랍게도 스마트폰에 대한 아이들의 집착이 서서히 사라졌습니다. TV도 주말이나 공휴일에 집에 있을 때는 아침에 일어나자마자 TV를 틀어 1시간 이상 내쳐 볼 때도 많았는데 캠핑을 한 이후로는 자연스럽게 평평한 화면보다는 실제 사물을 관찰하는 시간이 늘어났고요. 요즘도 외식을 할 때 식사를 온전히 잘 마치면 20~30분 정도 스마트폰을 가지고 놀 수 있게 해주는데 이때도 "스마트폰 그만 보고 엄마 줘." 하면 칭얼대던 예전과는 달리 '쏘쿨'하게 반납합니다. 어느 정도 절제력이 생겼다는 증거겠지요.

규칙과 약속의 소중함을 깨닫게 되었습니다

캠핑장에서 여럿이 놀이를 하다 보면 여러 가지 규칙을 배우게 됩니다. 차례를 지켜야 한다거나, 줄을 맞춰 서야 한다거나, 선을 밟으면 안 된다거나, 딱 한 번만 도전할 수 있다거나 등등. 아이들은 놀이를 시작하기 전 놀이 규칙에 대해서 귀담아 듣고, 놀면서도 놀이의 규칙을 잘 지켜야만 이 놀이가 더 재미있어진다는 것을 깨닫게 됩니다. 우리가 살아가는 사회에는 많은 규칙이 있고 그 규칙들이 모여 큰 질서를 만들지요. 규칙이 소중하다는 것을 굳이 따로 가르치지 않아도 아이들은 다양한 놀이를 하면서 규칙의 소중함을 체득하고 있습니다.

손으로 뭔가를 만드는 것을 좋아하는 아이들이 되었어요

캠핑장에서 재활용품이나 자연물을 활용해 만들기를 즐기다보니 자신의 손을 움직여 뭔가를 만들어내는 것을 즐기는 아이들이 되었습니다. 초코는 재활용품을 이용해 하루에도 몇 개씩 작품을 만들어내서 어린이집 선생님과 친구들 사이에서 '만들기 대장'으로 통해요. 실제로 재활용 만들기 대회에서 상을 받기도 했고요. 밀크 역시 창의적인 생각을 더한 작품들을 만들어 엄마와 아빠는 물론 주변 사람들을 깜짝 놀라게 한답니다.

사회성, 사교성이 쑥쑥 자랐습니다

형인 밀크는 순한 편인데다 어렸을 때부터 약간 내성적인 성향이었어요. 그런데 캠핑장에서 놀이를 하며 여러 친구들과 어울리다 보니 지금은 완전히 외향적인 성격으로 바뀌어서 친구들에게 먼저 적극적으로 다가가고, 친구들 사이에선 '밀크가 없으면 심심하다'는 말이 나올 정도가 되었습니다. 워낙에도 외향적이었던 초코는 두말할 것 없이 더욱 씩씩해졌고요. 혼자 놀기 좋아했던 이웃집 아이들도 캠핑 놀이를 하며 금세 친해졌답니다.

형제간의 서열과 차례를 배웠어요

밀크와 초코가 연년생이다 보니 어렸을 때부터 형제간의 서열만큼은 확실하게 정리해두어야겠다는 생각으로 둘 사이의 질서를 잡으려고 노력했지만 가끔 이 서열이 무너지면서 집안에 먹구름(?)이 끼기도 했더랬죠. 그런데 캠핑장에서 여러 형님, 아우들과 함께 놀이를 하며 어울리다 보니 형, 동생에 대한 관계 정리와 또래들 사이에 지켜야 하는 질서에 대한 개념이 명확해졌어요.

자연의 변화를 유심히 관찰하는 습관이 생겼습니다

캠핑 놀이는 자연물을 활용한 것이 많아요. 준비물을 챙기기 위해서는 돌멩이, 나뭇잎, 나뭇가지와 같은 것들을 주워야하는데 그런 것들을 들여다보면서 작은 것들에 관심을 갖게 된 것도 빼놓을 수 없습니다. 그냥 지나칠 수 있는 작은 벌레나 현상에 대해 호기심이 커졌고, 자연 현상을 관찰하고 어떤 현상이 일어나는 이유에 대해 궁금해 하며 '왜?'라는 질문을 자주하게 됐어요.

놀이를 더 재미있게 즐기는 새로운 아이디어를 낼 줄 알아요

놀이를 많이 해보다 보니 어느 순간부터는 아이들이 놀이에 자신의 아이디어를 더해 더 재미있게 만들려는 시도도 합니다. "엄마, 오늘은 이걸 해보는 건 어떨까?" "엄마, 이 놀이를 할 때는 규칙을 이렇게 바꿔보는 것은 어떨까?" 윷놀이 하나도 더 재미있게 하기 위해 고민을 하고 새로운 규칙을 추가하는 아이들. 친구들 사이에서도 놀이를 주도하며 좀 더 재미있게 노는 방법을 연구해서 아이들에게 설명해주는 것이 자연스러워졌습니다.

어른을 보며 자연스럽게 어른이 되어갑니다

캠핑장에서 어른들은 텐트를 치고, 밥을 짓고, 설거지를 하고, 분리수거를 합니다. 이웃집 캠퍼와 자연스럽게 인사도 나누고 먹을거리들도 함께 나누죠. 이런 어른들의 모습을 본 아이들은 따로 엄마 아빠가 "인사를 잘 해라" "스스로 이불을 정리해라" "분리수거를 잘 해라" 잔소리를 하지 않아도 캠핑장 안의 질서와 어른들의 모습을 통해 사람들과 함께 지내면서 자연스럽게 해야 할 일과 하지 않아야 할 일에 대해서 배워갑니다. 우리 가족끼리 집에서만 시간을 보내서는 할 수 없는 그야말로 '산교육'인 셈이죠.

Contents

PROLOGUE 한 번 놀아줄 때마다
한 번 더 행복해지는, 캠핑 놀이!

캠핑 육아를 권할 수밖에 없는 8가지 이유

- **012** 캠핑 놀이를 시작하기 전에
- **014** 01 아이와 캠핑 갈 때 필수 준비물
- **016** 02 버려지는 것들의 재발견, 캠핑장 재활용 재료
- **017** 03 캠핑에 재미를 더하는 아이템
- **020** 04 주주맘 추천 1년 12가지 캠핑 스케줄
- **044** 05 아이와 함께 가볼 만한 캠핑장

PART 1
캠핑장 공터에서 놀자

- 051 솔방울 골인 놀이
- 052 인디언 티피 텐트 만들기
- 054 쿠킹 포일 야구 놀이
- 056 장작 쌓기 놀이
- 058 숯으로 그림 그리기
- 060 줄다리기
- 062 과자 따 먹기 놀이
- 066 추억의 사방치기 놀이
- 068 옥수수 투호 놀이
- 070 나뭇가지 넘기 놀이
- 074 캠핑장 농구 놀이
- 076 팻트병 볼링 놀이
- 078 돋보기로 불 피우기 놀이
- 080 밤하늘 구경하기
- 082 새총 만들기
- 084 우유 팩 부메랑 만들기
- 086 나뭇가지로 활 만들기
- 088 비눗방울 만들기
- 090 박스 터널 통과하기 놀이
- 092 종이 박스로 내 아바타 만들기
- 094 나만의 우산 만들기
- 098 햇빛 가랜드 만들기
- 100 나뭇잎 연 만들기
- 102 땅에 대형 그림 그리기 놀이
- 104 사진 찍기 놀이
- 106 얼음 액자 만들기
- 110 눈썰매 타기
- 112 눈사람 만들기

PART 2
물가에서 놀자

- 118 갯벌 보물찾기
- 122 물총 놀이
- 124 돌멩이 장난감 만들기
- 126 조약돌 한글 놀이
- 130 조약돌 숫자 놀이
- 132 다슬기 잡기
- 134 나만의 어항 꾸미기
- 138 비단고둥 마라톤
- 140 조개껍질로 포토 액자 꾸미기
- 142 모래 그림 그리기
- 144 모래 케이크 만들기
- 146 초간단 샌드 아트
- 148 공룡 발굴 탐험대 놀이
- 150 모래 빼기 놀이

70

130

PART 3
꽃이랑 풀이랑 놀자

- 154 애기똥풀 매니큐어 바르기
- 156 화관 만들기
- 160 토끼풀 팔찌 & 환삼덩굴 브로치 만들기
- 162 페트병 감성 꽃병 꾸미기
- 164 책갈피 압화 만들기
- 166 같은 모양 잎과 돌 찾기
- 168 비닐봉지 물뿌리개 만들기
- 170 자연 친구들 이름 알기
- 172 식물도감 만들기
- 174 자연물 팔레트 놀이
- 176 강아지풀 경주
- 178 종이컵 텃밭 체험

PART 4
숲에서 놀자

- 184 곤충 관찰하기
- 186 비 오는 날의 숲놀이
- 188 숲 속 산책
- 190 숲거울 보며 걷기&나무 맥박 듣기
- 192 알밤 굴리기 놀이
- 194 자연물 모빌 만들기
- 196 해먹 타기
- 198 통나무 건너기 놀이
- 200 가을 색깔 모으기&숲 속 보물찾기
- 206 낙엽 물드는 순서 맞추기
- 208 낙엽 왕관 만들기&가을 숲 속 패션쇼
- 210 단풍 눈 뿌리기
- 212 낙엽&열매 꽃다발 만들기
- 214 낙엽 리스 만들기
- 216 메추리알 구하기 놀이
- 218 부엉이 가면 만들기
- 220 돌멩이 가족 인형 만들기
- 222 땔감 구해 오기 놀이
- 224 숲놀이판으로 하는 서바이벌 숲놀이
- 228 새 모이 핫도그 만들기
- 230 솔방울 습도계 만들기
- 232 숲 속 친구들 밥상 차려주기
- 234 알밤 받기 놀이
- 236 알밥 줍기 놀이

156

188

276

PART 5
캠핑 테이블에서 놀자

- 240 나뭇잎 탁본 뜨기
- 242 나뭇잎 퍼즐 놀이
- 244 팝콘 벚꽃놀이
- 246 자갈 & 열매 마라카스 만들기
- 248 나뭇가지로 별 트리 만들기
- 250 오디 열매로 점묘화 그리기
- 252 숲가방 꾸미기
- 254 추억의 빗 그림 그리기
- 256 뻥튀기 가면 파티

- 258 펠트로 인디언 왕관 만들기
- 262 낙엽으로 인디언 왕관 만들기
- 264 옥수수 껍질로 팔찌 만들기
- 266 초간단 캠핑 문패 꾸미기
- 268 채소 스탬프 놀이
- 270 과일, 채소에 표정 그리기
- 272 휴지 가습기 만들기
- 274 종이컵 탑 쌓기 놀이

PART 6
먹으면서 놀자

- 280 바비큐 꼬치 끼우기 놀이
- 282 초콜릿 퐁듀 파티
- 284 못난이 핫도그 만들기
- 286 러버덕 카레라이스
- 288 마시멜로 쿠키 만들기
- 290 맥주 캔에 팝콘 튀겨 먹기

- 292 어묵 꼬치 끼우기 & 모양 내기 놀이
- 294 여러 가지 모양 카나페 만들기
- 296 짜파게티 꾸미기
- 298 추억의 달고나 만들기
- 302 레모네이드 만들기

캠핑 놀이를
시작하기 전에

―

이 책의 놀이는 크게 세 가지의 키워드로 이루어져 있습니다. 바로 자연물·재활용 도구·요리인데요, 이 세 가지는 아이들이 캠핑장에서 가장 쉽게 놀이와 연결할 수 있는 아이템들이에요. 하지만 각각 염두에 두어야 할 주의점이 있습니다. 이 내용을 정확히 이해하고 놀이를 시작하길 당부합니다.

자연물

놀이를 하다 보면 꽃을 꺾거나 풀을 뽑을 때도 있고 열매를 따 먹어 보기도 합니다. 이때 가장 중요한 것은 무엇이든 '필요한 경우에, 필요한 양 만큼'만 채집하는 것입니다. 앞으로 소개할 놀이의 궁극적인 목적은 아이들이 자연을 바로 알고 지키며 그것들과 어울려 오롯이 즐기도록 도와주는 것입니다. 자연을 관찰한다는 명목으로 생물을 함부로 채집한다면 놀이가 아닌 훼손이 된다는 것을 꼭 일러주세요. 꽃이 필요한 놀이는 되도록 땅에 떨어져 있는 꽃들을 주워서 활용하고, 꺾어야 할 때는 가급적 가지가 휘어져 있는 꽃을 고르도록 합니다. 나뭇가지 역시 땅에 떨어져 있는 것들을 활용하고, 물고기 등을 잡으면 병이나 어항에 넣어서 관찰한 후 다시 살던 곳으로 되돌려 보내주도록 하고요. 물론 다른 생물들도 관찰한 후 놓아주기로 아이들과 약속합니다. 자세한 관찰이 필요하다면 카메라로 사진을 찍어 관찰할 것을 권합니다. 비록 하찮아 보이는 작은 생물이지만 자연의 흐름 속에는 각각 중요한 역할을 하고 있다는 것을 기억해야 하니까요. 이 책에는 조개 잡기, 토끼풀 화관 만들기 등과 같이 자연물을 많이 채취하거나 채집해야 하는 놀이는 싣지 않았습니다. '캠핑은 자연에 깃들어 사는 것'이라는 명제를 벗어나지 않는 놀이법만 담으려 노력했어요.

재활용 도구

캠핑을 하다 보면 쓰레기를 정말 많이 만들게 됩니다. 쓰레기를 줄이기 위해 집에서 웬만한 식재료는 손질을 해온다고 하더라도 캠핑을 하다 보면 어쩔 수 없는 쓰레기들이 생겨요. 버려지는 것들을 볼 때마다 자연에 죄책감이 들곤 합니다. 그래서 버리는 것을 조금이라도 줄여보고자 쓰레기 중에서 매연을 발생시키지 않고 태울 수 있는 것(나무젓가락, 종이 상자, 폐지 등)은 밤에 화로에 넣어 태우곤 해요. 하지만 페트병이나 플라스틱 용기, 비닐 등은 태울 수가 없지요. 어차피 버려질 것들이라지만 어떤 식으로든 한 번씩 더 쓰고 버리는 모습을 아이에게 보여주면 재활용의 가치를 넌지시 가르칠 수 있습니다(16쪽 '버려지는 것들의 재발견, 캠핑장 재활용 재료' 참고). 어른이 이렇게 하면 아이들 역시 달라집니다. 함부로 쉽게 버리지 못하는 아이들이 되지요. 같은 쓰레기를 버리더라도 인식하고 버리는 아이와 인식을 하지 못하고 버리는 아이는 분명한 차이가 있습니다. 이 책의 놀이법은 아이가 이런 부분에 대해 한 번 더 생각해보는 아이로 자라기를 바라는 마음을 담아, 버리는 것들을 적극 재활용하여 쓸모 있는 장난감이나 교구로 만들어보고자 노력했습니다.

요리

캠핑에서 빼놓을 수 없는 것이 바로 요리입니다. 그럴싸하고 맛있는 캠핑 요리들은 많지만 이 책에서 소개하는 요리 관련 놀이들은 3세~초등학교 저학년 아이들이 쉽게 따라 해볼 수 있고, 캠핑장이나 집 냉장고에서 쉽게 구할 수 있는 재료를 활용한 것이 대부분입니다. 멋스럽고 스타일에 신경 쓴 요리보다는 캠핑장에서 자주 먹게 되는 식재료를 활용해 아이와 함께 만들어보기 쉽고, 간편하게 먹을 수도 있는, 하지만 캠핑의 느낌은 살릴 수 있는 요리 위주로 실으려 노력했어요.

01 아이와 캠핑 갈 때 필수 준비물

아이와 함께 하는 캠핑이라면 일단 짐의 스케일이 달라집니다. 챙겨야 할 게 확 늘어나거든요. 매번 짐을 줄인다고 해도 줄어드는 건 없습니다. 하지만 저는 일단 짐이 많아지더라도 '가져는 가본다'는 생각으로 쌉니다. 그중에서도 주주맘이 아이와 캠핑을 할 때 반드시 챙기는 준비물들을 추려봤습니다.

1 구급상자

캠핑용 구급상자는 조금 달라야 합니다. 우선 야외 생활을 하는 것이므로 봄부터 여름, 초가을까지는 벌레 퇴치용 스프레이와 벌레 기피제(모기 기피제)가 필수지요. 요즘에는 간편하게 옷에 붙이는 스티커형 기피제도 있어서 넉넉하게 사둡니다. 벌레에 물린 후에 바르는 약도 필요합니다. 캠핑 시 화로나 가스 등 불을 사용할 일이 많은 만큼 화상 연고와 멸균 처리된 붕대 등도 갖춰놓는 게 좋습니다. 아이가 엎어졌을 때 바를 상처 치료제와 밴드는 기본이고요, 특히 밴드는 물에 젖지 않는 방수용 밴드로 준비합니다. 여기에 어린이용 상비약인 해열제, 소화제, 지사제 등도 별도로 챙기도록 합니다. 추가로 어른들은 주로 텐트를 칠 때 움직임이 많아 근육에 무리가 가는 경우가 종종 생겨요. 그럴 때 필요한 소염 스프레이와 파스, 진통제 정도는 갖춰두는 것이 좋습니다.

2 소형 랜턴 또는 헤드 랜턴

캠핑장의 밤은 어둡습니다. 특히 밤에는 왔다 갔다 하다 텐트를 지지하기 위해 쳐놓은 줄에 다리가 걸려 넘어지는 경우가 많아요. 소형 랜턴이나 헤드 랜턴이 있으면 밤에 화장실에 다녀오거나 주변을 탐색할 때 유용합니다. 랜턴은 깨질 염려가 없고 열전도율이 거의 없는 LED 제품을 추천해요.

3 신고 벗기 편한 신발

텐트에 들락날락할 일이 많다 보니 불편한 신발을 가져가면 텐트에 들어갔다가 나올 때마다 아이들 신발 신기고 벗기느라 하루가 다 갈지도 모릅니다. 평소 신는 신발 외에 신고 벗기 편한 신발을 꼭 가져가세요.

4 우비 · 레인 부츠 & 바람막이 점퍼

캠핑장 날씨는 예측불허일 때가 많지요. 비가 올 때를 대비해 어린이용 우비와 레인 부츠를 준비하면 캠핑을 좀 더 자유롭게 즐길 수 있어요. 바람막이 점퍼도 우비만큼 필수 아이템입니다. 바람이 많이 부는 계절인 봄과 가을뿐 아니라 여름에도 밤에는 쌀쌀해지기 때문에 꼭 챙기는 것이 좋아요.

5 간이 변기

어린아이가 있다면 간이 변기가 필요합니다. 밤에 화장실을 다니기 힘들 때 유용하죠. 주주들은 전용 봉투를 끼워서 쓰는 포이테테 휴대용 변기를 썼습니다. 두 가지 방식으로 쓸 수 있어 유아용 변기가 설치돼 있지 않은 화장실에서는 유아용 변기로, 밤에 텐트에서는 의자처럼 조립해 간이 변기로 사용 가능해요.

6 어린이용 캠핑 체어

캠핑 한두 번 할 것 아니라면 어린이용 캠핑 체어는 하나 장만해두는 것이 좋아요. 어른용 캠핑 체어는 어른 체격에 맞춰져 있어 아이들이 앉기에는 매우 불편해요. 게다가 높이가 맞지 않는다면 아이들의 자세에도 영향을 미칠 수 있고요. 접었다 폈다 하는 간이 캠핑 체어는 무게를 견디지 못해 부서질 수 있으니 반드시 제품이 견딜 수 있는 하중을 확인하고 고르도록 하세요.

02 버려지는 것들의 재발견, 캠핑장 재활용 재료

캠핑을 하다 보면 불가피하게 버릴 것들이 생기지요. 특히 일회용 페트병, 종이 상자, 비닐봉지 등은 모두 버릴 때 자연에 대한 죄책감이 들게 만드는 것들입니다. 버려지는 것들을 한 번 더 살펴보세요. 몇 가지 아이디어만 더하면 캠핑장에서 재미있게 가지고 놀만한 장난감으로 변신합니다.

1 달걀판

캠핑장에선 달걀판이 무한 변신을 합니다. 우선 플라스틱 달걀판은 물감놀이를 할 때 훌륭한 팔레트(254쪽 참조)가 돼요. 달걀이 담겨 있던 오목한 곳에 물감을 짜 넣고 덮개 부분은 물감을 섞는 판으로 쓰면 안성맞춤이에요. 씻어서 다시 써도 될 만큼 견고하답니다. 종이 달걀판은 숲놀이를 할 때 숲에서 주워 온 것들을 담고 분류할 때 유용합니다. 각 칸에 하나씩 담으면 어떤 것들이 숲에 있는지 한눈에 보기 좋지요. 또, '솔방울 골인 놀이'(50쪽 참조) 등의 놀이 장난감으로도 활용할 수 있답니다.

2 페트병

일회용 물병인 페트병은 물감 놀이 할 때 붓을 씻는 통으로도 사용할 수 있고 어항 꾸미기 놀이(134쪽 참조)를 할 때도 유용합니다. 작은 페트병은 감성 꽃병 만들기(162쪽 참조), 마라카스 만들기(246쪽 참조), 볼링 놀이(76쪽 참조) 할 때도 그만이에요.

3 종이 상자

마트에서 장을 보고 물건을 담아오는 종이 상자나 라면 상자, 장작을 담는 상자들은 캠핑장에서 스케치북이 됩니다. 특히 크면 클수록 다양한 놀이판으로도 활용할 수 있어 좋아요. 필기도구만 있다면 숲에서는 숲놀이 판(224쪽 참조), 서바이벌 윷놀이 판 등을 만들 수도 있고, 나를 닮은 그림을 그려보는 나만의 아바타 만들기(92쪽 참조)도 가능해요. 때론 상자의 위아래를 뚫어 터널 통과하기 놀이(90쪽 참조) 같은 신체 놀이도 할 수 있습니다. 신발 던지기 놀이(51쪽 참조)나 옥수수 투호 놀이(68쪽 참조)를 할 때 골대로도 쓸 수 있고요. 이때 어떤 박스에는 스테이플러가 박혀 있을 수 있으니 만질 때 아이들 손이 다치지 않게 주의시켜 주세요.

4 쿠킹 포일 & 신문지

쿠킹 포일과 신문지는 동글동글 뭉치면 공이 됩니다. 마땅히 공을 준비 못했을 때 공 대용으로 쓰기에 좋아요. 비닐봉지나 신문지를 쿠킹 포일로 싸면 가벼우면서도 통통 잘 튕기는 공이 됩니다. 이렇게 만든 공으로 야구 놀이(54쪽 참조)도 할 수 있고, 배드민턴 놀이도 할 수 있답니다.

03 캠핑에 재미를 더하는 아이템

별 다른 준비물이 없어도 자연에서라면 아이들은 신이 나지요. 하지만 몇 가지 아이템들을 챙겨 가면 놀이의 재미가 배가 될 수 있어요. 대부분 시중에서 어렵지 않게 구할 수 있는 아이템들입니다.

1 숲놀이 교구

캠핑장은 대부분 자연 속에 자리 잡아 자연 관찰을 하기 좋지요. 숲놀이 교구 몇 가지만 챙겨 가도 반나절은 실컷 자연 속에서 놀 수 있어요. 물론 숲엔 그 자체로 가지고 놀 수 있는 자연물들이 많이 있지만 교구를 활용하면 숲을 좀 더 다양한 방법으로 즐길 수 있기 때문에 숲에 관심이 없던 아이들도 숲을 '다시 보기'할 수 있답니다. 기본적으로 돋보기와 채집통만 있어도 좋아요. 여기에 곤충의 배와 등 같은 부위를 세밀하게 관찰할 수 있는 배면 관찰경, 나무의 맥박 소리를 들을 수 있는 청진기, 숲의 하늘을 바라보며 걸을 수 있는 에코 거울, 숲을 탐색할 때 재미를 더하는 무전기 등을 챙겨 가면 숲은 그 자체로 훌륭한 자연 관찰 놀이터가 됩니다. 돋보기 대신 '루페'를 목에 걸어주면 번거롭게 돋보기를 꺼낼 필요 없이 아이들이 관찰하고 싶은 것이 생기면 그때그때 들고 순발력 있게 관찰할 수 있어 좋고요. 주주맘의 경우 다이소에서 플라스틱 수납 박스를 하나 구입해 자주 필요할 것 같은 돋보기, 가위, 칼, 유성 펜, 마스킹 테이프, 에코 거울 등은 기본적으로 매번 들고 다니고 있어요. 요즘에는 숲 체험 교구를 패키지로 판매하는 곳도 있으니 한 번에 패키지로 준비해두고 두고두고 사용하는 것도 괜찮은 것 같아요.

구입처 에코숍 홀씨

2 파티 트리플 플레이트

캠핑장에서 파티를 할 계획이 있을 때 꼭 가지고 가는 아이템이에요. 크기가 각기 다른 컵 6개와 접시 3개로 구성돼 있는데 접시 가운데 동그란 구멍에 컵을 뒤집어서 끼우면 3단 플레이트로 변신합니다. 간편하게 입체적인 파티 테이블을 꾸밀 수 있고 분리해서 컵과 접시로 사용해도 되지요. 플라스틱이라 깨질 염려가 없어 좋지만 혹시라도 환경호르몬이 걱정된다면 뜨거운 음식은 담지 마세요. 만약 파티 트리플 플레이트가 준비가 안 됐다면 크기가 다른 캠핑용 식기(캠핑용 식기의 경우 수납을 위해 크기가 다른 것들이 대부분이라 응용하기 좋아요)를 탑을 쌓듯 쌓아 올려 3단으로 연출할 수도 있습니다.

구입처 콜맨

3 휴대용 빔

작은 빔 프로젝터 하나만 있으면 캠핑장 심야 극장이 열립니다. 스크린에 영상이 비춰지면 캠핑장 아이들이 하나둘 자기 의자를 들고 모여듭니다. 하늘에는 별이 떠 있고, 아이들은 잠들 생각을 하지 않아요. 하지만 화면에 집중하느라 어느 때보다 평화롭죠. 덕분에 영화를 보는 동안 엄마 아빠들은 잠깐 고단함을 잊으며 시원한 맥주 한잔을 나눌 수 있어요. 아주 효자 아이템입니다.

구입처 웅진 스토리빔

4 모래 놀이 장난감 & 옛날 시장 가방

모래 놀이 장난감은 안 가져가면 묘하게 꼭 찾을 일이 생겨요. 그래서 주주맘은 그냥 필수로 챙겨 가지고 다닙니다. 그런데 이게 모래 놀이 장난감이다 보니 수납하는 공간들이 모래투성이로 변할 때가 많아요. 그래서 고민하다가 구멍이 뻥뻥 뚫린 옛날 시장 가방에 담아 가지고 다녔더니 보관이 한결 수월해졌어요. 모래 놀이가 끝나면 가방에 넣어 흐르는 물에 휘휘 저으며 헹궈주면 모래 제거 끝! 그런 다음 가방 통째로 들어 바위 같은 곳에 탁탁 쳐서 물기를 제거한 뒤 나뭇가지에 걸어놓으면 깨끗하게 잘 마른답니다.

구입처 다이소, 마트

5 쿠키 커터

찰흙이나 플레이 도우, 쿠키 반죽만 찍는다고 생각하면 오산. 쿠키 커터는 찍을 수 있는 재료만 있으면 무엇에나 활용해볼 수 있습니다. 말랑말랑한 채소를 쿠키 커터로 찍어 도장을 만들어 도장 놀이도 할 수 있고, 식빵이나 치즈도 찍어 모양을 낼 수 있어요. 겨울엔 '눈 스케치북' 위에 모양을 찍어도 재미있답니다.

구입처 다이소, 방산시장

6 색칠 놀이

색칠 놀이는 아이를 텐트 주변 또는 엄마의 시야 안에 둬야 할 때 유용해요. 특히 비 오는 날이나 폭염인 날, 아이가 조용히 놀아줬으면 할 때 색칠 놀이를 꺼내주면 얌전하게 앉아 30분에서 1시간 정도는 색칠을 하며 놀아요. 색칠 놀이 책도 좋지만 단순하게 색칠만 하는 게 심심하게 느껴질 수 있으므로 색칠 놀이 가면이나 나만의 그림을 그릴 수 있는 패브릭 인형, 아무 그림이 없는 부채 등을 주면 아이가 더 집중하며 즐겁게 색칠할 수 있어요.

구입처 아이와캠핑(iwacamping.net), 코자자닷컴(cojaja.com), 더펀즈(thefunz.com)

7 장난감 카메라

장난감 카메라를 주면 아이들이 사진으로 남기고 싶은 것을 기록할 수 있어요. 아이가 바라보는 시선도 훔쳐볼 수 있고요. 자연 관찰을 할 때도 아이가 좀 더 적극적으로 자연물을 관찰하게 되지요.

구입처 해외 직구

8 식물도감, 곤충도감 등 자연 관찰 책

주주맘의 완소 책 목록 중 하나가 보리출판사에서 나오는 『보리 식물도감』 『보리 나무도감』 『보리 곤충도감』 등이에요. '세밀화로 그린' 시리즈인데 설명이 쉽고 그림도 비교적 예뻐서 자연 관찰 전후로 유익하게 보고 있어요. 서울에서 나고 자란 주주맘이다 보니 식물, 나무, 곤충을 자주 본 적이 없어서 주주들이 질문을 할 때나 궁금해할 때 같이 공부하며 틈틈이 찾아보고 있어요.

구입처 동대문 헌책방 골목(일반 서점에서도 구매 가능)

9 스파클라

불장난만큼 재미있는 것이 없지만 또 그만큼 위험한 것도 없어요. 캠핑장에서는 화로에 불을 피워놓으면 아이들이 잔 나뭇가지 등을 주워서 태우곤 하는데 참 위험해요. 이런 아이들의 불장난 욕구를 조금이나마 해소시켜 줄 수 있는 아이템이 스파클라예요. 어떤 가족들은 폭죽을 쏘기도 하는데 폭죽은 소음이 발생해서 '비추'고, 스파클라는 소음도 없고 다른 폭죽에 비해 비교적 안전해서 캠핑 갈 때 곧잘 챙겨갑니다. 하지만 스파클라도 불꽃이 텐트나 옷, 살갗에 튀지 않게 조심해야 해요. 텐트 주변을 피해 공터에서 놀도록 하고 또 스파클라를 최대한 몸에서 멀리 떨어지게 팔을 뻗어 잡도록 합니다.

구입처 마트, 동네 문구점(종로구 창신동 문구·완구 골목에 가서 묶음이나 상자 단위로 사면 낱개로 구매하는 것보다 훨씬 저렴합니다. 하지만 건조한 곳에 잘 보관해야 오래 두고 쓸 수 있습니다.)

10 공

공터가 넓은 캠핑장이나 운동장이 있는 캠핑장, 잔디밭이 드넓은 캠핑장에 간다면 빼놓을 수 없는 놀잇감 중 하나가 공이죠. 특히 남자아이들은 공 하나만 주면 온종일 놀다 오기도 해요. 체력 증진에도 도움이 되니 금상첨화!

구입처 마트

11 소소한 장난감들 & 클레이

문구점이나 다이소에 들르거나 종종 가는 창신동 문구·완구 골목에 갈 때면 소소한 장난감들을 여러 개 사옵니다. 비눗방울부터 프로펠러 날리기 장난감, 연, 글라이더까지 싸지만 아이들에게 행복을 줄 수 있는 장난감들이지요. 클레이는 늦가을부터 초봄까지 캠핑할 때 텐트 안에서 가지고 놀기 좋습니다. 이 시즌에는 해가 지고 나면 급격히 추워지는데, 아이들을 텐트 안에 묶어둘 놀잇감이 필요하거든요. 스마트폰 대신 클레이를 주면 조몰락조몰락 하며 여러 가지 작품을 만들어낸답니다.

구입처 동네 문구점, 종로구 창신동 문구·완구 골목

04 주주맘 추천 1년 12가지 캠핑 스케줄

만날 똑같은 캠핑은 지겹지요. 열두 달 색다른 캠핑을 즐기는 12가지 방법을 알려드립니다.

자연은 최고의 스튜디오, 가족사진 남기기

자연 속에 자리 잡은 캠핑장은 가히 최고의 스튜디오라고 할 수 있습니다. 하루 종일 자연광이 쏟아지니 값비싼 조명도 필요 없고 푸른 잔디, 파란 하늘, 화려한 꽃, 아름드리나무가 배경이 되어주니 별도의 배경이나 소품도 필요 없지요. 처음에 캠핑장에서 우리 사이트를 배경으로 가족사진을 찍기 시작한 것은 힘들게 꾸몄던 사이트를 하루 이틀 만에 다시 철수하는 게 아까워서였어요. 캠핑할 때마다 매번 집을 짓는 것과 마찬가지인데, 우리 가족들의 보금자리가 되었던 사이트가 없어지는 게 좀 허무했다고나 할까요? 처음에는 캠핑장에서 가족사진을 찍자는 제안에 남편이 머뭇거렸지요. 주위에 보는 눈이 너무 많을뿐더러, 캠핑을 하다 보면 제대로 씻지 못해 꾀죄죄한 행색이 되기 십상이라 별로 찍고 싶지 않다는 거였죠. 하지만 제 생각은 좀 달랐지요. 늘 멀끔한 모습으로만 사진을 찍다 보니 사진은 온통 웃는 얼굴과 식상한 포즈뿐이라서 캠핑장에서 만큼은 망가진 가족들의 모습을 남기는 것도 재미있을 거라 생각했거든요. 처음에는 이렇게 쭈뼛거리던 남편과 아이들도 이제는 "사진 찍자~"는 말에 알아서들 모일 정도로 자연스러워졌답니다.

캠핑장에서 멋진 가족사진을 남기려면 몇 가지 법칙을 기억해주세요. 우선 화려한 색감의 꽃이 많이 피거나 알록달록한 텐트들을 배경으로 사진을 찍을 때는 최대한 단순하고 깔끔한 색상의 옷을 입는 게 좋아요. 어지러운 패턴이 들어가 있는 옷은 배경에 묻히거나 집중도가 떨어지기 쉽거든요. 또 캠핑하는 사이트는 밥 해 먹고, 술 한 잔하다 보면 주변이 어지러워지기 십상이므로 이럴 때는 캠핑 체어만 가지고 자리를 옮겨 최대한 깔끔한 쪽을 배경으로(주로 텐트 뒤쪽이 깨끗해요) 찍어보세요. 그냥 찍기 심심하다면 앞치마 차림으로 코펠이나 국자를 들거나 아이들의 경우 잠자리채만 들어도 생생한 현장감(?)을 살릴 수 있답니다. 아이에게 사진 촬영을 부탁해 엄마 아빠를 찍어달라고 하는 것도 재미있지요. 스트랩을 목에 걸어주고 찍는 방법을 알려주면 얼짱 각도로는 결코 안 나오지만 의외의 자연스러우면서도 재미있는 사진을 건질 수가 있답니다.

캠핑 종합 세트 '캠핑 페스티벌' 참가하기

만날 밥만 먹으면 지겨울 때도 있지요? 캠핑도 매주 똑같은 콘셉트로 똑같은 곳에서 똑같은 일정으로 하면 지겨워요. 가끔 짜장면도 먹고, 피자도 먹고, 외식도 하면서 식도락을 즐기듯 봄·여름·가을 이곳저곳에서 열리는 캠핑 페스티벌에 참가해보세요. 캠핑 페스티벌은 1년 캠핑 스케줄에 있어 마치 '특식' 같은 느낌이죠. 특히 어라운드 매거진에서 매년 주최하는 '어라운드 캠핑 페스티벌'과 고아웃에서 주최하는 '고아웃 캠프' 등에는 빠짐없이 참가하고 있답니다. 이 밖에 시시때때로 다양한 캠핑 페스티벌과 여러 아웃도어 브랜드에서 주최하는 캠핑 행사들이 있는데 기회가 될 때마다 참가합니다.

캠핑 페스티벌은 캠핑을 사랑하는 사람들의 축제니만큼 볼거리와 체험거리가 가득합니다. 페스티벌 성격에 따라 콘셉트나 분위기에 약간씩 차이가 있는데, 어라운드 캠핑 페스티벌의 경우 감성적인 프로그램들이 많은 것이 특징이에요. '아침을 깨우는 명상' '보물찾기' '가족 운동회'와 같은 공동체 지향적이면서 아날로그적인 프로그램들이 비교적 여유롭게 짜여 있지요. 캠핑 페스티벌 기간 동안 플리 마켓도 서는데 각 지역에서 활동하는 수공예 작가나 플로리스트, 이색 캠핑 브랜드 등이 셀러로 참여해 아기자기하면서도 희귀한 아이템을 만날 수 있습니다. 공연 역시 주로 인디 밴드들이 하고요. 반면 고아웃 캠프는 규모가 크고 여러 아웃도어 브랜드와 관련 업체들이 대거 참가해 이벤트나 행사들이 풍성합니다. 일부 캠퍼들 사이에선 '고아웃 캠프 = 캠핑용품 득템 축제'라는 말이 있을 정도죠. 프로그램도 꽤 굵직굵직한 편입니다. 2014년의 경우에는 축제 기간에 'MBC 뮤직캠프'가 함께 열렸죠. 마켓 역시 스케일이 좀 커요. 분위기를 한마디로 정리한다면 어라운드 캠핑 페스티벌은 자유로운 홍대 분위기, 고아웃 캠프는 잘 노는 강남 분위기라고 하면 이해가 빠를까요? 저희 가족은 어라운드 캠핑 페스티벌은 즐기러 가고, 고아웃 캠프는 캠퍼로서 다양한 캠핑 문화를 구경하는 마음으로 참가하고 있습니다.

저희 주주들은 물론 좋아하다 못해 열광합니다. 어라운드 캠핑 페스티벌 때는 주최 측에서 축제장에 아이들을 위한 물놀이 시설이나 에어 바운스 등을 운영하기도 하고, 아이들을 위한 체험 프로그램을 무료 또는 재료비 최대 1만 원 정도의 부담 없는 가격으로 진행해서 여기저기 참여하느라 정신이 없지요. 고아웃 캠프 때는 이벤트에 참여하며 상품 받으러 다니느라 엄마 아빠보다 바빠요.

캠핑 페스티벌의 경우 참가비가 1사이트 2박 3일 기준 10~15만 원(기념품 포함) 정도 합니다. 입장권을 사서 캠핑이 아닌 나들이처럼 즐길 수도 있고요. 만약 아직 캠핑을 할까 말까 망설인다면 먼저 이런 캠핑 페스티벌에 한번 참가해보시는 것도 좋을 것 같아요. 다른 캠퍼들은 어떻게 캠핑을 즐기는지 곁눈질도 하고 프로그램에 직접 참여도 해보면서 캠핑을 맛보기로 경험할 수 있으니까요.

> **TIP**
> **캠핑 페스티벌 참가 방법**
> 봄 캠핑 페스티벌의 경우 5~6월 사이에 개최되는데 어라운드 홈페이지(www.a-round.kr)나 고아웃 홈페이지(www.gooutkorea.com) 등을 통해 사전에 공지 후 티켓을 오픈합니다. 대부분 티켓 오픈과 동시에 광속으로 마감되기 때문에 순발력이 필요해요.

3
캠핑장에서 생일 파티 열기

어렸을 때 영화에서 야외 생일 파티나 결혼식을 하는 것을 보면 무척이나 부러웠어요. 요즘 말로 뭔가 '있어' 보이고 여유로워 보이기도 했고요. 꼭 그래서만은 아니지만, 캠핑하기 좋은 시절에 태어난 우리 밀크와 초코의 생일 파티는 줄곧 캠핑장에서 해왔습니다. 이 날만큼은 내 아이를 주인공으로 만들어주고 싶어서 몇 가지 과일과 과자, 케이크를 준비해 캠핑 테이블에 생일상을 차려주었더니 녀석들이 참 행복해하더라고요. 파티 모자를 쓰고, 생일 축하 노래를 부르는 녀석들을 본 이웃 캠퍼들도 지나다니며 밝게 축하를 해주었고 주인공이 된 아이들은 세상에서 가장 행복한 사람의 표정을 지었습니다. 이후에도 친구들이 여러 명 모이면 종종 캠핑장에서 파티를 해주곤 해요.

'JQ(잔머리 지수) 200'의 급조의 달인인 주주맘에게 파티라고 해봤자 별것 없습니다. 케이크 하나에 집에서 만들어 온 케이크 픽이나 장식할 만한 꽃 몇 송이 꽂고, 아이들이 좋아하는 과일과 과자 몇 개 올려놓는 것이 다예요. 때로 상이 허전해 보이면 녀석들이 주워 온 자연물이나 아이들이 그린 그림을 오려서 곁들일 때도 있고요. 생일 아이템을 전혀 준비하지 못했을 때는 모래 케이크에 열매 반찬 등 자연물로 생일상을 차려준 적도 있었어요. 다만, 이때에도 생일의 하이라이트인 촛불 끄기는 꼭 챙겨줘야 하니 촛불을 꽂을 자연물 하나는 만들어주는 것이 좋습니다. 매번 이렇게 생일상이 바뀌긴 하지만, 케이크 하나만 있어도 아이들의 기분은 '업' 되기에 충분해요.

TIP 엄마표 파티 고깔모자 만들기

그래도 생일 주인공이라고 티 팍팍 내려면 파티 모자가 필요하지요. 캠핑장에선 만들기 쉽지 않으니 집에서 미리 만들어 가면 좋습니다. 펠트로 만든 파티 모자는 수납이 쉽고 잘만 보관하면 두고두고 쓸 수 있어요. 만드는 방법은 ① 집에서 굴러다니는 종이 파티 모자 하나를 분해합니다. 그러면 부채꼴 모양의 종이 판이 되지요. ② 이 종이판을 펠트에 대고 펜으로 그린 후 모양대로 자릅니다. ③ 부채꼴의 양변에 풀칠(양면 테이프나 본드를 사용하면 더 단단합니다)을 하고 붙여줍니다. ④ 아이 머리에 씌워보고 귀 위쪽 펠트에 구멍을 뚫어 고무줄로 묶어줍니다. 펠트가 밋밋하게 느껴진다면 아이의 나이를 나타내는 숫자나 아이가 좋아할 만한 여러 가지 장식을 오려 붙여주면 더욱 특별한 파티 모자가 되겠지요? 만드는 법을 좀 더 자세히 보고 싶다면 주주맘 블로그(ngmom.com)의 검색창에 '파티햇'을 쳐보세요.

캠핑장에서 **숲 속 전시회 열기**

처음에는 사이트 구축하고 삼시세끼 밥해 먹기도 빠듯하게 느껴졌는데 캠핑을 시작한 지 1년 정도 지나니 차츰 여유가 생기면서 캠핑장에서 즉흥적인 이벤트도 열 수 있게 되었습니다. 그중 하나가 '캠핑장 숲속 전시회'였어요. 캠핑장에서 즉석에서 그린 아이들의 그림으로 여는 엄마표 게릴라 전시회죠. 물론 녀석들이 그림을 특별히 잘 그린다거나 작품성이 뛰어나서 여는 전시회는 아닙니다. 오가며 그림을 보고, 캠핑 인테리어용으로도 좋을 것 같아 시작하게 된 거였어요. 엄마는 전시 기획자가 되고 아이들은 초청 작가가 되어 함께 꾸미는 전시회. 관람객은 엄마 아빠와 지나가는 캠퍼들, 관람 기간은 우리 가족이 캠핑하는 동안, 관람료는 무료. 첫 번째 전시 장소는 SBS '힐링캠프'의 촬영 장소로도 알려진 경기도 남양주시 화도읍에 있는 봉서원 더 시크릿가든이었어요. 주주들이 그린 4개의 작품을 캠핑용품인 데이지 체인에 걸어 전시한 것이었는데 그림을 돋보이게 해줄 할로겐 조명도 액자도 없었지만 제겐 그 어느 전시회에서 본 그림보다 멋지고 감동적으로 느껴졌지요. 괴발개발 그린 알록달록한 그림들이 바람에 따라 움직일 때마다, 움직이는 그림 사이로 햇볕이 들어올 때마다 저절로 힐링이 되는 기분이었어요.

캠핑장 숲속 전시회를 열다 보니 주주들에게도 작은 변화가 생겼어요. 특별히 작품 수준이 좋아진 것은 아니지만 캠핑장에 오면 으레 그림을 자연스럽게 한 점씩은 그리게 됐고, 어쩔 땐 전시를 해달라면서 과도한 예술혼을 불사르며 다작(多作)까지 하기 시작했다는 것이지요. 때론 누가 더 많은 작품을 전시하나 형제간에 경쟁이 펼쳐지기도 한답니다.

준비물 스케치북, 물감 및 크레스파스 등 그리기 재료, 투명 작업 일지 파일, 데이지 체인, 비너 또는 집게고리

놀이 방법

1 주제를 정하거나 자유 주제로 그림을 그린다. 아이가 어려 그림 그리는 것이 어렵다면 엄마가 점선을 이용해 밑그림을 그려 도와주거나 스탬프 놀이나 핑거 페인트 그림 등 쉬운 그림부터 그린다. 5~6세 이상이라면 '캠핑장에서 본 것 중 기억에 남는 것'이나 '여름' 등 주제를 정해 그리도록 하면 좀 더 구체적인 그림을 그릴 수 있다.

2 그림을 다 그린 후에는 각자 자신의 그림에 관해 발표하는 시간을 갖는다.

3 완성된 그림을 투명 작업 일지 파일에 넣고 데이지 체인이나 노끈, 줄을 이용해 그림을 건다.

> **TIP**
> **그림 매다는 법**
> 투명 작업 일지 파일은 비가 와도 작품이 젖지 않게 해줘 숲속 전시회를 할 때 유용합니다. 대형 문구점 등에서 2000원 정도에 판매합니다. 작업 일지 파일을 구하기 어려울 때는 집에서 쓰는 옷걸이 중 바지걸이를 가져가 활용할 수도 있습니다. 스케치북을 바지걸이 집게로 집어 스트링이나 데이지 체인에 매달면 멋진 갤러리가 되지요.

5
정다운 사람들과의 **힐링 캠프**

캠핑이 어느 정도 익숙해지니 만나고 싶었던 지인들을 초대할 정도로 내공이 생겼습니다. 한 가족, 두 가족 모이다 보면 어느새 '떼캠'(여러 가족이 함께 캠핑을 즐기는 것) 모드가 될 때도 있지요. 아이들까지 합세하면 시끌벅적해지는 건 두말할 것 없고요. 녀석들 밥 먹이다 보면 오붓한 만남은 그저 기대로만 끝날 때도 있지만 그래도 복잡하면 복잡한 대로 재밌습니다. 초대 손님들의 특성에 따라 그날 캠핑의 분위기도 많이 달라집니다. 친구들과는 옛이야기를 하고 90년대 노래를 아이들과 함께 입을 맞춰 부르기도 합니다. 대개 처음에는 "집 놔두고 나와서 왜 이 고생을 해?"며 애정 어린 잔소리로 시작하지만, 이내 어린 시절 조그만 텐트에서 온 가족이 함께 '야영'하던 때를 떠올리며 화기애애해지곤 합니다.

저는 블로그를 하다 보니 가끔 마음 맞는 블로그 이웃들과 함께 캠핑을 하기도 합니다. 오프라인에서 꼭 한번 만나자고 수차례 약속했지만 막상 아이들 데리고 만나려면 장소 선택도 쉽지 않은 게 사실이었지요. 하지만 캠핑장은 아이들을 맘껏 어울려 뛰놀게 하고 부모들끼리 편히 앉아 이야기를 나눌 수 있는 참 좋은 공간이에요. 집이 아니니 층간소음 때문에 신경 쓸 일도 없고요, 방문객의 경우 인원수만큼 입장료만 조금 추가하면 되니(일부 캠핑장에서는 방문객을 아예 허락하지 않는 경우도 있습니다만) 이보다 더 경제적일 수는 없습니다. 블로그 이웃들과 캠핑장에서 만나면 사실 득보다는 실(?)이 많습니다. 일단 민낯의 초내추럴한 모습을 어쩔 수 없이 공개해야 하고, 감추고 싶은 허술한 캠핑 살림살이도 적나라하게 보일 수밖에 없지요. 그럼에도 불구하고 캠핑장 모임은 초대 손님들에게 그 어느 곳에서보다도 즐거운 경험을 선물하기에 최고의 장소인 것만은 분명하답니다.

> **TIP**
> **캠핑장 방문객 이용 시**
> 캠핑장에 따라 방문객 이용을 허가하는 곳과 허가하지 않는 곳이 있어요. 캠핑장에서 함께 캠핑하는 것이 아닌 누군가를 당일 하루 초대할 때는 캠핑장 측에 꼭 방문객 이용이 가능한지 미리 물어봐야 낭패를 겪지 않습니다. 캠핑장에 따라 무료인 곳도 있고 1인당 5000~1만 원 정도의 방문객 입장료(캠핑장 시설 사용료)를 받는 곳도 있으니 참고하세요!

공동 육아 꽃피는 정기 캠프 참가하기

캠핑장에 가면 많은 사람들을 만납니다. 형제인 녀석들에게 여동생이나 누나가 생기기도 하고, 형이 생기기도 하지요. 캠핑장에서 아이들은 놀면서 서로의 자리를 찾아가고 자연스럽게 서열을 깨칩니다. 그래서 외동인 아이도 캠핑장에 가면 1박 2일 동안이지만 대가족을 경험하게 되지요. 저희가 자주 찾는 캠핑장 중의 한 곳인 강원도 횡성군 서원면에 있는 라라솔 캠핑장은 주위 환경도 마음에 들지만 이 캠핑장 캠지기님이 어린 자녀 셋을 두고 있어서인지 캠핑장 자체가 아이와 캠핑을 하기에 좋게 꾸며져 있어요. 그래서일까요?

이 캠핑장의 분위기가 참 묘합니다. 다니다 보니 거의 매번 같은 얼굴을 보게 된다 싶었더니 대부분 단골 캠퍼들이 다니고 있더라고요. 이렇게 자주 보게 되니 어른들끼리 자연스레 음식을 나누고 술 한잔 기울이게 되면서 아이들 역시 서로의 이름을 알아가며 친구 또는 형제자매가 되더라고요. 캠핑장마다 분위기라는 것이 있는데, 라라솔 캠핑장은 그야말로 가족 같은 분위기가 형성돼 있어요. 저 집 아이가 우리 텐트에서 밥을 먹고, 우리 집 아이가 저 집에서 영화를 보는 게 별로 이상하지 않은 분위기. 그야말로 '공동의 아빠' '공동의 엄마'

가 존재하는 공간입니다. 몇 번 이런 분위기를 맛본 주주들은 매주 그 캠핑장에 가자고 노래를 불렀어요. "엄마, 지난번에 그 ○○ 형이 꼭 오랬어! 오늘 만나서 팽이 돌리기 하기로 했단 말이야." 그 형이 누구냐고 물어보면 백 퍼센트 캠핑장에서 만난 형이었어요. 주주들의 요구에 라라솔 캠핑장을 자주 찾게 되니 낯가림 좀 있는 우리 부부도 캠핑장 정캠(캠핑장에서 해당 캠핑장 동호인들을 대상으로 정기적으로 여는 캠프)에도 참여하게 됐습니다. 정캠날 각자 준비한 메뉴로 포틀럭 파티를 하는데 동네잔치가 부럽지 않을 만큼 떠들썩했어요. 떡부터 해물탕, 주꾸미볶음, 김밥, 스파게티, 삼겹살, 제육볶음, 오리구이 등 푸짐하고 넉넉한 음식을 나누어 먹는 풍경은 캠핑을 시작한 지 얼마 되지 않은, 도시에서 바쁘게 살아가는 제겐 퍽이나 신기했습니다. 그뿐인가요? 파티 전문가인 어떤 캠퍼는 아이들을 모아 리본 만들기 클래스를 무료로 열어주고, 만들기에 능한 어떤 캠퍼는 클레이를 넉넉하게 준비해 와 아이들 클레이 클래스를 무료로 진행해주었지요. 20여 명의 아이들이 모여 서로 어깨를 부딪치며 어울리는 것을 보니 괜히 가슴이 뭉클하기도 했습니다. 제가 그토록 보고 싶어 하던 풍경이었으니까요. 이후 저희는 이 캠핑장에서 진행하는 정캠이나 분캠(분기별로 캠핑하는 것) 때 특별한 일이 없으면 꼭꼭 참여하고 있습니다. 엄마 아빠만큼 잘 놀아주는 삼촌과 이모, 형과 동생이 수십 명씩 있으니 마다할 이유가 있을까요. 이렇게 캠핑을 하다 보면 마음이 편하고 아이들이 유난히 선호하는 캠핑장이 몇 곳 생기는데 그런 곳을 베이스캠프로 만들어보세요. 여러 캠핑장을 두루 돌아다니는 것도 좋지만 그렇게 베이스캠프를 만들어두면 친한 이웃 캠퍼들이 생깁니다.

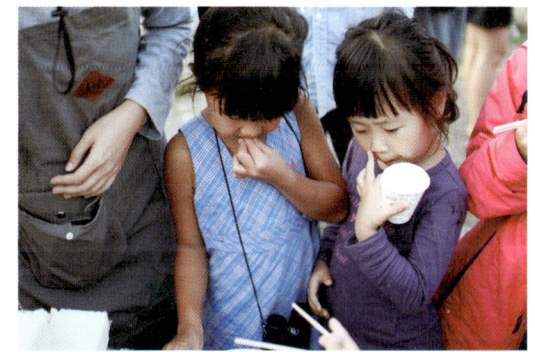

제주도 캠핑하기

캠핑을 시작하고부터 생긴 로망이 하나 있다면 그건 바로 '제주 캠핑'이었어요. 차에 짐을 한가득 싣고 배를 타고 바다를 건너 제주 땅 어딘가에 내 텐트의 팩을 '탕탕' 박는 상상. 바다를 마주한 우도의 저 푸른 초원 위에 그림 같은 텐트를 하나 치고, 작은 코펠에 라면 하나 끓여 먹은 뒤 릴렉스 체어에 앉아 한참을 그렇게 제주의 푸른 기운을 즐기는 상상. 상상만 하다가 몸살이 날 것 같았던 6월의 어느 날에 제주로 떠났습니다. 알뜰하게 놀자는 생각으로, 김포에서 새벽에 일찍 출발하고 제주에선 오후 9시대 비행기를 타고 돌아오는 4박 5일 같은 3박 4일 일정을 짰습니다. 그리고 아이들이 있으니 무리한 스케줄보다는 2박은 캠핑, 1박은 펜션에서 숙박하는 걸로 했지요.

제주는 온통 바다로 둘러싸여 있지만 가는 곳마다 바다 색깔이 다르지요. 저희가 캠핑을 했던 함덕은 '그래, 제주구나!' 하는 감탄사가 절로 들 정도로 평화로웠습니다. 길고 꼿꼿한 야자수 너머로 몇몇 젊은이들이 물놀이를 하고 있었고, 주변 캠핑장은 비수기였지만 저희 외에도 몇 팀이 캠핑을 하고 있었어요. 함덕에서 1박 후 이튿날엔 월정리로 가서 해변 카페에서 브런치로 끼니를 해결하고 오후에는 구좌읍 송당리에 있는 '체험 캠핑장'을 찾았습니다. 일단 캠핑 동호인들 사이에서 '뉴질랜드의 어느 숲 속 같다' '전세 캠핑의 완결편이다' 등의 입소문이 조용히 퍼지고 있는 곳이라 꼭 한번 가보고 싶었지요. 캠지기님 말씀으로는 이곳은 문중 땅으로 알음알음 찾아오는 사람들에게만 캠핑 체험을 하게 해준다고 해요. 개수대나 화장실 시설은 열악했지만(이후에 개보수하신다고 했습니다만) 주변 자연환경만큼은 소문대로 훌륭했습니다. 풀벌레 소리, 나뭇잎 떨어지는 소리, 새소리, 물 흘러가는 소리 외에는 아무것도 들리지 않던 그곳. 사람들 말대로 뉴질랜드의 어느 숲 속에 와 있는 듯한 착각마저 들던 곳이었습니다.

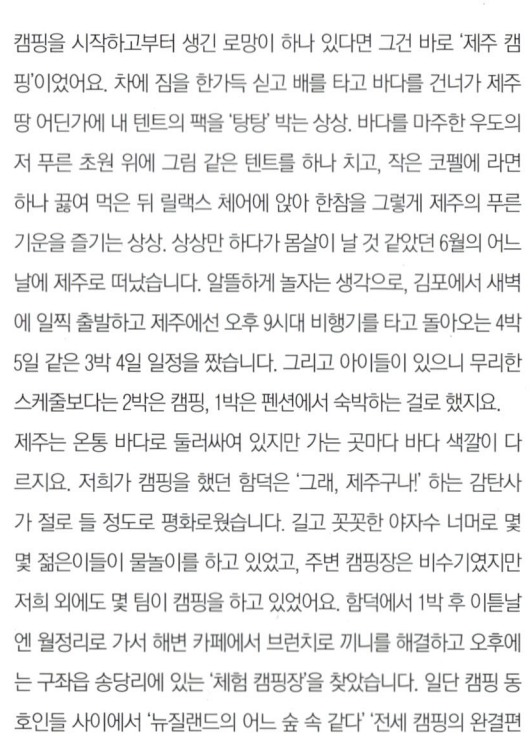

그 후로 1년이 다 돼가는 지금도 우리 주주들은 제주 캠핑 이야기를 하곤 합니다. 초코는 가끔 평일 아침에도 해맑은 얼굴로 "엄마, 오늘 우리 어린이집 가지 말고 제주도 갈까?"라고 얘기하기도 하고, 밀크는 함덕 해변을 떠올리며 "엄마, 우리 제주도에서 캠핑할 때 참 좋았지!"라며 되새기곤 하지요. 그날 이후 남편은 손꼽아 기다립니다. 녀석들이 얼른 커서 온 가족이 배낭만 메고 제주로 가 트레킹도 하고 캠핑도 하는 날이 오기를요.

비행기로 제주 캠핑 갈 때 짐 싸는 노하우

텐트 1개, 체어 2개를 여행용 가방 1개에_ 텐트는 잠만 잘 수 있을 정도로 미니멀한 'MSR 엘릭서'를 가지고 갔습니다. MSR 엘릭서는 3인용인데, 다행히도 저희 부부가 그다지 장신이 아니라 텐트를 기준으로 가로로 누우니 주주들까지 잘 수 있었어요. 여기에 수납이 쉬운 '헬리녹스 체어' 2개를 넣었지요.

침낭 2개는 여행용 가방 1개에_ 짐을 쌀 때 가장 고민했던 것이 바로 침낭이었어요. 부피를 많이 차지하는 것이라 1개만 가지고 갈까 하다가 바닷가 캠핑을 계획하고 있었기 때문에 2개를 가져갔습니다. 가서 캠핑을 해보니 침낭이 그렇게 절실한 것은 아니었지만, 비가 온 날은 날씨가 서늘해져 침낭을 두고 왔다면 아마도 후회했을 것 같아요. 제주도 기상 상태에 따라 다르겠지만, 침낭은 꼭 가족 수대로 챙길 것을 추천합니다.

코펠, 버너 대신 구이바다 하나로_ 최소한의 코펠과 버너, 식기류를 넣어 갔습니다. 애용하던 '코베아 구이바다'는 가져가지 않았는데 가서 보니 코펠과 버너, 식기류를 챙기는 것보다 차라리 구이바다 1개를 챙기는 게 유용할 뻔했다는 결론입니다. 한 끼는 라면을 끓여 먹었고, 한 끼는 제주 토종 돼지 삼겹살을 구워 먹었지요. 그리고 대부분은 현지 음식을 사 먹었습니다. 짐이 너무 많다면 다른 건 다 두고 커피를 끓여 먹을 주전자와 '스노우피크 트라메지노'처럼 간단하게 샌드위치를 만들어 먹을 수 있는 조리 도구만 챙겨 가는 것도 나쁘지 않을 것 같아요.

아이들 장난감은 '약식 버전'의 모래 놀이 세트와 딱지 정도로_ 혈혈단신 백패킹을 하거나 아이 없이 친구, 연인 또는 부부끼리만 캠핑한다면 짐이 그리 많진 않겠지만, 저희는 아이들 짐이 엄청났지요. 2박 3일 동안 갈아입을 옷만도 어마어마. 그 와중에도 장난감을 아예 안 챙겨갈 수는 없는지라 모래 놀이 세트와 딱지 정도만 챙겨 갔어요. 모래 놀이 세트도 약식 버전으로 가져가세요. 짐이 정 많으면 현지 마트에서 사도 된답니다.

> **TIP**
> **'타산지석'으로 삼을 만한**
> **주주 패밀리 3박 4일 좌충우돌 제주 캠핑 일정**
>
> 김포에서 오전 6시 50분 비행기를 타고 8시쯤 제주 도착 → 제주 동문시장 구경(*제주 곳곳에선 오일장이 섭니다. 오일장에 맞춰서 가면 더욱 즐겁고요. 최근에는 '벨롱장'이 핫합니다) → 제주 동문시장 맛집 '사랑분식'(064-757-5058)에서 '사랑식'(3500원)으로 브런치 → 김녕 해수욕장 관광 → 함덕 해변에서 첫날밤 캠핑 → 둘째날 오전 8시 함덕 철수 → 월정리 해변 '로와'(064-783-2240)에서 브런치 → 인근 '곰막'(064-727-5111)에서 회와 매운탕으로 점심 → 구좌읍 송당리 대천 야유회 구장(구 체험 캠핑장)(010-3696-3891)에서 1박 → 셋째 날 섭지코지 드라이브(날씨 탓에 차에서 내려 관광하기가 어려웠음) → 휘닉스 아일랜드 키즈카페 → 구좌읍 종달리 '이안재'(010-2792-3841) 1박 → 넷째 날 '바다는 안보여요'(064-782-4518) 카페에서 팥빙수와 제주당근주스 맛보기 → '순희밥상'(064-783-3257)에서 '순희정식'(7000원) → '소심한 책방' 등 둘러보며 종달리 투어 → 제주공항으로 가는 길에 사려니 숲길 산책 → (살짝 시간이 남아서 공항 주변 이호테우 해변 관광 후) 제주공항에서 저녁 9시 비행기로 출발해 10시쯤 김포공항 도착

8 반려견 동반 캠핑하기

키우는 반려견이 한 마리 있습니다. 이름은 '똘똘이'. 2000년에 저희 집에 왔으니 어느덧 15년을 함께한 녀석이지요. 캠핑을 시작하면서 가장 미안해진 존재이기도 합니다. 데리고 다니는 게 불편한 것보다 다른 캠퍼들에게 피해가 될 수도 있어서 어쩔 수 없이 캠핑을 갈 때면 친정에 들러 녀석을 맡기고 떠났거든요. 산책 좋아하고 자연에서 뛰노는 것을 유난히 좋아하는 녀석을 두고 가려니 마음이 무거웠어요. 녀석이 좋아하는 꽃을 보고 있자면 눈에 선하기도 했고요. 우리 주주들도 늘 "똘똘이도 같이 캠핑장에 갔으면 좋겠어~" 하며 아쉬워했어요. 어떤 날은 캠핑장으로 가는 길 차 안에서 똘똘이가 불쌍하다며 눈물을 뚝뚝 흘린 적도 있었네요.

그러다 애견 동반 캠핑이 가능한 캠핑장들이 꽤 있다는 것을 알게 됐고 그때부터는 1년에 두서너 번을 똘똘이와 함께 캠핑을 갑니다. 녀석도 좋은지 캠핑장에 가면 코를 벌름벌름, 킁킁거리며 풀 냄새를 즐기고 행복한 표정을 짓습니다(개가 어떻게 행복한 표정을 짓느냐고요? 개도 표정이 있답니다). 가끔은 캠핑장에 있는 아이들의 사랑을 너무 과하게 받아서 피곤해할 때도 있어요. 녀석은 사람으로 치자면 노년기라 기력이 전 같지 않은지 자주 캠핑 체어에 앉아 쉬곤 해요. 그래도 함께 있으니, 그 와중에도 다른 캠퍼들에게 방해가 될까 봐 신경은 쓰이지만 무척이나 행복했답니다.

애견 동반 캠핑을 할 때는 몇 가지 지켜야 할 펫티켓('pet'과 'etiquette'의 합성어)이 있습니다. 반드시 목줄을 매야 하고, 산책 시 배설물은 꼭 치워야 해요. 기본적인 내용이지만 이마저도 지키지 않는 캠퍼들을 보면 애견인인 제가 다 부끄러워지더라고요. 이러다 애견 동반 캠핑이 없어지는 것은 아닌가 하는 조바심도 들고요. 개를 좋아하지 않는 캠퍼들도 많이 있어 가끔 캠핑 동호회에도 '애견 동반 캠핑'에 대해 갑론을박하는 글이 올라오곤 합니다. 댓글들을 읽다 보면 양쪽 다 이해가 가요. 다만 애견을 동반한다면 일반 캠핑장이 아닌 애견 동반 가능한 캠핑장을 선택하는 게 잡음을 줄일 수 있지 않을까 하는 생각을 해봅니다.

> **TIP**
> **반려견 동반 가능한 캠핑장**
> 포천 허브 밸리 캠핑장(031-532-0730), 안성 고삼 호수 캠핑장(070-7721-2233), 강원도 횡성 라라솔 캠핑장(010-3227-2775) 등은 애완견 동반이 가능한 캠핑장으로 비교적 후기도 괜찮은 곳들입니다. 이 밖에도 인터넷 검색창에 '애완견 동반 캠핑'으로 검색하면 꽤 많은 캠핑장들이 나오는데 애완견 동반 캠핑장이라고 하더라도 때에 따라 애완견 동반이 불가능한 경우도 있으니 예약 전에 반드시 전화 문의해주세요.

9
캠핑 박람회 & 캠핑 브랜드 패밀리 세일 구경 가기

캠핑 박람회는 해마다 다르지만 2월부터 시작해 연 3~6회(아웃도어 박람회 포함) 정도 열립니다. 캠핑과 아웃도어 관련 브랜드가 대거 참가하기 때문에 여기서는 백화점이나 캠핑 전문 매장들을 따로 돌아다니며 발품 팔 필요 없이 한자리에서 관련 상품 구경이 가능하다는 게 장점이지요. 캠핑 트렌드도 알 수 있고 평소 갖고 싶었던 물건들을 직접 체험해보고 살 수 있습니다. 가족을 동반한 캠퍼들이 많다 보니 아이들과 함께하는 체험전이나 이벤트도 많고요. 지름신과 접신만 하지 않는다면 참으로 유용합니다만, 대개는 손에 뭐라도 들고 나온다는 게 문제라면 문제입니다. 하지만 매의 눈으로 꼼꼼하게 둘러보다 보면 할인가에 좋은 캠핑용품들을 득템할 수 있는 기회가 되는 건 사실이에요.

박람회는 대개 수요일이나 목요일부터 시작해 일요일까지 하는데, 여유롭게 관람하고 싶다면 박람회 시작일에, 박람회장에 나온 물건을 비교적 저렴한 가격에 득템하고 싶다면 박람회 마지막 날 오후에 방문하는 게 좋습니다. 박람회 마지막 날 오후에는 전시 상품들이 떨이로 판매돼 생각지도 못한 가격에 원하던 제품들을 살 수 있어요. 다만 박람회에서 물건을 살 때는 제품에 문제가 없는지, AS는 되는지 확인해보고 사도록 합니다. 일부 전시품은 박람회 기간에 너무 많은 관람객들의 손이 닿아 사용 흔적이 많거나 파손됐을 수도 있거든요. 또한 박람회가 열리기 전 홈페이지를 통해 사전 등록을 해놓으면 무료 입장 혜택이나 입장권 할인 혜택을 받을 수 있습니다. 한번 사전 등록을 해두면 같은 곳에서 주최하는 캠핑 박람회 소식을 SMS 메시지나 이메일로 받을 수 있어요.

캠핑 브랜드의 패밀리 세일도 빼놓을 수 없습니다. 평소 눈여겨봐뒀던 제품들을 착한 가격에 살 수 있지요. 아웃도어 브랜드 '콜맨'의 경우 매년 가을에 서울 근교에 있는 프리미엄 아웃렛 내 매장에서 대규모 패밀리 세일을 하는 것으로 잘 알려져 있습니다. '스노우 피크'와 '코베아' 역시 브랜드 세일을 종종 실시하는데 이 역시 각 브랜드 홈페이지를 통해 회원 가입을 해두면 이메일이나 SMS 등으로 행사 관련 소식을 받을 수 있어 유용합니다.

핼러윈 캠핑 파티 열기

저희 어렸을 때는 '전설의 고향'이라는 TV 프로그램이 인기 있어 동네 친구들과 어울려 골목에서 귀신 놀이를 종종 했습니다. 그 옛날 귀신 놀이는 아니지만, 요즘 아이들도 공식적으로 분장을 하고 놀 수 있는 날이 있지요. 바로 '핼러윈 데이'입니다. 캠핑을 하면서 이 핼러윈 데이가 조금 특별해졌어요. 정말 으스스하게 까만 밤에 달빛 아래에서 제대로 핼러윈 파티 분위기를 즐길 수 있게 됐으니까요. 핼러윈 파티라고 해서 거창하진 않습니다. 나무에 시중에서 판매하는 유령 인형 몇 개 걸고, 잭오 랜턴과 가렌드로 테이블을 꾸미는 것만으로도 아이들은 즐거워하거든요. 이날 엄마들은 핼러윈 파티를 꾸미는 스타일리스트가 되고, 아빠들은 귀신으로 분장해 열연합니다. 연기에 자신 있는 아빠들은 두루마리 휴지로 온몸을 감고 미라로 변장하기도 합니다. 그러면 아이들은 깔깔거리고 자지러지게 웃다가 미라가 무시무시한 포즈를 취하며 움직이면 무섭다고 도망을 치느라 바쁩니다. 파티가 무르익으면 아이들의 분장 쇼가 펼쳐집니다. 검은색 보자기에 드라큘라 머리띠를 한 귀여운 악마가 된 아이, 마법사 모자를 쓴 아이, 공룡 옷을 입은 아이들이 런웨이를 하고, "트릭 오어 트리트!"을 외치면 어른들은 갖고 있던 사탕을 나눠줍니다. 아이들은 모처럼의 사탕 세례에 즐거운 비명을 지르고요. 파티가 끝난 후에도 아이들이 한동안 캠핑장을 돌아다니며 재밌어 하는 모습을 보는 것만으로도 흐뭇합니다. 살짝 정신없기도 하지만 아이들은 두고두고 이날을 이야기해요.

핼러윈 파티는 물론 서양의 풍습입니다만, 어른들도 동심으로 돌아가 특별한 캠핑을 할 수 있는 날이기도 하지요. 그래서 요즘에는 핼러윈 데이에 즈음해 '핼러윈 파티'를 컨셉으로 캠핑하는 어른 캠퍼들도 심심찮게 찾을 수 있습니다. 어울리는 사람들이 많으면 많을수록, 망가지는 어른들이 많으면 많을수록 즐거운 것이 이 핼러윈 캠핑 파티지요.

 TIP

핼러윈 데이에 꼭 나오는 질문

"엄마, 핼러윈 데이가 뭐예요?"
고대 서양에서 활약한 켈트족의 새해 첫날은 1월 1일이 아닌 11월 1일이었다고 해요. 켈트족은 사람이 죽으면 그 영혼이 1년 동안 다른 사람의 몸속에 있다가 사후 세계로 간다고 믿었는데 한 해의 마지막 날인 10월 31일에 죽은 영혼들이 특히 많이 떠돌아다닌다고 믿었대요. 그래서 그날은 귀신이 몸속으로 들어오지 못하도록 더 무서운 분장을 하고 죽음의 신인 '삼하인'을 기리는 제사를 지냈다고 해요. 즉, 삼하인을 기리는 제사가 오늘날 핼러윈 데이의 유래라고 합니다.

"'트릭 오어 트리트(trick or treat)'가 무슨 뜻이에요?"
"사탕 안 주면 장난칠 거야"라는 뜻. 핼러윈의 대표적인 놀이 중 하나지요. 아이들이 "trick or treat"을 외치면 어른들이 사탕이나 초콜릿을 나눠주는데, 이는 중세에 특별한 날이 되면 집집마다 돌아다니는 아이나 가난한 이들에게 음식을 나눠주던 풍습에서 기원한 것이라고 해요.

11
거실 또는 베란다에서 캠핑하기

1년에 한두 번은 거실이나 베란다에서 캠핑을 합니다. 한겨울처럼 캠핑을 자주 하지 못할 때나 경조사가 있어서 주말에 어딘가로 떠날 수 없을 때, 가족 중 누군가가 컨디션이 좋지 않은데 캠핑 분위기는 내고 싶을 때 거실 한가운데에 캠핑 테이블을 펼치고, 캠핑 체어에 앉아 저녁을 먹으며 도란도란 이야기를 나눕니다. 손바닥만 한 거실과 베란다가 조금 아쉽지만 아이들은 그것만으로도 흥분 상태가 돼요. 요리하기를 좋아해서 매일 가족들에게 요리 재능 기부를 하는 (?) 남편은 캠핑장에서 먹는 메뉴들을 부엌에서 맛있게 준비해 오고 저는 테이블 세팅이랑 음악을 담당합니다. 그러곤 거실 등은 끄고, 플로어 스탠드 하나와 캠핑 랜턴 하나를 켭니다. 조도가 낮아지면 괜히 감성이 충만해지죠. 여기에 분위기 있는 음악을 틀어놓고 몸을 흔들흔들하면 녀석들은 엄마의 그런 모습에 한바탕 까르르거립니다. 화로에 구운 고구마는 없지만 대신 찐고구마를 까먹으면서 못다 한 이야기들을 나누다 보면 어느새 밤이 깊어가요.

2~3인용 미니멀한 텐트를 거실에 펼치는 날도 있습니다. 늘 똑같은 거실인데 텐트 하나 쳤다고 뭔가 새집으로 이사를 한 것 같은 기분이 들죠. 녀석들은 텐트 위에 아끼는 딱지들을 올려놓고는 텐트 안에 누워 '별자리'라고 부르기도 하고, 자기가 좋아하는 장난감 살림들을 하나씩 텐트 안으로 옮겨 와 살림을 차리기도 합니다. 그러다 텐트에서 잠이 들기도 하고요. 텐트를 펼치고 다시 철수해야 하는 아빠가 좀 피곤하긴 하지만 덕분에 아이들은 짧은 순간이나마 행복한 한때를 보냅니다. 매번 반복되는 일상이 지겨울 때도 있잖아요. 그럴 때 한 번쯤 텐트를 꺼내 일상적이지 않은 하루를 보내보세요. 의외로 재미있답니다.

12 캠핑용품 리폼 & DIY 하기

캠핑도 농사와 같지요. 봄·가을은 '캠번기(캠핑이 번성하는 시기)', 그에 비해 캠핑 횟수가 줄어드는 겨울은 '캠한기(캠핑이 한가해지는 시기)'입니다. 캠번기 때는 매주 또는 2주에 한 번씩 캠핑을 해요. 겨울에는 횟수가 급격히 줄어들고요. 특히 어린아이들이 있는 집에서는 더욱 그렇죠. 그렇다고 캠핑 라이프를 즐기지 못하는 것은 아닙니다. 캠핑용품을 직접 만들거나 리폼, DIY를 하며 다음 시즌을 기다리는 재미도 쏠쏠해요.

쉽게 도전해볼 만한 DIY 중 하나는 바로 캠핑 테이블 리폼입니다. 쓰던 캠핑 테이블이 지겨워지면 중고로 판매할 수도 있지만 어딘가 흠이 있으면 판매하기도 쉽지 않죠. 이럴 땐 페인팅을 해서 새로운 기분으로 쓸 수 있어요. '벤자민무어'(페인트 브랜드) 주방용 또는 욕실용 페인트는 하도제(페인트를 바르기 전 흡착력 있게 만들어주는 '프라이머'와 같은 제품들)만 2~3회 잘 발라준 뒤 페인트를 칠하면 잘 떨어지지 않고 물기에도 강하기 때문에 비교적 쉽게 리폼에 성공할 수 있습니다.

아이가 있는 집이라면 잘 쓰지 않는 테이블 상판에 접착용 칠판 시트를 붙여주면 아이들에게 훌륭한 스케치북이 됩니다. 분필로 마음껏 그림을 그리게 하고, 그림을 그리지 않을 때는 싹싹 닦아서 캠핑용 테이블로 다시 사용할 수 있어요. 칠판 시트 자체가 화기에는 약하나 물기에는 강하기 때문에 부담이 없습니다. 칠판 시트는 인터넷 오픈 마켓에서 '칠판 시트지'로 검색하면 구입할 수 있어요. 다만 붙일 때 몇 가지 주의 사항이 있어요. 붙이려는 면을 깨끗하게 닦은 후에(먼지가 있으면 표면이 울퉁불퉁해질 수 있고 기포가 생깁니다) 밀대 등으로 밀어서(밀대가 없으면 하드커버로 된 책을 바로 세운 뒤 밀어서) 기포를 제거해가며 붙여야 깨끗하게 부착됩니다. 이 밖에 못 입는 청바지나 손뜨개로 캠핑용품 커버를 만든다든가 하는 다양한 리폼과 DIY도 시도해보면 재밌습니다.

> **TIP**
>
> **안 쓰는 캠핑 테이블로 '캠핑 보드' 만들기**
>
> **준비물** 안 쓰는 캠핑 테이블(또는 과도하게 넓은 캠핑 테이블 한쪽 면을 이용), 칠판 시트지, 가위 또는 칼, 밀대 또는 책
>
> **리폼 방법**
> 1 안 쓰는 캠핑 테이블의 상판을 깨끗하게 닦는다.
> 2 1의 캠핑 테이블 위에 칠판 시트지를 대고 규격을 맞춰 자를 선을 표시한다.
> 3 칠판 시트지를 표시한 선을 따라 자른다.
> 4 1의 사방에 칠판 시트지를 맞춘 뒤 한쪽 모서리부터 천천히 부착해나간다(이때 시트지에 부착돼 있는 필름지를 먼저 뜯어내지 말고, 붙여나가면서 천천히 떼어낸다. 미리 떼어내면 붙이기 곤란해지는 상황이 발생할 수 있음).
> 5 4가 완성되면 밀대나 마른걸레 등으로 한 번 더 상판을 문지르며 남아 있는 기포를 제거한다.
> 6 아이에게 분필을 주고 마음껏 그림을 그려보게 한다(분필을 닦을 때는 물티슈나 젖은 수건으로).

05 아이와 함께 가볼 만한 캠핑장

본문 속에 등장하는 캠핑장에 관한 정보를 정리해보았습니다.
이외에도 다양한 종류의 좋은 캠핑장이 전국에 많이 있으니 취향에 맞는 곳을 찾아보세요.
캠핑장 사용료 등은 수시로 변동이 있으니 대략의 가격대만 참고하고 실제 방문 시에는 미리 한 번 더 확인할 것을 권합니다.

중랑 캠핑숲(중랑 가족 캠핑장)

집과 가까워 자주 애용하는 곳입니다. 서울에서도 '5성급' 캠핑장으로 통할 만큼 시설이 잘 되어 있어요. 사이트가 널찍한 편이라 오토 캠핑이 가능하기 때문에 캠핑 짐을 옮기는 수고를 하지 않아도 되는 것이 장점입니다. 1인 샤워 시설, 어린이 수영장, 야외 스파(물놀이 관련 시설은 6월 30일~8월 31일 운영), 모래 놀이터, 산책로 등 다양한 편의 시설이 잘 갖춰져 있고 캠핑장 본부 사이트 뒤편으로 언덕을 하나 넘으면 푸른 잔디밭이 펼쳐져 아이들이 뛰놀기에도 좋습니다(잔디 보호 기간 제외). 또 서울시 최초로 야외에 뜀동산과 맨발공원 등이 조성되어 있어요. 하지만 정원 외 방문객은 입장 금지이고, 아파트 단지와 가까워 주민들의 민원이 발생할 수 있다는 이유로 밤 10시 이후에는 캠핑장 분위기가 취침 모드로 바뀐다는 점은 참고하세요. 경쟁 치열한 인기 사이트는 다목적 운동장 부근에 독립 캠핑처럼 즐길 수 있는 '7구역', 놀이터와 가까운 사이트인 '9구역' 등이랍니다. 매달 15일에 홈페이지를 통해 다음 달 예약을 진행합니다.

> **주주맘 한 줄 평** 어린이들에게 특히 좋은 시설이긴 하지만 그늘이 없고, 캠핑의 하이라이트는 밤이라고 생각하는 이들에게는 심심할 수 있다는 점이 아쉬움
> **사용료** 4인 기준 1사이트 1박 2만 5000원(+전기 사용료 3000원)
> **주소** 서울 중랑구 망우동 241-20
> **문의** 02-434-4371, parks.seoul.go.kr

노을 캠핑장

서울 상암동 월드컵경기장 주변 골프장을 개조해서 만든 곳으로, 푸른 잔디로 덮여 있어 이국과 같은 풍경 속에서 캠핑을 할 수 있습니다. 주변에 자연물 놀이터, 누에 생태 체험관 등이 있어 아이들이 놀기에 좋고, 한강과 인접해 밤에 전망대에 앉아 야경을 감상하며 '치맥'을 하기에도 좋습니다. 다만 캠핑장까지 차량 진입이 되지 않기 때문에 주차장에서 내려 짐을 '맹꽁이차'에 싣고 올라가야 한다는 점 때문에 남편들이 꺼리는 곳이기도 해요(물론 내려올 때도 같은 방법으로 하산을 해야 합니다). 최대한 짐을 줄여서 가뿐하게 가야 합니다. 그럼에도 노을 캠핑장을 포기할 수 없는 이유가 있다면 바로 노을 질 때의 풍경과 밤이 되면 들려오는 풀벌레 소리예요. 2015년부터 예약 방식이 변경돼 기존 홈페이지가 아닌 인터파크 티켓(ticket.interpark.com)에서 중랑 캠핑숲과 마찬가지로 매달 15일 오후 2시부터 다음 달 예약을 진행합니다.

> **주주맘 한 줄 평** 맹꽁이차로 짐을 옮겨야 하는 남편에게는 조금 미안하지만, 제주도 섭지코지를 방불케 하는 푸른 초원이 매력적
> **사용료** 전기 사용 포함 4인 기준 1사이트 1박 기준 1만3000원
> **주소** 서울 마포구 상암동 481-6
> **문의** 02-304-3213, worldcuppark.seoul.go.kr

강동 그린웨이 가족 캠핑장

일자산 안에 있는 가족 캠핑장으로 가족 사이트와 오토캠핑 사이트로 나뉘어 있어 선택의 자유가 있어요. 가족 사이트에는 텐트가 모두 설치돼 있어 캠핑 초보들이 체험 삼아 이용해보기 좋습니다. 매트나 기타 캠핑에 필요한 물품은 관리동에서 유료로 빌릴 수 있어요. 자가 텐트와 장비를 이용하고 싶다면 오토캠핑 사이트를 이용하면 됩니다. 졸졸 물이 흐르는 시내, 산책로, 운동장 등이 잘 꾸며져 있어서 가족들과 함께 산책이나 공놀이, 배드민턴 등 생활체육을 하며 시간을 보내기 좋습니다. 인근 허브 천문 공원에서는 향기로운 허브향을 실컷 맡을 수 있고 밤이면 별 보기 체험을 해볼 수도 있습니다. 캠핑장 예약은 매달 5일 오전 10시부터 다음 달 예약을 받고 있습니다. 이곳 역시 예약 경쟁이 치열해요.

주주맘 한 줄 평 아담한 캠핑장이라 사이트 간격이 좁은 편이어서 옆집 부부의 대화를 본의 아니게 엿듣게 되지만, 본격 캠핑을 시작할 용기가 나지 않는 이들이 먼저 체험을 해보기 좋은 곳
사용료 전기 사용 포함 4인 기준 1사이트 1박에 가족 캠핑장 2만 원, 오토캠핑장 2만 1000원
주소 서울 강동구 둔촌동 562
문의 02-478-4079, gdfamilycamp.or.kr

팔현 캠프

남양주시 천마산 팔현 계곡 안쪽에 자리 잡고 있는 캠핑장으로 여름이면 물놀이도 즐길 수 있는 곳입니다. 잣나무가 쭉쭉 뻗어 있어 아늑한 느낌을 줍니다. 특히 해가 기울 때 잣나무 사이를 파고드는 느슨한 빛을 보고 있으면 몽환적인 기분마저 들지요. 서울 근교에 있는 사설 캠핑장치고는 자연환경이 뛰어나다는 게 강점이에요. 인근에 '진우네 캠핑장'과 함께 당일 선착순 입장이 가능해 사전에 캠핑장을 예약하지 못했을 때 이용하기 좋습니다. 편의 시설은 빠짐없이 마련돼 있지만 사이트에서 좀 떨어져 있습니다.

주주맘 한 줄 평 팔현 계곡 유원지의 외길로 진입해야 해서 운전이 쉽지 않다는 점이 단점
사용료 전기 사용 포함 4인 기준 1사이트 1박 기준 3만 원. 당일 방문객의 경우 입장료 어른 5000원, 어린이 3000원
주소 경기 남양주시 오남읍 팔현리 20
문의 031-575-3688, mmsd07.cafe24.com

메릴리 캠프

물 좋고 공기 좋기로 유명한 양평 서종면 산속에 자리 잡고 있는 곳. 노란색 컨테이너를 활용한 관리동과 화장실 등이 특색 있어 감성 캠핑족들 사이에선 꽤 유명한 곳이라 캠퍼 연령대가 비교적 낮습니다. 젊은 부부들이 아기자기하게 꾸며놓는 캠핑장은 계곡 주변 자리가 인기가 많습니다. 계곡은 아이들이 놀기에 좋은데 다슬기가 쉽게 목격돼서 다슬기 잡기 놀이를 하기에도 좋아요. 다만 2015년 5월 현재 리노베이션 중이라고 하니 확인 후 이용하세요.

주주맘 한 줄 평 계곡에 그늘이 울창해서 여름에 인기!
사용료 전기 사용 포함 4인 기준 1사이트 1박에 3만 원
주소 경기 양평군 서종면 명달리 203
문의 010-9897-2033, merrilycamp.com

경기 영어마을 파주 캠프 캠핑장

캠핑장과 영어마을 관람을 한 번에 해결할 수 있는 곳입니다. 경기 영어마을 파주 캠프 안에 꾸며놓은 곳인 만큼 자연환경에 대한 큰 기대는 하지 않는 게 좋아요. 대신 지대가 높은 곳에 있어 파주 시내가 한눈에 내려다보이고, 영어마을

안에 있기 때문에 영어 뮤지컬을 관람하거나 원어민 교사들과 레크리에이션을 하는 등 틈틈이 영어 문화를 체험할 수 있다는 장점이 있어요. 주변에 헤이리 예술마을이나 프리미엄 아웃렛 등도 있어 같이 들러볼 수 있고요. 다만 사이트 간격이 좁다는 평, 일부 사이트는 높은 지대에 있어 바람 불 때 위험할 수 있다는 평 등이 있습니다.

주주맘 한 줄 평 캠핑장 분위기보다는 영어마을 방문을 겸한다면 괜찮은 선택
사용료 전기 사용 포함 4인 기준 1사이트 1박에 3만 5000원
주소 경기 파주시 탄현면 법흥리 1779
문의 031-956-2312, english-village.gg.go.kr

자라섬 캠핑장

강원도 망상, 경기도 한탄강과 함께 국내 3대 오토캠핑장으로 꼽히는 곳입니다. 2008년 세계 캠핑카 라바닝 대회가 열린 곳인 만큼 선진국과 비교해도 시설이 뒤처지지 않는 수준이지요. 크게 오토캠핑장과 카라반 사이트로 나뉘는데, 카라반 사이트는 전기 사용이 가능하지만 오토캠핑장은 전기 사용이 불가능하고 사이트 규모도 비교적 아담한 편입니다. 다목적 농구장, 인라인스케이트장, 자전거 대여점 등이 있어 각종 액티비티를 즐길 수 있지만 매점이 없어 살짝 불편할 수 있어요.

주주맘 한 줄 평 아이 있는 집은 오토캠핑장보다는 카라반 사이트를 이용하는 편이 나을 수도
사용료 4인 기준 1사이트 1박 오토캠핑장 1만~1만 5000원, 카라반 사이트 2만~2만 5000원
주소 경기 가평군 가평읍 달전리 산7
문의 031-580-2700, jarasumworld.net

라라솔 캠핑장 & 펜션

행정구역상 강원도 횡성에 있지만 경기도 양평과 거의 경계면 근처에 있어 멀다는 생각 없이 자주 찾는 단골 캠핑장이에요. 약 4000평

의 규모에 50개의 사이트가 꽤 널찍하게 자리 잡고 있습니다. 생긴 지 이제 4년차 캠핑장이라 그늘이 많지는 않지만, 아이들이 놀기에 딱 좋은 환경이에요. '라라솔'이라고 이름 붙인 개울에는 물이 졸졸 흘러서 여름에 물놀이하기 좋고, 산책로가 가까이 있어서 아침에 가볍게 산책을 즐길 수도 있습니다. 또 여름에는 어른들도 함께할 만한 대형 수영장을 설치해 신나게 물놀이를 할 수 있어요. 이따금 천체망원경도 설치되어 달 관측도 해볼 수 있습니다. 밤에 별이 잘 보이는 것도 라라솔 캠핑장의 매력이에요. 무엇보다 캠핑장을 찾는 사람들이 대부분 단골들이어서 가족 같은 분위기를 느낄 수 있는 곳입니다. 또 캠핑장과 함께 3동의 펜션이 있어서 캠핑을 하지 않는 지인들과 함께 캠핑할 때 편리합니다. 최근에 KBS '인간극장'에 이곳의 사연이 소개되면서 더 화제가 되었어요.

주주맘 한 줄 평 주주맘의 캠핑 놀이가 시작된 역사적인 곳으로 캠지기님이 자상하고 캠퍼들 분위기도 좋음
사용료 전기 사용 포함 4인 기준 1사이트 1박에 3만~3만 5000원
주소 강원 횡성군 서원면 유현리 431
문의 010-3227-2775, cafe.naver.com/lalasol.cafe

달숲 캠핑장

가을에 밤 따기 체험 캠핑장으로 유명한 곳이에요. 실제로 책에 실린 알밤 관련 놀이는 달숲 캠핑장에서 많이 했습니다. 밤 따기 체험을 하지 않아도 오며가며 씨알 굵은 알밤을 주울 수 있고, 주운 밤을 구워 먹는 재미가 쏠쏠해요. 캠핑장 사이사이에 밤나무가 많아 그늘도 있고, 각 구역마다 경사가 심하지 않아 아이들 놀기에 괜찮습니다. 캠퍼들 사이에선 깨끗하고 시설 관리가 잘 된다는 평을 받고 있어요. 총 50동의 사이트가 있는데 어딜 가도 친환경적입니다. 여름엔 물놀이장도 운영한답니다.

주주맘 한 줄 평 산속에 자리 잡고 있어 들어가는 길이 조금 험난하긴 하나 들어가면 나오고 싶지 않을 만큼 아늑한 분위기
사용료 전기 사용 포함 4인 기준 1사이트 1박에 3만 원
주소 충북 제천시 금성면 월림리 89-1
문의 010-2301-5034, cafe.naver.com/dalsurp

어라운드 빌리지

시골 폐교 운동장에서의 감성 캠핑을 해볼 수 있는 곳입니다. 충북 보은군 탄부초등학교 사직분교를 아웃도어 감성 매거진「어라운드」에서 캠핑장으로 꾸민 곳으로, 교실을 작은 갤러리로 꾸며 사진전 등을 하고 카페에선 맛있는 커피를 마시며 밤에 영화도 볼 수 있어요. 이따금 테마가 있는 캠핑 파티가 펼쳐지기도 합니다. 전반적으로 이용 연령대가 젊습니다. 가족 단위 캠퍼뿐 아니라 커플 캠퍼들도 많아요.

주주맘 한 줄 평 운동장을 캠핑 사이트로 만들어 그늘이 없다는 게 가장 큰 단점이지만 그마저도 용서될 정도로 둘러보는 재미가 쏠쏠
사용료 전기 사용 포함 4인 기준 1사이트 1박에 3만 원
주소 충북 보은군 탄부면 사직1길 34
문의 070-8650-6378, aroundvillage.kr

몽산포 오토캠핑장

바다 캠핑을 얘기할 때 빼놓을 수 없는 곳입니다. 갯벌 놀이, 모래 놀이도 실컷 할 수 있고 소나무가 우거진 해변에서 바다를 보며 해먹에 누워 꿀 같은 낮잠에 빠질 수도 있습니다. 이곳에서 보는 해질녘 노을은 로맨틱하다 못해 감동적이기까지 해요. 대형 브랜드의 캠핑 행사나 페스티벌이 자주 열릴 만큼 인기 많은 곳입니다. 다만 모래바람이 흩날리거나 아이들이 모래를 잔뜩 묻히고 다니는 것은 감수해

야 해요. 바람이 많은 계절엔 바다 쪽과 가깝게 텐트를 쳤다간 텐트가 날아가는 불상사가 생길 수 있으니 주의해야 합니다. 인근에 백사장항 수산시장이 있습니다.

주주맘 한 줄 평 대하나 조개구이를 맛보며 노을을 감상하는 맛이 일품
사용료 전기 사용 포함 4인 기준 1사이트 1박에 3만원
주소 충남 태안군 남면 신장리 358-3
문의 011-408-6868

솔밭 가족 캠프촌

강원도 양양으로 캠핑 갈 때 종종 들르는 곳입니다. 인근에 몇 곳의 캠핑장이 있긴 하지만 아이들이 특히 이곳을 선호하는 이유는 정문 옆에 미니 동물원이 있기 때문이에요. 아이들이 좋아하는 강아지를 비롯해 공작새, 오리, 꿩 등이 있어요. 공작새가 부지런해서(?) 날개를 자주 펼쳐주는데 제가 봐도 흥미로웠습니다. 미니 동물원 옆에는 넓은 잔디밭도 있고 화단도 예쁘게 가꿔놓아 식물 관찰하기에도 좋습니다. 캠핑장이 넓어서 선택의 폭이 넓다는 점도 마음에 들고, 새가 많아 아침에 새소리를 들으며 잠에서 깨는 체험도 할 수 있답니다. 캠핑장에서 걸어서 10분 거리에 오산 해수욕장이 있습니다.

주주맘 한 줄 평 솔밭이라 곳곳에 해먹을 걸어둘 곳이 많으니 짐 챙길 때 해먹 필수!
사용료 전기 사용료 포함 4인 기준 1사이트 1박에 3만 원
주소 강원 양양군 손양면 송전리 218-4
문의 033-672-8782, solbatcamp.com

엄마표 캠핑 놀이 106
PART 1

캠핑장 공터에서 놀자

PLAY 1

솔방울 골인 놀이

| 언제 |
| 봄·여름·가을·겨울에 |
| 어디서 |
| 캠핑장 안팎, 집 등에서 |
| 무엇을 |
| 달걀판과 솔방울을 |
| 어떻게 |
| 캐치볼 판으로 만들어 가지고 노는 놀이 |

달걀판과 솔방울, 끈이 있다면 솔방울 골인 놀이를 해보세요. 솔방울과 달걀판을 끈으로 연결해 던져서 받는 이 놀이는 쉬워 보이지만 실제로 해보면 쉽지 않아요. 그래서 하다 보면 슬슬 약이 오르기도 합니다. 어른들도 처음에는 골인시킬 확률이 적어요. 하지만 솔방울을 공중에 띄울 때 넓게 원을 그리듯 달걀판을 조정하는 요령이 생기면 어렵지 않게 골인에 성공할 수 있어요. 골인 놀이에 특히 재능을 보이는 밀크는 몇 번 솔방울을 던져보더니 손에 익었는지 재미를 붙이더라고요. 달걀판에 몇 가지 미션을 적거나 1, 2, 3, 4 점수를 표시하면 놀이가 더욱 재미있어집니다. 간단한 원리의 놀잇감이지만, 놀이를 끝내고도 버리지 못하게 만드는 '완소' 장난감이기도 하답니다.

READY

미리 준비하기
펜, 끈, 가위

주변에서 구하기
종이 달걀판, 솔방울

HOW TO

1_ 달걀판과 솔방울을 구한다.
2_ 달걀판의 뚜껑은 잘라버린다.
3_ 솔방울에 끈을 묶고 달걀판 끄트머리에 연결한다.
4_ 달걀판에 1~5까지 숫자를 적는다(점수 표시). 나머지 칸에는 다양한 미션(뽀뽀하기, 안아주기, 엉덩이로 이름 쓰기 등)을 적는다.
5_ 솔방울을 공중에 띄워 달걀판으로 받는다.
6_ 솔방울이 들어간 칸의 미션을 수행하거나 득점한 점수를 기록한다.

PLAY 2

인디언 티피 텐트 만들기

언제
봄 · 여름 · 가을에

어디서
나뭇가지와 공터가 있는 캠핑장에서

무엇을
나뭇가지를

어떻게
활용해서 인디언 티피 텐트를 만들어보는 놀이

인디언 텐트라 불리는 티피 텐트. 원뿔 형태의 텐트로 최근에 유아용 인테리어 소품이나 미니 텐트로 시중에 많이 판매되고 있습니다. 나뭇가지와 노끈 그리고 커다란 천만 있으면 이 티피 텐트 미니 버전을 캠핑장에서 손쉽게 만들 수 있어요. 사실 천은 없어도 괜찮아요. 아이들은 나뭇가지로 엮어 만든 티피 텐트의 뼈대(지지대)만 있어도 즐거워합니다. 자그마한 공간이 생기면 아이들은 제 발로 안으로 들어가요. 호기심 많은 초코는 특히 티피 텐트를 신기해하며 좋아합니다. 친구를 불러들이기도 하고, 공을 굴려 티피 텐트 안으로 밀어 넣기도 하고, 그 안에서 친구들과 과자를 먹겠다고도 해요. 어른들에겐 별것 아닌 것 같아도 아이들은 신기해합니다. 아마 엄마도 어렸을 때는 그랬겠죠? 하지만 어른이 되면서 그 대단해 보이던 것들이 '별것이 아닌 것'이 되어버리고 시시해지고 말이죠. 티피 텐트 만들기 얘기하다가 갑자기 센티해졌네요.

READY	HOW TO

READY

미리 준비하기
노끈

주변에서 구하기
아이들 키만 한 나뭇가지 7~8개(최소 3개 이상)

HOW TO

1 — 숲에서 인디언 티피 텐트의 뼈대가 될, 아이들 키만 한 나뭇가지를 줍는다.

2 — 나뭇가지를 엇갈려 서로 기대 세운 뒤 맨 위에서 10cm 정도 아래쯤에 노끈을 감아 묶고 바닥에 중심을 잡아 밑면이 사각형이 되도록 벌려준다.

★ 노끈이 없으면 잔나무가지를 엇갈려 끼워 고정시켜 보세요.

3 — 티피 텐트 뼈대가 완성되면 안으로 들어가 보거나 공을 굴려보는 등 놀이 공간으로 활용하는 법을 아이와 함께 이야기한다.

2

3

TIP

나뭇가지 고르기

이 놀이를 하기 위해선 우선 긴 나뭇가지가 필요합니다. 아이들에게 자신의 키만 한 긴 나뭇가지 4개를 구하라는 미션을 줍니다. 아이들 키를 넘기는 나뭇가지라면 더 좋아요. 나뭇가지 키가 클수록 티피 텐트가 높아지고 폭도 자유롭게 조절할 수 있어요. 여기에 안 쓰는 커튼천 등을 가져와 걸면 근사한 엄마표 티피 텐트가 됩니다.(표지 사진 참고)

PLAY 3

쿠킹 포일 야구 놀이

언제
봄 · 여름 · 가을 · 겨울에

어디서
캠핑장 공터에서

무엇을
쿠킹 포일을

어떻게
공처럼 만들어 타구 연습을
하는 놀이

나뭇가지로 인디언 티피 텐트(52쪽 참조)를 만들었다면 몇 가지 응용 놀이로 연결해볼 수 있어요. 그중 하나가 쿠킹 포일 야구 놀이랍니다. 쿠킹 포일을 공처럼 뭉친 후에 티피 텐트 뼈대 위에 얹어 나뭇가지로 쳐서 날리는 놀이인데, 야구공처럼 멀리 날아가진 않지만 타구하는 재미가 쏠쏠해 보이는지 이 놀이를 하다 보면 캠핑장에 있는 친구들이 하나둘 모여서 구경을 하기 시작합니다. 함께 하는 친구들이 많아지면 차례대로 줄을 서 공을 쳐봅니다. 바닥에 구역을 정해서 점수 라인을 만들어 공이 떨어진 위치의 점수로 배점해도 재밌어요. 복장과 장비 모두 부실한 선수들인데 참여율이나 폼은 메이저리그 간판 스타 못지않습니다. 보고 있노라면 엄마는 그저 흐뭇합니다. 별것도 아닌 나뭇가지가, 별것도 아닌 쿠킹 포일이 여러 아이들을 즐겁게 만들어주니까요.

READY

미리 준비하기
쿠킹 포일, 비닐봉지, 쿠킹 포일, 끈

주변에서 구하기
나뭇가지 2~4개, 야구방망이용 나뭇가지 1개

HOW TO

1— 나뭇가지 2~3개를 주워 윗부분을 엇갈리게 한 다음 중심을 잡아 세운다. 끈이 있으면 중심 부분을 묶어준다.
2— 비닐봉지를 돌돌 뭉친 다음 쿠킹 포일로 단단히 감싸 공처럼 만든다.
3— 1의 나뭇가지 위에 2의 공을 올려놓고 또 다른 나뭇가지를 야구방망이처럼 이용해 공을 친다.

PLAY 4 장작 쌓기 놀이

언제	봄·여름·가을·겨울에
어디서	캠핑장에서
무엇을	장작을
어떻게	차곡차곡 쌓는 놀이

캠핑장에 가면 무엇이든 다 놀잇감이 됩니다. 아무런 준비도 하지 못했다고 당황하지 마세요. 캠핑할 때 불을 피울 목적으로 한두 단 구입해 쓰는 장작도 불을 때기 전에 다용도로 가지고 놀 수 있습니다. 단, 장작은 땔감용이라 따로 손질되어 있지 않아 가시에 찔릴 수 있으니 장갑을 꼭 착용하고 만지는 것이 좋습니다. 목장갑을 끼면 좋은데 아이들 것이 없을 때는 겨울 장갑을 착용하게 도와주세요. 겨울 장갑 중에서도 나뭇가지에 찔리기 쉽지 않은 조금 두터운 스키용 장갑이면 더 좋습니다.

장작 쌓기는 입체 도형을 이해하는 데에도 도움이 될 수 있는 놀이입니다. 먼저 땅바닥에 장작으로 사각형, 육각형을 만들고 쌓아올려 사각기둥, 육각기둥을 만들어볼 수 있지요. 아이들이 가지고 놀기에는 장작이 크기 때문에 쌓다 보면 아이들 키를 넘길 때도 있는데 아이가 3~4세라면 아이를 앉히고 둘레에 장작을 쌓아주면 자기만의 공간이 생겨 좋아합니다. 5~7세 정도라 혼자서도 쌓기 놀이가 가능하다면 각각 장작을 몇 개씩 주고 누가 더 높이 쌓나 대결을 하는 것도 재미있지요. 차분하고 신중한 성격의 밀크는 천천히 쓰러지지 않게 쌓으려고 노력하고, 승부욕 강한 초코는 우르르 쓰러뜨렸다가 다시 쌓기를 무한 반복합니다. 쌓기 놀이는 쌓는 자체도 놀이가 되지만, 쌓은 것을 무너뜨리는 놀이를 통해서 아이의 스트레스도 해소할 수 있어요.

READY

미리 준비하기
장갑
주변에서 구하기
캠핑용 장작

HOW TO

1 — 장작을 가지고 땅바닥에 사각형을 만들어보고 사각형의 원리(선이 4개 모여서 4개의 각이 생긴 도형)를 설명해준다.

2 — 1 위에 장작을 쌓아 올려 사각기둥을 만든다.

3 — 같은 방법으로 땅바닥에 육각형을 만들고 육각형의 원리(선이 6개 모여서 6개의 각이 생긴 도형)를 설명해준다.

4 — 3 위에 장작을 쌓아 올려 육각기둥을 만들어본다.

TIP

주주맘 장작 인테리어 & 남은 장작 보관법

캠핑장에서 판매하는 장작은 대부분 박스에 담겨 있는데, 장작 하나도 스타일 있게 놓고 싶어 하는(?) 주주맘은 아이들과 장작 쌓기 놀이를 한 뒤 예쁘게 쌓아놓거나 때론 화로 주변에 둘러놓기도 해요. 단, 마른 땅일 경우에만요. 캠핑장에서 구입한 장작들은 대부분 다 쓰고 오지만, 애매하게 남을 때는 포대에 넣어 뒀다 다음번 캠핑장에서 쓰기도 합니다. 장작을 보관할 때는 되도록 습하지 않은 곳에 둬야 한다는 것은 다 아시죠? 신문지를 뭉쳐서 함께 보관하는 것도 습기를 조금이나마 막을 수 있는 방법이랍니다.

숯으로 그림 그리기

PLAY 5

언제
봄·여름·가을·겨울
맑은 날 아침에
어디서
캠핑장에서
무엇을
화로에서 싸늘하게 식어있는 목탄을
어떻게
분필처럼 활용하여 바위나 돌멩이에 그림을 그리고 글씨를 써보는 놀이

'이가 없으면 잇몸으로'라는 말이 있지요. 캠핑 놀이는 완벽한 준비물이 없을 때 오히려 '급조'하는 재미가 있어 더 좋습니다. 딱풀이 없으면 밥알을 짓이겨서, 스케치북이 없으면 종이 박스나 바위에 송곳이 없으면 젓가락으로 그때그때 차선을 만들어 문제를 해결해가는 과정이 흥미롭고 아이에게도 소중한 경험이 되는 것 같아요. 그런 경험이 쌓이면 무엇이 없거나 모자라도 아이가 불안해하지 않고 분명 해결할 길이 있을 거라는 자신감을 갖게 됩니다. 어쩌면 캠핑은 불편한 상황에서 주어진 환경에 맞춰 기지를 발휘하는 지혜를 배우는 기회가 아닐까 합니다.

아침에 일어나 싸늘하게 식어 있는 화로를 뒤적거립니다. 그곳에도 아이들의 놀잇감이 숨어 있거든요. 무슨 놀잇감이 화로에 숨어 있느냐고요? 바로 '타다 만 장작'이지요. 재 안을 뒤적여보면 새까맣게 잘 탄 나무 덩어리인 숯이 숨어 있습니다. '목탄'이라고 부르는 실제 미술 도구도 있잖아요. 목탄은 버드나무, 포도나무 등을 굽거나 태워서 만든 흑색의 연한 소묘용 그림 재료죠. 화로에서 나온 숯을 목탄처럼 사용해 캠핑장에서만 가능한 목탄화를 그릴 수 있습니다.

READY	HOW TO

READY

미리 준비하기
스케치북(없어도 무방)

주변에서 구하기
숯, 돌멩이, 바위

HOW TO

1 ─ 화로가 완전히 식은 후 잿더미 속에서 숯을 찾는다.
2 ─ 평평하고 매끈한 돌이나 스케치북에 목탄으로 그림을 그린다. 아이가 어떤 걸 그릴지 모르면 '가족의 얼굴' '과일' '동물' 등 테마를 정해준다.
3 ─ 그림이 완성되면 숲 속이나 캠핑장 주변에 전시한다.

1

2

TIP 숯 다룰 때 주의 사항

숯으로 그림을 그릴 때 아이에게 "더러워지니까 그만해" "옷에 묻었네, 어쩌지?" 이런 말들은 되도록 하지 않기로 해요. 놀이를 시작하기 전에 아이에게 숯의 성질에 대해 알려주고 활용 방법과 만질 때 주의법 등을 설명해준 다음엔 아이가 놀이를 즐길 수 있게 가능한 한 믿어주세요. 큰일이 나봤자 아이의 얼굴과 손, 옷이 더러워지는 것뿐이니까요. 또 하나, 화로는 겉면은 식었어도 속에 뜨거운 숯이 남아 있을 수 있습니다. 숯을 찾는 것은 되도록 엄마나 아빠가 해주거나 화로가 완전히 식은 것을 확인한 후에 찾을 수 있게 도와주세요.

PLAY 6

줄다리기

| 언제 |
| 봄·여름·가을·겨울에 |
| 어디서 |
| 넓은 공터, 광장, 잔디밭 등에서 |
| 무엇을 |
| 줄을 |
| 어떻게 |
| 활용해 줄다리기를 하거나 기차놀이, 단체 줄넘기를 하는 놀이 |

아이와 함께 무인도에 갈 때 딱 3가지 놀이용품만 가지고 갈 수 있다면 무엇을 가져갈 건가요? 저는 셋 중 하나는 '공'이나 '줄'이라고 말하고 싶어요. 공과 줄이 있다면 절대 심심하지 않을 것 같거든요. 특히 줄로는 줄다리기, 줄넘기, 기차놀이 등 적어도 3가지 놀이를 할 수 있죠. 캠핑장에서도 줄 하나만 있으면 여러 아이들이 다 같이 즐겁게 놀 수 있습니다. 팀을 나누고 온 힘을 다해 줄을 당기는 재미는 직접 해본 사람들만 알아요. 남양주시 화도읍에 있는 봉서원 더 시크릿가든에는 넓은 잔디밭이 있어서 아이들과 함께 줄다리기 놀이를 할 수 있었어요. 그때 세 가족이 함께 캠핑을 했는데 꼬마 팀과 아빠 엄마 팀으로 나눠 치열하게 겨룬 결과 결국 꼬마 팀이 승리했어요. 줄다리기 게임 직후 꼬마 팀의 사기는 하늘을 찔렀고 귀신 잡는다는 해병대보다 더 큰 함성을 질렀다지요. 줄다리기가 지겨워지면 기차놀이나 단체 줄넘기를 해도 재밌답니다.

READY

미리 준비하기
줄다리기용 끈(타프나 텐트 끈은 얇아서 잡기 힘드니 조금 두꺼운 끈으로), 목장갑

HOW TO

1_ 팀을 정해 줄의 가운데를 기준으로 양쪽으로 마주보고 선다.
2_ 심판이 가운데서 게임의 시작을 알리면 줄을 잡아당긴다.
3_ 심판이 경기 종료 신호를 보내기 전까지 열심히 잡아당긴다. 경기가 끝났을 때 끈을 더 많이 잡아당긴 팀이 승리.

과자 따 먹기 놀이

언제
맑은 날

어디서
공터에서

무엇을
과자를

어떻게
실에 걸어놓고 달려가 따 먹고 오기

'과자 따 먹기'라는 놀이 아시죠? '땅' 소리와 함께 달려가 과자를 따 먹고 돌아오는 추억의 놀이인데, 주주맘은 이 과자 따 먹기에 대단한 트라우마(?)가 있습니다. 유치원 시절 한국민속촌으로 소풍을 갔을 때 이 과자 따 먹기 놀이를 처음 해봤어요. 그런데 과자를 따 먹고 돌아오는 거라는 룰만 알려주었지, 누구도 과자를 살짝 베어 먹고 돌아와도 된다고 가르쳐주질 않았던 거예요. 그래서 제가 입 댄 과자를 다 먹느라 버벅대는 사이에 친구들은 과자를 살짝 따 먹고 돌아갔고 당연히 우리 팀은 저 때문에 졌습니다. 나중에 알고 보니 저처럼 과자 따 먹기 놀이에 대한 '슬픈' 추억이 있는 사람들이 의뢰로 많더라고요. "손 안 대고 과자를 먹으려고 애쓰다 보니 어린 마음에도 너무 처절했다." "첫 타자였는데 걸려 있던 모든 과자를 다 따 먹어야 하는 줄 알았다." 등등 각종 하소연들이 이어지더라고요. 이렇게 엄마에겐 아픈 추억이 있는 과자 따 먹기 놀이를 아이들과 오랜만에 해봤습니다. 역시나 꾸역꾸역 과자 하나를 다 먹으며 엄마의 전철을 밟는 초코, 룰을 무시하고 손 대고 따 먹는 밀크, 형들에게 질세라 깡총 뛰어올라 과자를 따 먹던 태양이까지. 아이들 모두가 과자 한 봉지로 몇 번이고 신났던 날이었어요.

READY

미리 준비하기
작은 구멍이 뚫린 크래커 10개,
이쑤시개 · 바늘 · 꼬치와 같이
뾰족한 뚫을 것, 실

HOW TO

1. 크래커 구멍에 실을 통과시켜 10개의 크래커를 매단다.
    ★ 구멍이 확실하게 뚫려 있지 않은 과자도 있는데 이럴 땐 뾰족한 것으로 구멍을 뚫어줍니다.
2. **1**의 크래커들을 적당한 간격으로 배치한다.
3. 엄마나 아빠가 양쪽에 실을 잡고 선다.
4. 아이들은 출발선에 대기한다.
5. "준비", "땅" 소리와 함께 달려가 실에 매달린 과자를 따 먹고 다시 출발선으로 돌아온다.
    ★ **과자 따 먹기 규칙**
    첫째, 손을 대지 않고 오로지 입으로만 먹는다.
    둘째, 아까우니까 입을 댄 과자는 다 따 먹고 오는 것으로 한다.

1

> **TIP**
> **과자 따 먹기를 더 재미있게 하려면**
> 게임의 난이도를 단계별로 정해보세요. 1단계는 크래커가 매달린 실을 아이들의 눈높이에 맞춰서, 2단계는 키 높이에 맞춰서, 3단계는 머리쯤에 배치해보는 거예요. 이렇게 하면 아이들이 처음에는 쉽게 과자를 따 먹지만 3단계쯤에선 점프를 시도하는 등 더욱 다양한 방법으로 놀이를 즐기게 됩니다.

PLAY 8 추억의 사방치기 놀이

언제	봄·여름·가을·겨울에
어디서	운동장 또는 놀이터, 공터가 있는 캠핑장에서
무엇을	엄마 아빠의 추억 놀이인 사방치기를
어떻게	배워 함께 즐기는 놀이

두 아이를 키우면서 육아가 고단하게 느껴질 때면 가끔 친정 엄마에게 묻습니다. "아이 키우는 게 이렇게 힘든데 엄마는 우리를 어떻게 키웠어?" 그러면 엄마는 "너희야 알아서 잘 크고 잘 놀았는데 엄마가 힘들 게 뭐 있어?" 하십니다. 돌이켜보면 우리 형제자매에게는 동네 곳곳이 놀이터였습니다. 학교 수업이 끝나면 교문이 닫히는 시간까지 운동장에서 놀았고, 집에 와서도 해가 질 때까지 골목을 누비며 고무줄놀이와 숨바꼭질, 다방구 등을 하며 최선을 다해 놀았어요. 넓은 운동장에선 친구들과 온종일 피구와 사방치기를 했습니다. 사방치기는 동무와 돌만 있으면 할 수 있는 참 고마운 놀이였죠. 2년 전 캠핑장 옆 폐교에 갔다가 옛날에 운동장에서 했던 사방치기가 생각나서 땅바닥에 놀이판을 그렸더니 녀석들이 관심을 보이더군요. 놀이법을 설명해줬더니 자기들끼리 쿵닥쿵닥 잘 놀았습니다. 하지만 그때는 놀이 규칙이 어려웠는지 무법자처럼 두 발로 걸어서(심지어 금도 무시하고!) 놀이판에 돌멩이를 대충 던지고 가서 주워오는 수준이었는데 최근 다시 캠핑장 흙바닥에 사방치기 놀이판을 그려주니 이제는 제법 놀이를 이해하고 함께 즐길 수 있는 경지에 이르렀더군요. 자그마한 공터, 나뭇가지, 돌멩이만 있으면 한참 동안 재밌게 할 수 있는 놀이랍니다.

READY

주변에서 구하기
평평하고 작은 돌(굴러가는 동그란 돌보다는 잘 굴러가지 않는 돌을 선택), 나뭇가지

HOW TO

1. 땅바닥에 뾰족한 돌 또는 나뭇가지를 이용해 사방치기 놀이판을 그린다.
2. 2~6명이 모여 가위바위보를 한 뒤 순서를 정한다.
3. 순서대로 1명씩 사방치기 놀이판 시작점에서 1번부터 8번까지 각 칸에 차례로 돌을 던져 넣고 갔다가 돌을 주워 되돌아온다. 이때 돌이 놓인 칸은 밟지 않고, 칸 하나당 한 발만 밟을 수 있다.
   ★ 금을 밟거나 손을 땅에 짚으면 탈락이에요.
4. 7번과 8번에서 되돌아 올 때는 그 자리에서 동시에 뛰면서 몸을 '휙' 반대 방향으로 돌려 몸의 방향과 발의 위치를 동시에 바꾼다.
5. 위의 과정이 8번까지 끝나면 시작점에서 뒤로 돌아 선 채로 돌을 머리 뒤로 던진다. '하늘(1~8번 칸)'에 돌이 들어가면 그 칸은 자기 땅이 되고 그다음부터 다른 사람들은 해당 칸은 밟지 않고 통과해야 한다.

1

4

TIP

사방치기 놀이 규칙
사방치기는 지역마다 동네마다 놀이법이 약간씩 달라요. 어떤 곳에서는 사방치기 판 위쪽(7, 8번 칸 위)에 '하늘'을 따로 표시하기도 합니다.

PLAY 9

옥수수 투호 놀이

언제
여름부터 늦가을까지

어디서
캠핑장에서

무엇을
밭에 버려진 옥수수나
다 먹은 옥수수자루를

어떻게
화로에 던지며
노는 놀이

가을 시즌 마지막이 될지도 모르는 캠핑을 다녀왔습니다. 한낮은 따사로운 햇볕에 캠핑을 즐기기에 딱 좋은데 해가 떨어지면 쌀쌀함을 너머 추위가 엄습하더군요. 캠핑을 시작하면서 가장 좋아하게 된 계절인 가을이 좀 더 길었으면, 더디게 갔으면 좋겠단 생각을 해봤습니다. 다같이 옥수수를 먹고 난 뒤에 옥수수 투호 놀이를 했습니다. 옥수수의 날렵한 몸매 때문에 던지는 재미가 제법 있어요. 주주들을 비롯해 4명의 남자아이들은 시간 가는 줄 모르고 옥수수를 던졌습니다. 화로 안으로 휙 들어가는 소리가 흥미를 더합니다. 옥수수 하나에 5점씩 배점하고 각자 알아서 계산하도록 시켰는데, 승부욕에 불타오른 아이들은 계산도 척척 잘하며 게임을 즐기더군요. 이 투호 놀이는 옥수수가 없어도 빈 플라스틱 생수병(500mL)에 물, 모래, 자갈을 넣어 쓰거나 솔방울만 있어도 충분히 재미있어요. 골대는 화로가 없다면 빈 상자, 설거지통으로 대체해도 무방하답니다. 이때 화로와의 거리를 늘려서 난이도를 조금씩 높여주면 지루하지 않게 놀 수 있어요.

READY

주변에서 구하기

옥수수(또는 물·모래·자갈, 솔방울 등을 넣은 생수병), 화로(또는 빈 상자, 설거지통)

HOW TO

1. 옥수수나 솔방울 등 던져도 위험하지 않은 것들을 아이들과 함께 구해 온다. 옥수수나 솔방울이 없다면 빈 플라스틱 생수병에 물이나 모래, 자갈을 조금 넣어 무게를 준다. 버리는 알루미늄포일을 뭉쳐 공처럼 만들어도 된다.

2. 빈 화로나 상자를 골대로 두고 아이들 수준에 맞춰 적당히 거리를 둔 다음 던지게 한다.

    ★ 처음에는 아이들에게 자신감을 주기 위해 골대 3~4m 앞 가까운 거리에서 시작하는 것이 좋아요.

3. 한 아이당 옥수수는 2개씩. 옥수수 1개당 5점씩 배점한다.

4. 줄을 서서 던지게 하고, 조금씩 거리를 늘려 난이도를 조절한다.

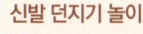

> **TIP**
>
> **신발 던지기 놀이**
>
> 비슷한 놀이로 신발 던지기도 있습니다. 아이들이 신고 있는 신발 한 짝을 반쯤 벗어 멀리 차는 게임인데 가장 멀리 차는 사람이 이기는 식이지요. 공간이 그리 넓지 않은 곳이라면 버려지는 상자(조금 큰 것)를 구해서 그 안에 신발을 골인 시키는 놀이도 재미있어요. 이때 신발이 새것이면 부담스러울 수 있으니 편한 신을 신고 노는 게 좋겠죠?

나뭇가지 넘기 놀이

언제
가지치기를 많이 하는 계절(주로 봄)에

어디서
공터, 캠핑장에서

무엇을
기다란 나뭇가지를

어떻게
뛰어넘는 놀이

자연 놀이터에 나가면 뭔가를 잘 주워 오는 초코가 어디서 기다란 나뭇가지를 하나 주워 왔습니다. 어른 키를 훌쩍 넘는 길이의 나뭇가지였는데 꽤 날렵하게 생겼더라고요. 무엇을 할까 하다가 즉흥적으로 나뭇가지 넘기 놀이를 해봤습니다. 아빠가 아이들의 발목쯤 위치에서 나뭇가지를 수평으로 휘휘 저으면 아이들이 재빨리 뛰어넘는 신체 놀이죠. 발목쯤 위치에서 시작해 조금씩 높이를 높여 놀이를 진행하면 아이들이 더욱 흥미진진하게 참여합니다. 혼자 하는 것보다는 2명 이상이 함께 각각 다른 위치에서 나뭇가지를 뛰어넘는 게 재미있어요. 마치 파도타기처럼요. 나뭇가지의 위치가 너무 높아진다 싶으면 이번에는 '림보 게임'으로 놀이를 변경합니다. 몸을 낮춰 나뭇가지를 지나가야 하는 게임에 아이들은 난감해하면서도 서로의 우스꽝스러운 포즈에 까무러치게 웃습니다. 그 모습을 보며 엄마는 나뭇가지 하나로도 충분히 즐거울 수 있는 녀석들이 참 부럽다고 생각했네요.

READY

주변에서 구하기
가볍고 기다란 나뭇가지

HOW TO

1_ 가볍고 기다란 나뭇가지를 주워 온다.
2_ 아빠가 술래가 돼 나뭇가지를 수평으로 잡고 아이들의 발목 정도 되는 높이에서 좌우로 흔든다.
3_ 서 있는 아이들은 나뭇가지가 다가오면 뛰어넘는다.
4_ 나뭇가지의 높이와 흔드는 속도로 난이도를 조절한다.

캠핑장 농구 놀이

언제
봄·여름·가을에
어디서
나무가 있는 캠핑장 공터에서
무엇을
버려지는 종이 박스, 잠자리채를
어떻게
농구 골대처럼 만들어 농구를 즐기는 놀이

종이 박스 농구 골대만 있으면 캠핑장에서도 농구를 즐길 수 있습니다. 그저 버려지는 종이 상자를 나무에 매달아주었을 뿐인데 아이들은 한동안 박스에 공을 던져 넣으면서 땀을 뻘뻘 흘립니다. 축구는 캠핑장에 잔디밭 깔린 너른 공터가 있어야 할 수 있잖아요. 시시때때로 차가 지나다니기도 하고 텐트가 많은 곳에선 공을 뻥뻥 차기도 어렵고요. 잘못했다간 주변 캠퍼들에게 민폐가 되기 딱 쉽지요. 그에 비해 농구는 농구 골대를 중심으로 아이들이 몰려서 놀기 때문에 축구보다는 좁은 공간에서 쉽게 즐길 수 있어요. 공은 쿠킹 포일로 만든 공(54쪽 참조)이나 탱탱볼 정도면 됩니다. 쿠킹 포일 공은 바닥에 튕길 수 없으니 핸드볼처럼 서로 주고받기로 패스해 골에 넣으면 되고, 탱탱볼은 농구공처럼 튕겨서 패스해 골인시키면 됩니다. 어찌 보면 참 허술하지만 놀고 싶어 안달이 난 아이들에겐 별 문제가 되지 않더라고요.

READY

미리 준비하기
탱탱볼
주변에서 구하기
종이 박스 또는 잠자리채,
끈(텐트 스트링 등)

HOW TO

1— 종이 박스나 잠자리채를 아이들의 키 1.5배 정도 되는 높이에 끈을 이용해 매달아준다.
2— 팀을 짜서 볼을 서로 패스(바닥에 튕기기 어렵다면 핸드볼처럼 패스로만)하며 골에 넣는 팀이 득점.
★ 만약 팀을 짤 수 없는 인원이라면 아이가 슈팅을 할 수 있도록 엄마와 아빠가 어시스트를 해줍니다.

1

2

PLAY 12

페트병 볼링
놀이

언제
봄·여름·가을·겨울에
어디서
놀이터, 캠핑장 공터에서
무엇을
버려지는 페트병을
어떻게
세워두고 공으로 쓰러뜨리는 놀이

캠핑장은 농구장도 됐다가 야구장도 됐다가 심지어 볼링장도 됩니다. 공터와 500mL 페트병 7~10개, 굴릴 공만 있으면요. 500mL 페트병은 모래나 자갈 등을 조금 채우면 볼링 핀이 되고, 공은 볼링공이 되지요. 그럴싸한 레인은 없지만 아이들은 키를 맞춰 세워져 있는 페트병을 쓰러뜨리는 재미에서 좀처럼 헤어나지 못합니다. 공이 핀을 비껴 나가면 "아휴~" 하는 탄식이, 공으로 페트병을 모두 쓰러뜨리면 마치 역전골을 넣기라도 한 듯 환호성이 터져 나와요. 페트병 볼링 놀이를 할 때 축구를 좋아하는 밀크가 특히 두각을 드러냈는데, 스트라이크를 칠 때마다 하늘로 날아갈 듯한 표정을 지었답니다. 정식으로 하는 볼링은 아니지만 볼링의 기본 규칙이나 게임 방법 등을 배워볼 수 있어요. 공이 무엇이냐에 따라 게임 방법이 달라지기도 하는데 농구공처럼 묵직한 공이면 손으로 굴리거나 발로 굴려서 페트병을 쓰러뜨릴 수 있고, 탱탱볼처럼 가벼운 공이면 공을 발로 '뻥' 차서 페트병을 쓰러뜨리면 됩니다(탱탱볼은 가벼워서 손으로 굴리면 페트병이 잘 쓰러지지 않는답니다).

READY

미리 준비하기
공(농구공, 축구공, 탱탱볼 등), 유성 펜
주변에서 구하기
500mL 페트병 7~10개, 모래 또는 자갈

HOW TO

1– 500mL 페트병 7~10개를 구한다.
   ★ 캠핑장 분리수거함에 가면 쉽게 구할 수 있습니다.
2– **1**의 페트병에 각각 모래 또는 자갈을 3분의 1 정도 채운다.
3– 뚜껑에 1~7 또는 10까지 숫자를 적어놓는다(펜 없으면 생략).
4– **3**의 페트병을 볼링 핀처럼 순서대로 삼각형 형태로 세운다.
5– **4**의 페트병에서 약 3m 떨어진 곳에서 공을 굴려 페트병을 쓰러뜨린다.

TIP

공이 없다면
공 대신 1L 페트병에 물을 3분의 2 정도 채워 굴려서 페트병을 쓰러뜨려도 됩니다. 단, 평평한 곳이어야 페트병이 굴러가겠지요? 또한 공을 굴릴 때보다 훨씬 가까운 곳에서 굴려야 목표물을 쓰러뜨릴 수 있어요.

돋보기로 불 피우기 놀이

PLAY 13

캠핑장은 때론 과학 실험실이 됩니다. 햇볕이 쨍쨍 내리쬐던 한낮에 운동장 한 가운데서 했던 '돋보기로 종이 태우기 실험' 기억나시나요? 아직 태양광의 위력을 모르는 아이에게 돋보기와 종이만으로 해리포터처럼 마법을 부릴 수 있는 놀이라고 설명한다면 아이들의 호기심이 더욱 충만해질 거예요. 초등학교 과학에서는 '발화점을 알아보기' 내용 중 하나로 소개되고 있습니다. 아이들의 집중력과 인내심을 키울 수 있는 놀이지만 사실 생각만큼 쉽진 않습니다. 태양광이 좋은 날 해야 하고, 적당히 뜨거움도 견뎌야 합니다. 게다가 돋보기에 모인 태양광의 초점을 잘 맞추지 못하면 절대 종이에 불이 붙지 않거든요(수전증 주의). 주주들도 처음에는 성냥이나 라이터 없이 어떻게 불을 붙일 수 있느냐고 궁금

언제
햇볕이 쨍쨍 내리쬐는 낮 (오전 11~오후 1시)에
어디서
공터에서
무엇을
종이를
어떻게
돋보기와 햇빛을 이용해 불을 붙이는 놀이

엄마표 캠핑 놀이 106

해하며 놀이에 참여했다가 이내 "왜 불이 안 붙어?" "언제까지 돋보기를 들고 있어야 해?" 하며 징징거리기도 했으니까요. 사실 불이 붙지 않으면 엄마에 대한 불신이 깊어지니 어떻게든 불이 붙을 때까지 시간을 끌어야 한다는 생각에 한 손으로는 돋보기를 들고 온갖 사기(?)를 치기도 했습니다. 엄마는 이렇게 불을 붙여서 쥐포도 구워 먹었다는 둥, 멀쩡한 곳에 불을 내기도 했다는 둥…. 이렇게 사기를 치는 동안 서서히 종이에 발화점이 생기면서 초점이 까맣게 번져가고 급기야 연기가 나면서 종이가 타 들어가자 아이들은 깜짝 놀란 표정을 감추지 못했어요. '역시 우리 엄마는 마법사였어!'라고 말하는 듯한 그 표정, 앞으로 엄마의 말은 절대적으로 신뢰하겠다는 그 표정. 이후에는 안 봐도 아시겠지요? 서로 해보겠다고 돋보기를 잡고 옥신각신.

READY
미리 준비하기
돋보기, 얇은 종이
주변에서 구하기
지푸라기, 물을 담은 물컵 또는 모래

HOW TO
1 — 불이 붙지 않을 바닥에 얇은 종이를 두고 가운데에 돋보기로 햇빛을 투과시켜 초점을 맞춘다
2 — 1의 기준점에 초점이 또렷해지는 순간부터 약 10초 뒤에 연기가 나며 종이가 그을리기 시작할 때 지푸라기 등을 가져다 대면 함께 불이 붙기도 한다.
3 — 물컵으로 물을 붓거나 모래를 끼얹어 불을 끈다.

2

TIP 종이에 불을 좀 더 빨리 붙게 하려면
성냥골(성냥의 머리 부분)이나 캠핑장에 이따금 가지고 다니는 스파클라 가루(화약 성분이 있는)를 종이 위에 올리면 비교적 빨리 불을 붙일 수 있습니다. 얇은 종이일수록 그리고 검은색에 가까운 종이일수록 불이 빨리 붙는다는 것도 아시지요? 단, 불을 다루는 놀이인 만큼 안전한 공간에서 하길 권하고, 캠핑용 화로 위에 두고 해도 좋습니다. 하지만 화재 위험이 있으므로 반드시! 엄마 아빠와 함께 하도록 하세요. 또 돋보기로 태양광을 바라보는 것은 시력에 치명적일 수 있으니 돋보기 사용법을 꼭 숙지한 후 하길 권합니다.

PLAY 14

밤하늘 구경하기

언제
봄·여름·가을·겨울에

어디서
캠핑장에서

무엇을
밤하늘의 별과 달을

어떻게
천체망원경이나 태블릿 PC 등으로 관찰하는 놀이

"엄마, 저것 보세요. 달을 누가 잘라놓았나 봐요. 달이 반쪽밖에 안 남았어요!" 몇 번째 캠핑이었을까요. 밤하늘을 보던 밀크가 마치 큰일이라도 난 듯 밤하늘을 손가락으로 가리키며 호들갑을 떨었습니다. 무슨 일인가 하고 녀석이 가리키는 곳을 봤더니 까만 하늘에 반달이 떠 있었습니다. 천체의 현상을 모르던 녀석의 눈에는 동그란 보름달을 누군가 반으로 잘라놓은 것처럼 보였던 모양이었어요. 저는 그 순간 녀석의 관찰력과 대상을 바라보는 시선에 깊은 감탄을 했습니다. 어떻게 그렇게 생각할 수 있었을까 놀랍기도 했고, 만약 달을 자주 올려다보게 되는 캠핑장이 아니었다면 과연 이런 표현을 들을 수 있을까 하는 생각도 했어요. 저는 당시 밀크에게 달의 원리에 대해 알려주기에는 아직 이르다는 생각에 자세한 설명 대신에 "누가 잘라놓았을까?" 하고 물어봤는데 "밤하늘의 괴물인 것 같아." 하고 대답했습니다. 벌써 몇 년이 지난 일이지만 그때의 그 표현과 신기한 눈으로 밤하늘을 바라보던 녀석의 표정이 아직도 잊히지가 않네요.

READY	HOW TO
미리 준비하기 천체망원경 또는 태블릿 PC	1_ 편한 자세로 천체망원경을 활용해 밤하늘 별자리를 관찰한다. 2_ 또는 태블릿 PC의 별자리 어플을 통해 별자리를 관찰한다.

1

NOTICE

천체 관측을 체험할 수 있는 캠핑장

경기도 여주시 세종 천문 오토캠핑장(031-886-2200, www.sejongobs.co.kr)은 여주 청소년 수련원 내에 설치된 사설 천문대 안에 있는 캠핑장으로 천문대에는 국내 민간 최대 크기인 305mm 굴절 천체망원경 등이 마련돼 있습니다. 게시판을 통해 사전 예약제를 실시하고 있어요. 충북 진천군 충북대학교 친문대 오도캠핑장(010-2003-5158, cbnuo.campushomepage.com)은 1박 2일로 천문 학교를 여는 곳으로 4인 가족 최대 18개 팀만 진행(겨울에는 주말에만 진행, 천문 프로그램 포함 캠핑장 이용료는 4인 기준 10만 원)하는데 전문적으로 천문 해설을 들을 수 있다는 게 장점이에요. 강원도 양구군 국토 정중앙 천문대 캠핑장(033-480-2586, www.ckobs.kr)은 국토 정중앙 천문대 안에 있는 캠핑장이에요. 예약제가 아닌 당일 선착순으로 운영됩니다. 강원도 횡성군 라라솔 캠핑장에서도 캠핑장 동호회의 정기 모임 등이나 성수기에 대형 천체망원경을 꺼내 달 관측 체험을 진행하곤 해요.

PLAY 15

새총 만들기

언제
봄·여름·가을·겨울에

어디서
캠핑장에서

무엇을
나뭇가지를

어떻게
다듬어서 새총을 만들고
새총을 가지고 노는 놀이

캠핑장에 가면 아빠들이 자주 만들어주는 것 중 하나가 새총이지요. 요즘엔 싸고 좋은 새총이 시중에 많이 나와서 굳이 만들지 않아도 되지만, 나무 많은 캠핑장에 간다면 아빠표 또는 엄마표 새총을 한번 만들어보는 것도 재미있어요. 견고하게 잘 만든 것은 동생에게 물려줄 수도 있고요. 주주 아빠는 어렸을 때 새총 놀이를 종종 했다고 해요. 새총으로 날아가는 꿩도 잡았다나 뭐라나. 새총에 관한 무용담을 듣고 있다가, 확인을 하고 싶어서 새총을 만들어보기로 했습니다. 새총을 만들려면 나뭇가지를 줍는 게 우선이라 아이들에게 영어 Y 자 모양의 나뭇가지를 찾아 오라는 미션을 주고 숲을 탐색했습니다. 아이가 초등학생 이상이라면 새총을 혼자 만들 수도 있지만 어리다면 이후에 만들기는 고스란히 엄마와 아빠의 몫이에요. 사실 나뭇가지에 고무줄을 단단히 묶어주면 끝이지만 이왕이면 고무줄 중간에 돌멩이 등(총알이 되는)을 쉽게 잡을 만한 받침대를 하나 끼워주면 더 좋아요.

READY

미리 준비하기
새총용 노란 고무줄(기저귀 고무줄),
자투리 펠트나 가죽(또는 종이), 칼,
토치(나뭇가지를 그을리기 위한)

주변에서 구하기
Y 자 모양 나뭇가지

HOW TO

1 — Y 자 모양의 나뭇가지를 구해 온다.
2 — 자투리 펠트나 가죽을 가로 3cm, 세로 2cm 정도로 잘라(없을 땐 종이를 겹쳐 접는다) 돌 받침대를 만든다. 이때 양 끝에서 1cm 정도 지점에 칼자국을 내서 뚫는다.
3 — **1**의 나뭇가지는 잔가시가 있을 수 있으니 캠핑용 토치로 한 번 그을린다.
4 — **3**에 노란 고무줄을 연결한다. 이때 노란 고무줄로 나뭇가지 Y 자 한쪽을 묶고 **2**에서 만든 돌 받침대를 연결한 뒤 나머지 한쪽을 묶는다.
5 — 버려지는 박스에 과녁을 그려 나뭇가지에 매달고 새총과 돌을 이용해 맞추기 놀이를 한다.

★ 바위 위에 페트병 등을 세워두고 맞추기 놀이를 해도 재밌어요.

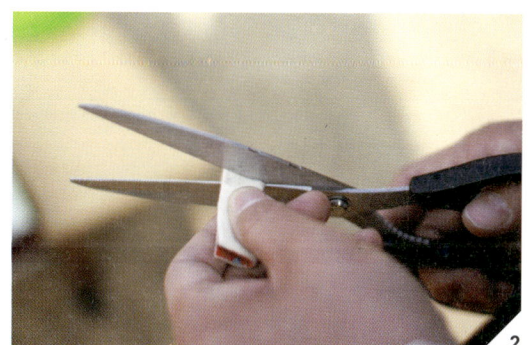

PLAY 16

우유 팩 부메랑 만들기

언제	낮에
어디서	사람이 많지 않은 너른 공터에서
무엇을	우유 팩을
어떻게	활용해 부메랑으로 만들어 날리는 놀이

아무것도 없으면 어떤가요? 아이와 즐겁게 놀아줄 마음만 있으면 어디에서든 즐거울 수 있어요. 우유 팩같이 빳빳한 종이만 있으면 쉽게 만들 수 있는 것이 부메랑입니다. 부메랑에는 여러 종류가 있는데, 그중 날개 3개짜리 부메랑의 원리는 아주 간단해 초등학생 이상이라면 혼자서도 어렵지 않게 따라서 만들 수 있지요. 부메랑 날개에 접는 선을 그린 후 그 선을 따라 약간만 꺾어 접으면 던졌을 때 날개가 공기의 저항을 받아 원형 궤적을 그리면서 날아갔다가 다시 되돌아옵니다. 시중에서 파는 부메랑만큼 멋있고 성능이 뛰어나진 않지만, 잠깐 가지고 놀면서 부메랑의 원리에 대해 얘기를 나누기에는 충분하답니다. 만들 때는 '과연 이게 날아갈까' 살짝 의심이 들기도 했는데 아이들이 직접 날려보니 의외로 잘 날아서 하나 더 만들어달라는 독촉(?)을 받았어요. 다만, 이 놀이를 할 때는 아이가 던진 부메랑을 어른이 열심히 주우러 다녀야 할 수도 있다는 것을 각오해야 합니다.

READY

미리 준비하기
1000mL짜리 우유 팩, 칼 또는 가위, 자, 셀로판테이프

HOW TO

1. 우유 팩 등 두꺼운 종이를 준비해 세로 14cm, 가로 3cm의 날개 3장을 만든다.
2. 1의 날개 위쪽에서 4cm 정도 아래에 가위집을 가로로, 아래쪽 가운데에 가위집을 세로로 낸다. 나머지 2장도 같은 방법으로 가위집을 낸다.
3. 가위집이 난 아래쪽 부분끼리 맞물려 끼워 맞춘 뒤 움직이지 않게 앞뒤를 셀로판테이프로 고정한다(스테이플러로 고정해도 됨). 이때 3개의 날개를 각각 120도 정도로 각을 맞춰 균형을 잡는다.
4. 부메랑을 오른쪽으로 던질 사람은 날개의 끝 바깥쪽 끝 부분(가위집 나 있는 곳)을 밖(아래)으로 접고, 왼쪽으로 던질 사람은 날개의 끝 바깥쪽 끝 부분을 안(위)으로 접는다.
5. 셀로판테이프를 날개 끝에 2~3번 붙여주면 회전력이 상승한다.
6. 5의 날개 한쪽 끝을 두 손가락으로 잡은 다음 세운 상태에서 손목에 스냅을 주듯 지면과 평행하거나 약간 아래쪽으로 던진다.

TIP 안전하게 부메랑 놀이를 하려면

부메랑이 회전하면서 날개의 날카로운 부분에 긁힐 수 있기 때문에 날개 끝의 모서리를 아주 살짝만 다듬어주세요.

1

2

3

6

PLAY 17

나뭇가지로 활 만들기

언제
봄·여름·가을·겨울에

어디서
넓은 공터에서

무엇을
나뭇가지를

어떻게
활처럼 만들어 직접 화살을 쏘는 놀이

미끈하게 생긴 나뭇가지를 주워서 괜히 휙휙 구부려봅니다. 구부려지는 나뭇가지로 뭘 할까 생각하다 활이 떠올랐어요. 주주들은 오래전에 양평 세미원에서 처음 활을 만져보았습니다. 전혀 흥미를 못 느낄 줄 알았던 민속놀이 활 체험 코너에서 거의 반나절을 보내더라고요. 이후 활을 사달라고 몇 번 졸랐는데 집에선 물론이고 집 밖에서도 활을 쏠 공간이 별로 없기에 모른 척하며 살아온 지 어언 몇 년. 넓디넓은 캠핑장에서는 괜찮을 것 같아서 맘먹고 활을 한번 만들어줬어요. 비록 제대로 된 활도 아니고 활인 척 흉내만 내는 것이었지만, 겉멋에 민감한 초코는 활을 메고 명사수처럼 품을 잡고 다녔습니다. 심지어 로빈 후드라도 된 것처럼 나무 위에 올라가 쏘는 시늉까지 했어요. 저도 직접 화살을 걸어 쏴보기도 했는데 4~5m 정도 밖에 안 가더라고요. 멀리 날아가진 않으니 재미는 좀 적지만 그 덕분에 다른 이들을 위협할 일은 없으니 지겨워질 때까지 가지고 놀게 됐습니다.
활은 대나무 가지를 잘라 만드는 게 일반적이지만 캠핑장이나 주변 숲에서는 대나무를 구할 수 있는 경우가 드

물죠. 이럴 땐 일반 나뭇가지를 구부려서 만드는 방법이 있습니다. 나뭇가지가 잘 구부려지지 않을 때는 화로 근처에 뒀다가 가지가 따뜻해졌을 때 구부려보면 어느 정도는 휘어져요. 화살은 나뭇가지를 다듬어 쓰면 좋은데, 일일이 가지를 칼로 깎아낼 정도의 장인 정신은 없기에 주주맘은 어묵 꼬치 꼬챙이를 이용했어요.

READY

미리 준비하기
어묵 꼬챙이(대), 노란 고무줄(기저귀 고무줄 추천), 장식용 깃털(없으면 나뭇잎으로)

주변에서 구하기
70~100cm 길이의 나뭇가지(아이의 키에 맞춰 길이를 정한다) 2개

HOW TO

1_ 약 70~100cm의 나뭇가지 2개를 주워 온다.
  ★ 어느 정도 활을 쏘는 수준이라면 나뭇가지 1개로만 만들어도 됩니다.
2_ 1의 나뭇가지 2개를 겹친 후 양 끝을 단단히 묶어준다.
3_ 2의 나뭇가지를 살짝 구부린 다음 양 끝에 활시위가 될 만한 고무줄을 단단히 묶어 연결한다.
4_ 화살을 쏘듯 어묵 꼬챙이를 활시위에 걸어 잡아당긴 후 놓아본다.

PLAY 18

비눗방울 만들기

언제
화창한 날에
어디서
캠핑장 공터에서
무엇을
비눗방울을
어떻게
만들어 불어보는 놀이

저희 가족이 캠핑장에 갈 때면 꼭 챙겨 가는 것이 바로 비눗방울입니다. 화창한 날 아이들이 만든 비눗방울이 바람을 타고 떠다니는 것을 보면 어른인 저도 몽환적인 기분에 빠지곤 해요. 짐보리 비눗방울은 인체에 무해한 녹말풀로 만들어져 주주들이 아주 어렸을 때부터 애용하곤 했는데 비눗방울이 작게 만들어져서인지 5~6세 정도 되니 좀 시시해하는 것 같더라고요. 그래서 요즘은 문구점이나 다이소에 들러서 큰 비눗방울을 만들 수 있는 비눗방울 놀이 세트를 사 가곤 합니다. 간혹 깜빡 잊고 안 챙겨 가는 날에는 캠핑장에서 즉석으로 음료수 빨대와 주방 세제를 이용해 엄마표 비눗방울 놀이 세트를 만들어줘요. 시판 제품보다는 폼이 덜 나도 비눗방울을 즐기기에는 부족함이 없답니다.

READY

미리 준비하기

주방 세제, 물, 플라스틱 컵,
긴 빨대 4~5개, 셀로판테이프

HOW TO

1_ 긴 빨대 4~5개를 뭉친 다음 위와 아래를 셀로판테이프로 묶는다.
2_ 플라스틱 컵에 주방 세제와 물을 1:1 또는 1:0.7 비율로 섞는다.
3_ **2**의 비눗물을 **1**의 빨대에 묻혀 입으로 분다.

NOTICE

비눗방울을 불 때

아이가 비눗방울을 불 때 빨대를 위로 치켜들면 비눗물이 입 안으로 흘러 들어갈 수 있어 위험해요. 빨대 끝을 평행하게 또는 조금 낮게 향한 채로 불게 지도해주세요.

TIP 잘 터지지 않는 튼튼한 비눗방울 만들기

비눗물에 글리세린(약국에서 1000원 정도에 팝니다)과 올리고당(물엿)을 조금 첨가하면 손대도 잘 터지지 않는 비눗방울을 만들 수 있답니다. 물 50mL, 주방 세제 30mL, 올리고당 3큰술, 글리세린 50mL를 컵에 넣은 후 빨대로 잘 섞어주세요.

PLAY 19

박스 터널
통과하기 놀이

언제
봄·여름·가을·겨울에

어디서
집, 캠핑장 안팎에서

무엇을
재활용 박스를

어떻게
통과하며 온몸으로 노는 놀이

박스의 변신은 무죄! 버리면 쓰레기지만 아이들에겐 터널이 되기도 해요. 박스 통과하기는 사실 널리 알려진 놀이 중 하나죠. 주주들도 바깥에서 놀기 힘든 날씨나 겨울이면 집에서 이따금 합니다. 특히 택배가 많이 온 날은 꼭 이 놀이를 해요. 그런데 이 놀이를 캠핑장에서 하면 여러 친구들과 어울려서 할 수 있어 더욱 재미있어합니다. 단, 바닥이 파쇄석으로 된 사이트에서라면 아이들이 무릎을 꿇고 박스를 통과할 수 없으니 반드시 폭신폭신한 매트를 깔아줘야 해요. 2장 정도 깔아주면 더욱 안전하고요. 박스는 아이들끼리도 잡고 있을 수 있으니 어른들이 굳이 도와주지 않아도 돼서 더 좋습니다. 이 박스 통과하기는 신체 놀이도 되지만 질서를 배울 수 있는 놀이이기도 해요. 놀이를 하면서 재밌게 놀려면 차례차례 줄을 서서 통과해야 하고 급하고 우악스럽게 할수록 박스가 빨리 찢어져 놀이가 금방 끝나버린다는 것을 가르쳐주세요. 몇 분 놀다 보면 박스가 찢어지고, 박스가 찢어지면 놀이는 끝!

READY

미리 준비하기
박스 테이프

주변에서 구하기
종이 박스 2~3개

HOW TO

1 ― 큰 종이 박스를 준비한 다음 위아래 부분을 안쪽으로 접어 구멍이 생기도록 한다.
   ★ 박스가 작다면 2개를 테이프로 이어 붙여도 됩니다.

2 ― 가위바위보를 해서 **1**의 박스를 통과하는 순서를 정한다.
   ★ 아이들끼리 한다면 진 사람 2명이 박스를 잡도록 합니다.

3 ― **1**의 박스를 매트 위에 올리고 아이들을 순서대로 통과시킨다.

TIP

차례를 지키게 하는 요령

아이들끼리 이 놀이를 하게 두면 질서가 무너지기 쉬워요. 바로 또 통과하고 싶어서 박스에서 빠져나오자마자 다시 급하게 달려가 줄을 서기 때문입니다. 이럴 땐 한숨 돌릴 수 있는 깃발 역할을 할 무언가가 있는 게 좋아요. 가장 좋은 것은 엄마 아빠. 아이들에게 '박스를 통과한 후 박스 앞쪽에 앉아 있는 엄마 또는 아빠 한 번씩 안아주기' 미션을 주면 박스를 통과한 아이들이 엄마 아빠와 포옹하며 잠시 쉬어가는 시간을 가질 수 있어 자연스럽게 차례를 지키게 됩니다. 흥분한 아이들을 진정시키는 효과도 있고요.

종이 박스로
내 아바타 만들기

PLAY 20

언제
봄·여름·가을·겨울에
어디서
캠핑장에서
무엇을
버려지는 종이 박스를
어떻게
활용해 큰 그림이나 나를 닮은 아바타를 그리는 놀이

캠핑장에서 많이 나오는 쓰레기 중 하나가 박스예요. 종이 박스의 경우 모닥불 땔감으로 주로 사용하는데 태우기 전에 한 번 더 스케치북으로 활용하는 것도 방법입니다. 특히 라면 박스 같은 큰 박스는 뜯어서 아이들과 함께 대형 그림을 그릴 수 있는 스케치북으로 요긴하게 사용할 수 있어요. 그냥 마구 색칠하는 것도 좋지만 아이의 키와 비슷한 아바타를 만들어보는 것도 재미있어요. 작은 스케치북에만 그림을 그렸던 아이들에게 커다란 종이 박스 스케치북은 큰 그림을 그릴 수 있게 해줍니다. 여유가 있다면 수채화 도구를 챙겨 가보세요. 물감 놀이까지 할 수 있게 해준다면 아이의 표현 세계가 더욱 넓어질 거예요. 완성한 그림을 나뭇가지에 걸어 전시하면 캠핑장은 야외 갤러리로 바뀝니다. 직접 그린 작품이 전시되는 것만으로도 아이들은 자신감이 상승하고 자기 작품에 대한 애착이 강해진답니다.

READY

미리 준비하기
크레파스 · 파스텔 · 물감 등 그리기 재료,
끈, 가위, 투명 박스 테이프

주변에서 구하기
캠핑장에 버려진 종이 박스

HOW TO

1 _ 종이 박스를 뜯어 펼친다. 이때 박스 중간에 스테이플러 심이 있을 수 있으니 다치지 않게 조심히 제거하고 박스의 경계선 부분은 찢어질 수 있으니 투명 박스 테이프로 붙여준다.

2 _ 펼쳐진 박스에 가져온 도구로 밑그림을 그린다. 되도록 아이가 그리고 싶은 걸 그리게 하되, 딱히 그리고 싶어 하는 것이 없다면 아이를 박스에 눕힌 뒤 아이 몸의 실루엣을 따라 그린다.

3 _ 2의 스케치 위에 다양하게 '나'를 표현한다. 색칠을 어려워 한다면 함께 도와준다.

★ 종이 박스가 크기 때문에 전체 색칠은 힘들 수 있으니 물감 등 힘이 덜 들어가는 재료를 활용하면 좋습니다. 특징이 되는 부분에만 색칠을 해도 괜찮아요.

4 _ 3을 완성하면 가위로 몸 모양대로 오린다.

5 _ 4의 위쪽 끄트머리 부분에 끈을 연결한 다음 나무나 캠핑 사이트 폴대에 걸어 전시한다.

PLAY 21

나만의 우산 만들기

언제	
비 오는 날	
어디서	
타프 아래에서	
무엇을	
투명 우산을	
어떻게	
예쁘게 꾸며서 우산을 쓰고 비를 맞는 놀이	

캠핑장에 비가 옵니다. 캠핑 초보였을 때는 비가 온다는 소식에 캠핑을 취소하기도 했는데 캠핑을 몇 번 하다 보니 우중 캠핑의 매력을 알게 되었어요. 타닥타닥 텐트를 두드리는 빗방울 소리를 들으며 뜨끈뜨끈한 어묵탕을 끓여 먹고, 아이들은 우비를 입고 나가 비 오는 캠핑장 곳곳을 탐험합니다. 좀처럼 눈에 띄지 않던 개구리들도 보이고, 날개가 젖은 잠자리도 만날 수 있습니다. 젖은 텐트를 말려야 하고 축축하고 꿉꿉한 침낭을 덮고 자야 하는 불편함도 있지만, 캠핑을 통해 비를 즐기는 법을 배우게 됐어요.

캠핑을 앞두고 비 소식을 들으면 우선 아이들과 텐트 안팎에서 할 수 있는 놀이가 무엇이 있을지 생각해보고 필요한 준비물들을 좀 챙겨 갑니다. 비를 즐길 수 있는 대표적인 도구 중 하나가 바로 투명 우산이에요. 유치원이나 어린이집 선생님들은 '미술 우산'이라고도 하더라고요. 가격은 대개 3000~4000원 정도예요. 저는 가끔 종로구 창신동 문구·완구 골목에 가는데 거기 갈 때 한 번에 10개씩 사다 뒀다가 비 오는 날 아이들과 함께 우산 꾸미기 놀이를 해요. 그리기 도구는 유성 펜이나 오일 파스텔, 유성 마커 등이 있는데 냄새는 별로지만 잘 지워지지 않고 컬러가 산뜻한 페인트 마커를 주로 쓰고 있어요. 페인트 마커는 문구점에서 개당 1500~2000원이면 살 수 있습니다.

아이들이 원하는 대로 자유롭게 투명 우산을 꾸미게 해도 좋지만, 미술에 별 관심이 없는 아이라면 주제를 정해주는 게 좋습니다. 비 오는 날이라면 우산을 펼쳐 빗방울이나 새, 집 그림을 그린 후 들어 올려 하늘을 바라보면 마치 머리 위로 빗방울이 떨어지거나 새가 날아가는 듯해 아이들이 특히 좋아한답니다.

READY

미리 준비하기
투명 우산, 유성 마커(페인트 마커)

HOW TO

1_ '비 오는 날' 등을 주제로 우산에 자유롭게 그림을 그린다. 우산 전체를 꾸미는 것은 아이에게 부담스러울 수 있으니 엄마 아빠가 함께 해주거나 아이 혼자 일부분만 꾸며보게 한다.

2_ 꾸민 우산을 들고 비 오는 곳으로 나가 우산 위로 보이는 하늘을 관찰한다. 나무 아래, 기둥 아래 등을 돌아다니며 위치에 따라 자기가 그린 그림들이 어떻게 보이는지 이야기를 나눈다.

★ 구름 낀 하늘 아래에선 우산에 그린 새가 구름 낀 하늘의 색으로, 나무 아래에선 새가 초록색으로 보일 수도 있다는 이야기를 해주면 재미있어합니다.

TIP

고장난 우산 활용법

투명 우산을 가지고 놀다 보면 우산살이 부러질 때가 있어요. 이럴 땐 그냥 버리지 말고 우산을 펼친 상태에서 거꾸로 해 우산 손잡이를 나뭇가지에 걸어보세요. 아이들이 주운 알밤 같은 열매나 가벼운 탱탱볼을 던져 넣으며 '골인 놀이'를 할 수 있답니다.

캠핑장 공터에서 놀자

PLAY 22 햇빛 가랜드 만들기

언제
햇볕이 있는 낮에

어디서
캠핑장과 숲, 공터에서

무엇을
못 쓰는 CD를

어떻게
활용해서 빛을 반사하는 놀이

강렬하던 한여름 햇빛이 조금 느슨해진 가을, 가을볕을 쪼이며 하늘로 손을 뻗어 햇빛을 가려봅니다. 손가락 사이로 들락날락하는 햇빛을 가지고 놀아보면 어떨까 생각하다가 어렸을 때 하던 거울 놀이가 생각났어요. 지난 가을 팔현 캠핑장에 갈 때, 버리려던 옛날 CD를 가지고 갔습니다. 주주들에게 "이 CD를 더 멋지고 근사하게 만들어주려면 어떻게 해야 할까?"라고 물어보니 "그림을 그리면 될 것 같아." 하고 말합니다. 그래서 우리는 CD 위에 유성 펜으로 멋진 그림을 그렸습니다. 밀크는 사자 얼굴을, 초코는 별 모양을 그립니다. 그림을 그린 후엔 라면 봉지와 과자 봉지 같은 폐비닐 안쪽 면(반사되는 면)을 오려서 CD 주변에 붙였습니다. 완성된 CD들을 노끈에 달아 타프에 걸어주니 바람이 불 때마다 CD가 반짝반짝하고 흔들리면서 햇빛을 반사하는 가랜드가 완성됐어요. "엄마, CD가 막 반짝반짝거려요!" 신이 난 아이들의 목소리를 들으면 엄마는 '오바'를 하게 되죠. 저는 순간 배우로 변신해 CD를 하나 들고 "자, 엄마를 잘 봐!"라고 말한 뒤 햇빛을 모으는 시늉을 하며(번개맨이 주로 하지요, 이런 모션은) "햇빛을 내 손에 모아, 파워!"를 외칩니다(아들 가진 엄마들에게 '파워'는 유아기 때 매우 중요한 단어입니다). 들고 있는 CD를 잘 조준해 햇빛을 반사시키면 녀석들의 얼굴에는 신기함을 넘어선 환희가 떠올라요.

READY

미리 준비하기

안 쓰는 CD 10장, 유성 마커펜, 노끈, 풀 또는 테이프

안 쓰는 CD가 없다면, 라면이나 과자 봉지로 대신해도 비슷한 느낌을 낼 수 있습니다.
다만, 거울보다는 CD가, CD보다는 과자 봉지가 햇볕을 적게 반사합니다.

HOW TO

1— 유성 마커펜을 이용해 CD 위에 그림을 그린다.
2— 과자 봉지를 잘게 잘라 **1**의 CD를 장식한 다음 노끈에 마스킹 테이프로 매단다.
3— **2**를 햇빛이 들어오는 쪽에 걸어 장식한다. 이때 과자 봉지 안쪽 은박 부분이 햇빛을 바라보게 한다.
4— 남은 CD를 가지고 햇빛 반사 놀이를 한다.

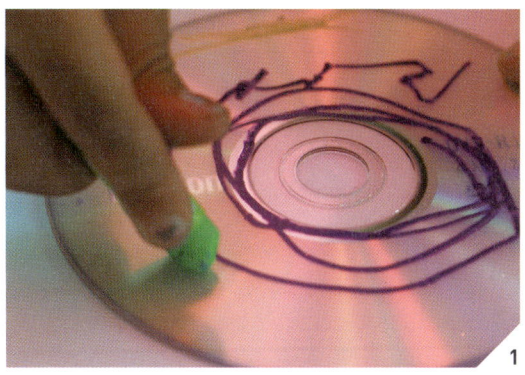

NOTICE

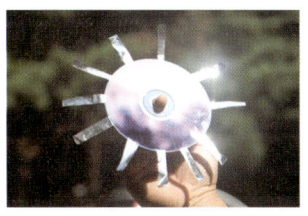

CD 가지고 놀기 전 주의 사항

CD를 나눠주기 전에 "사람의 얼굴이나 눈 부분에는 햇빛 파워를 쏘면 눈이 심하게 다칠 수 있으니 절대로 얼굴 부분에는 햇빛 파워를 쏘지 않기!" 하고 약속을 한 후 놀이를 시작하도록 하세요.

TIP

햇빛 파워 놀이 해보기

그냥 알아서 놀게 내버려둬도 충분히 즐거워하지만 좀 더 재미있게 놀려면 키워드를 줘보세요. 캠핑장 주변 자연물이나 사물의 이름을 불러주는 거예요. 예를 들어 엄마가 "소나무!"라고 말하면 아이들은 소나무를 찾아 CD에 햇빛을 반사시켜 소나무에 빛을 쏘는 식입니다. 우뚝 서 있는 소나무, 풀숲에 피어 있는 꽃, 주변에 있는 텐트 등 키워드는 무궁무진해요.
이렇게 하면 아이들이 캠핑장 주변으로 눈을 돌려 어디에 '햇빛 파워'를 쏠 지 꼼꼼하게 관찰을 하게 돼서 좋더라고요.

PLAY 23

나뭇잎 연 만들기

언제
가을, 겨울에

어디서
바람이 쌩쌩 부는 곳에서

무엇을
크고 평평한 마른 나뭇잎
으로

어떻게
연을 만들어 날리는 놀이

캠핑할 때 바람은 가장 무서운 요소지만, 아이들이 좋아하는 연날리기를 하기 위해선 반드시 필요한 요소이기도 하죠. 연을 미리 사 가는 것은 쉽지 않은 일이다 보니 현장에 있는 재료들로 급조해 연을 만들어주곤 하는데 연 대신 연날리기 기분을 낼 수 있는 것은 신문지 또는 커다란 나뭇잎입니다. 떡갈나무 잎, 갈참나무 잎, 층층나무 잎, 목련 잎 등 큰 나뭇잎들이 좋아요. 그런데 여름의 초록 나뭇잎들은 수분을 함유하고 있어서 날리기가 쉽지 않습니다. 이에 비해 가을의 마른 낙엽들은 가벼워서 가만히 두어도 바람에 쓸려가서 나뭇잎에 실을 묶어주기만 하면 됩니다. 바람이 적은 날이면 달리기를 하면서 날려볼 수 있어요. 연날리기 놀이를 하지 않을 때는 만든 연을 텐트 폴대나 텐트 주변 나뭇가지에 걸어두면 펄럭펄럭 흔들리면서 캠핑의 운치를 살려줍니다.

READY

미리 준비하기
실, 셀로판테이프,
반듯하고 평평한 나뭇잎

HOW TO

1_ 주변에서 반듯하고 평평한 나뭇잎을 찾는다.
2_ 나뭇잎 양 끝과 위쪽에 작은 나뭇가지 등으로 구멍을 뚫는다.
3_ 2의 각 구멍에 실을 통과시킨 후 셀로판테이프로 붙여 고정한다.
4_ **3**의 나뭇잎 앞쪽의 실들을 하나로 묶은 뒤 바람에 맞서서 흔들어본다.
5_ 바람이 불지 않으면 달리기를 하며 **4**의 나뭇잎 연을 날린다.

땅에 대형 그림 그리기 놀이

PLAY 24

언제	봄·여름·가을·겨울에
어디서	흙 또는 모래 바닥에서
무엇을	나뭇가지 등을
어떻게	활용해 바닥에 큰 그림을 그리는 놀이

요즘 캠핑장은 대부분 파쇄석이나 잔디가 깔려 있긴 한데 공용 공간으로 흙으로 된 공터를 끼고 있는 곳들도 많아요. 공터에서 뛰놀다 지루해지면 주주들은 나뭇가지를 하나 들고 그림을 그립니다. 넓은 공터는 아이들이 큰 그림을 그릴 수 있는 대형 스케치북이 되지요. 작은 돌멩이에 그리는 그림은 섬세한 표현을 할 수 있는 반면, 큰 스케치북이나 땅바닥에는 대담한 표현을 할 수 있어요. 마치 이를 증명이나 하듯 평소 손바닥만 한 자동차만을 그려왔던 밀크는 땅바닥에 자신이 타고 가도 좋을 만큼 큰 자동차를 그립니다. 초코는 칙칙폭폭 기차를 그렸고요. 아이들은 평소 자신이 그렸던 자동차나 기차 그림보다 훨씬 큰 그림을 그리곤 뿌듯해합니다. 밀크는 "엄마, 내가 차에 들어가 볼게!" 하며 자동차 안에 앉아 있는 시늉도 해요. 열심히 움직이며 그림을 그리니 운동은 저절로 되는 것 같네요. 밀크가 조금 더 커서 시계 공부를 하게 된 다음에는 바닥에 큰 시계를 그려 시간을 맞추는 놀이도 즐겼어요. 만약에 아이가 어리다면 엄마나 아빠가 큰 그림을 그려주고 그 안에 들어가 보게 하는 놀이도 재미있어합니다. 또 물장난을 해도 괜찮을 날씨라면 페트병에 물을 담은 후 조금씩 바닥에 흘려 물로 그림을 그려봐도 즐겁답니다. 디테일한 그림을 그리기는 어렵지만 동그라미, 세모, 네모 등을 그려서 모양 찾아 움직이기 놀이를 하면 신체 놀이까지 겸할 수 있습니다.

READY

주변에서 구하기

나뭇가지 또는 페트병, 물

HOW TO

나뭇가지로 그릴 경우

1 — 바닥에 그림을 그릴 때 쓸 만한 긴 나뭇가지를 주워 온다.
2 — 나뭇가지로 바닥에 그리고 싶은 그림을 마음껏, 최대한 크게 그린다.
3 — 어떤 그림인지 이야기를 나누고 그림에 어울리는 포즈를 취한다.

페트병에 물을 담아 그릴 경우

1 — 빈 페트병에 물을 담는나.
2 — 이리저리 움직이며 마른 바닥에 동그라미, 세모, 네모 등을 그린다.
3 — 엄마나 아빠가 불러주는 구호에 따라 움직인다. 예를 들어 "동그라미!"라고 구호를 외치면 동그라미 안에 들어가는 식.
★ 여러 명이 함께 게임을 할 경우 지시하는 그림 안에 못 들어간 사람은 탈락이에요.

사진 찍기 놀이

언제	365일
어디서	어디에서나
무엇을	카메라를
어떻게	들고 다니며 사진을 찍는 놀이

아이에게 카메라를 줘보세요. 아이의 눈높이와 시선을 읽을 수 있습니다. 저는 몇 년 전에 주주들에게 사진이 실제로 찍히는 토이 카메라를 하나 사 주었습니다. 특히 카메라에 관심이 많은 밀크에게 이 카메라를 주면서 마음껏 찍어보라고 하곤 한참 뒤에 녀석이 찍은 사진들을 확인하니 절로 웃음이 나왔습니다. 어느 날은 설거지하는 아빠의 엉덩이, 어느 날은 엄마의 굴욕 표정, 또 어떤 날은 애완견 똘똘이의 꼬리만 찍은 날도 있었어요. 사진들을 찬찬히 들여다보고 있으면 녀석의 눈높이가 어느 정도이고 녀석에게 세상이 어느 정도 높이에서 보이는지 알 수 있죠. 애정을 갖고 있는 것이 무엇인지도 알 수 있고요. 이렇게 찍은 사진들을 혼자 보기 아까워 블로그에 '밀크 사진전'을 열어주기도 했어요. 이 카메라가 캠핑장으로 나오면 더 즐거워집니다. 장난감 카메라는 화소가 일반 디지털카메라보다는 떨어지지만 자연물, 캠핑장 풍경, 캠핑장에서 만난 친구들의 얼굴들을 담기에는 충분해요. 카메라를 들면 아이는 좀 더 자세히 사물들을 관찰하는 습관이 생깁니다. 이제 여덟 살이 된 밀크는 DSLR을 주면 제법 근사한 사진도 찍어내곤 하네요. 어떤 때는 아빠보다도 사진을 더 잘 찍어서 요즘 우리 부부 사진은 삼각대 대신 밀크에게 부탁하곤 합니다. 단, 카메라를 떨어뜨릴까 겁나 소심하게 스트랩은 꼭 목에 걸어줘요.

READY
미리 준비하기
유아용 카메라 또는 디지털카메라

HOW TO
1_ 카메라가 떨어지지 않게 스트랩을 목에 걸어주고 아이에게 자유롭게 주변을 카메라에 담아 오라고 한다.
2_ 아이가 찍어 온 사진들을 보며 어떤 것을 찍었는지 이야기를 나눈다.

NOTICE
주주들이 애용하는 장난감 카메라는?
피셔프라이스 토이 카메라예요. 떨어뜨려도 안전할 정도로 튼튼하게 나온 데다 작동법이 간편해 아이들도 금세 능숙하게 사용할 수 있어요. 또 찍은 사진들은 USB 케이블을 연결해 컴퓨터에 내려받을 수 있어 편리해요. G마켓 같은 온라인 오픈 마켓과 해외 직구 사이트 '아이허브' 등에서 살 수 있습니다.

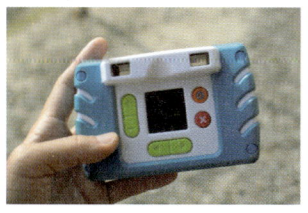

TIP
아이가 찍은 사진으로 '캠핑장 사진전'을
아이가 찍은 사진이 어느 정도 쌓이면 재미있는 사진들을 고르고 인화해 캠핑장에서 사진전을 열어주는 것도 좋습니다.

PLAY 26

얼음 액자 만들기

언제	꽁꽁 얼음이 얼 정도로 추운 겨울에
어디서	캠핑장에서
무엇을	낙엽과 마른 꽃잎 등을
어떻게	끓인 물과 함께 얼려서 나무 장식품을 만드는 놀이

기온이 영하로 떨어지기만을 손꼽아 기다리게 만드는 놀이가 있습니다. 이 놀이는 몹시 추운 날, 땅이 꽁꽁 어는 날, 이가 덜덜 떨려서 밖에 나가기도 싫은 날, 그런 날 하는 놀이예요. 이름하여 '나만의 얼음 액자 만들기'. 블로그 이웃인 '그네리' 님이 공유해준 놀이인데 숲에서 주운 자연물 위에 물을 부어 마치 수정 같은 얼음 덩어리를 만드는 거예요. 도토리도 괜찮고, 엄지손가락만 한 작은 솔방울도 좋고, 잘 마른 낙엽이나 꽃잎도 좋아요. 그릇에 얼리고 싶은 재료들을 넣은 후 물을 넣고 영하의 날씨에 바깥에 놓아두면 끝. 다 얼면 나뭇가지에 달아 우리들만의 전시회도 할 수 있죠. 생각만 하고 있다가 지난 겨울 라라솔 캠핑장에 갔을 때 마침 영하의 날씨가 되어 도전을 해봤습니다. 녀석들과 '얼음 액자 속에 무엇을 넣으면 좋을까?' 하고 함께 얘기를 나눈 뒤 캠핑장을 돌아다녔어요. "엄마, 이건 어때?" 마른 꽃잎을 든 밀크가 묻습니다. 자세히 보니 마른 라벤더였어요. 쉽게 가고 싶은(?) 초코는 근처에 떨어진 낙엽들과 나뭇가지들을 쓱쓱 주워 옵니다. 널찍한 그릇에 뜨거운 물을 끓여 담고 그 안에 주워 온 자연물들을 넣어 밖에 둔 다음 녀석들은 "어떤 얼음 액자가 나올까?" 하며 무척이나 궁금해했어요. 그리고 다음 날 아침, 하나의 근사한 얼음 오브제가 돼 있는 자연물들을 구경하러 주주들뿐 아니라 캠핑장에서 함께 놀던 친구들까지 달려왔지요. 은은한 라벤더 향에 킁킁 냄새까지 맡으면서 서로 갖고 싶어 안달이 났습니다. 별 준비 없이 근사한 작품을 얻어 괜히 감동스러웠어요.

이 놀이를 하며 아이에겐 액체인 물이 영하의 날씨에서 고체인 얼음으로 변하는 과정을 설명해줄 수 있고, 자그마한 자연물을 수집하면서 한겨울에 숲을 지키는 식물들에 대해 얘기해볼 수도 있습니다. 만약 겨울 캠핑을 하지 않거나 바깥 날씨가 아주 춥지 않아 자연 얼음을 만들기 쉽지 않다면, 집 냉장고의 냉동실에 얼려도 괜찮아요(다만 냉장고에서 얼리면 얼음이 좀 탁한 게 단점입니다). 참, 얼음을 얼릴 때 주둥이가 좁은 그릇을 사용하면 얼음을 꺼내지 못하는 난감한 상황이 발생한다는 것 잊지 마세요!

READY

미리 준비하기
즉석밥 그릇이나 플라스틱 달걀판, 얼음 틀 등 주둥이가 넓은 그릇(캠핑용 식기도 괜찮습니다), 끈

주변에서 구하기
물, 도토리, 솔방울, 지푸라기, 마른 꽃잎 등

HOW TO

1 — 숲에서 도토리, 솔방울, 지푸라기, 마른 꽃잎 등 얼음 속에 얼릴 자연물들을 줍는다.

2 — 팔팔 끓인 물을 그릇에 담은 뒤 **1**의 자연물들을 넣고 끈을 물 속에 반쯤 담가둔다.

3 — **2**를 바깥에 그대로 두고 자연 상태로 얼린다.

4 — **3**이 얼음 상태가 되면 그릇에서 빼내 아이들이 잘 보이는 눈높이의 나뭇가지에 걸어 전시한다.

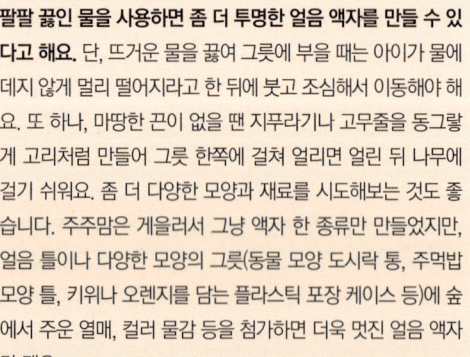

TIP

얼음 액자 만들 때 주의 사항

팔팔 끓인 물을 사용하면 좀 더 투명한 얼음 액자를 만들 수 있다고 해요. 단, 뜨거운 물을 끓여 그릇에 부을 때는 아이가 물에 데지 않게 멀리 떨어지라고 한 뒤에 붓고 조심해서 이동해야 해요. 또 하나, 마땅한 끈이 없을 땐 지푸라기나 고무줄을 동그랗게 고리처럼 만들어 그릇 한쪽에 걸쳐 얼리면 얼린 뒤 나무에 걸기 쉬워요. 좀 더 다양한 모양과 재료를 시도해보는 것도 좋습니다. 주주맘은 게을러서 그냥 액자 한 종류만 만들었지만, 얼음 틀이나 다양한 모양의 그릇(동물 모양 도시락 통, 주먹밥 모양 틀, 키위나 오렌지를 담는 플라스틱 포장 케이스 등)에 숲에서 주운 열매, 컬러 물감 등을 첨가하면 더욱 멋진 얼음 액자가 돼요.

아이가 좋아하는 작은 피규어나 액세서리를 넣어도 좋아요! 이 놀이는 자연물로 해도 좋지만 아이가 좋아하는 공룡 피규어나 반지와 같은 액세서리 등을 넣어 얼려보고 싶다고 하면 그렇게 해보는 것도 재밌어요. 얼려놓고 보면 마치 빙하기나 동화 속 얼음 나라 같아요. 다만 사탕같이 물에 녹거나 염색물이 빠지는 것이라면 피하는 게 좋습니다.

PLAY 27

눈썰매 타기

언제
눈이 내린 겨울에

어디서
캠핑장 언덕 등 자연 눈썰매장에서

무엇을
비닐 봉투나 버리는 비닐 가방, 종이 박스로

어떻게
눈썰매를 만들어 타는 놀이

눈썰매장에서 썰매를 타려면 계속 줄을 서야 하지만 캠핑장 눈썰매장은 그럴 필요가 없습니다. 야트막한 언덕만 있으면 어디든 눈썰매장이 되니까요. 리프트가 없어 썰매를 끌고 오르락내리락하는 게 힘들 법도 한데 털모자가 땀에 젖어도 노는 데 정신이 팔려 힘든 기색조차 없어요. 저는 겨울이면 눈 내릴 것을 대비해 트렁크에 눈썰매 하나 정도는 꼭 넣고 다닙니다. 여행을 가다가 눈밭이 있으면 일부러 들어가 눈을 밟아보기도 하고, 주변을 둘러보고 비교적 안전한 언덕이 있으면 내려서 애들이 실컷 놀고 가게 해요. 눈썰매를 준비하지 못했다면 버려지는 종이 박스를 이용하면 됩니다. 종이 박스에 종량제 비닐 봉투를 뒤집어씌운 후 묶어 이것을 엉덩이에 깔고 타면 눈썰매만큼이나 잘 미끄러져 내려오죠. 종량제 봉투가 없을 땐 커다란 검정색 비닐 봉투를 박스에 덮어씌우기도 하는데 이런 비닐은 얇아서 금세 찢어지더라고요. 아이들 어린이집 이불 가방으로 많이 쓰는 타포린 백이나 코스트코 쇼핑백도 눈썰매 대용으로 강추합니다(타포린 백이나 코스트코 쇼핑백이 은근히 비료 포대랑 느낌이 비슷하다는 게 어렸을 적에 포대 좀 타봤던 어떤 분의 말씀).

READY

미리 준비하기
종이 박스, 타포린 백(또는 쓰레기 종량제 봉투)

HOW TO

1. 버려지는 종이 박스에 타포린 백 등을 뒤집어씌우고 잘 묶어준다.
2. 눈썰매를 탈 만한 언덕에서 1의 비닐 씌운 박스를 엉덩이에 깔고 잘 잡은 후 미끄러져 내려온다. 경사가 거의 없어 잘 미끄러지지 않으면 어른이 끈으로 잡고 끌어줘도 좋다.

1

2

눈사람 만들기

언제	
겨울에 눈이 펑펑 왔을 때	
어디서	
캠핑장 너른 공터에서	
무엇을	
뭉친 눈으로	
어떻게	
창작 눈사람을 만들거나	
눈싸움을 하는 놀이	

연애할 때는 겨울이 가장 좋더니 아이를 낳고 나니 가장 괴로운 계절이 됐어요. 행여 아이들이 감기 걸릴까 봐 마음껏 콧바람을 쏘일 수도 없고, 조금만 춥기라도 하면 산후 후유증으로 온몸이 쑤시는 것 같고요. 그래도 눈이 펑펑 오는 날엔 아이들과 눈사람을 만듭니다. 추워서 딱 질색이라고 생각된다면 이 눈이 마지막이라고 한번 생각해보세요. 전 뭐든 마지막일지도 모른다고 생각하면 귀찮더라도 몸이 일으켜지더라고요. 겨울이면 내리는 눈이지만 어린 시절 느꼈던 눈과 연애할 때 눈은 각각 다른 느낌과 다른 추억이 있듯이 지금 내 아이가 이 나이에 느낄 수 있는 눈과 1년 뒤 느낄 눈은 분명 다를 테니까요.

캠핑장에 눈이 펑펑 내리면 마치 축제가 펼쳐진 듯 사람들은 즐거워합니다. 어느 하나 텐트 안에 있지 않고 나와서 눈을 맞고, 썰매를 타고, 눈사람을 만들어요. 도시에서는 눈사람을 만들 때 자연물을 찾기가 쉽지 않은데 자연과 가까이 있는 캠핑장에선 다양한 자연물로 눈사람을 꾸밀 수 있어 좋습니다. 열심히 눈을 굴려 눈사람을 만들고 이름을 정한 다음 "이 이름에 어울리는 눈사람은 어떻게 생겼을까?" 하고 아이에게 물어봅니다. 공룡에 빠져 있는 초코는 '티라노 눈사람'이라는 아주 예상 가능한 이름을 내놓고 밀크는 담백하게 '스노우맨'이라고 답했습니다. 엄마가 "삼식이로 하는 건 어때?" 하고 물으니 둘 다 그건 싫다고 고개를 절래절래. 재작년에는 애니메이션 「겨울왕국」을 본 뒤 '올라프'를 만들었는데 올해는 그냥 눈사람을 만들어보자는 녀석들의 제안에 엄마와 아빠는 이의 제기 없이 그러기로 했어요. 캠핑장에서 만난 밀크의 동갑내기 친구는 당근이 없으니 솔방울로 눈사람 코를 만들면 좋겠다고 합니다. 눈은 밀크가 주워 온 조약돌로, 눈썹과 입은 아빠가 주워 온 작은 나뭇가지로 꾸몄지요. 엄마는 목이 추워 보여서 어딘가에 떨어져 있던 소나무 잎으로 목도리를 둘러주었습니다. 캠핑장에 있던 빗자루도 옆에 세워보고, 재활용 통에 있던 플라스틱 그릇도 모자로 씌워보면서 눈사람과 함께 인증샷도 찍고 화보 촬영 놀이도 했어요.

그런 뒤에는 다함께 서바이벌 눈싸움 놀이를 했습니다. 힘 센 아빠는 언제나(?) 나쁜 편, 약자인 아이들과 엄마는 착한 편이 됩니다. 아이들과 잘 놀아주는 편인 아빠는 무서운 표정과 효과음으로 제대로 나쁜 편 역할을 해줘요. 이러면 아이들의 반응은 정말 리얼합니다. 꺅꺅 소리를 지르다가 엄마를 지켜줘야 한다며 연합 작전을 펼치기도 하지요. 손이 빠른 엄마는 눈덩이를 만들어 무기를 제공하고, 아이들은 눈썰매를 방패 삼아 엄마 지키기에 나섭니다. 이렇게 아들들의 보호를 받으며 열심히 눈싸움을 하다 보면 괜히 눈물겹고 감동적이기까지 합니다. 만날 자기만 나쁜 역할 한다고 투덜대는 아빠의 하소연을 들어야 하긴 하지만요.

READY

주변에서 구하기

눈, 솔방울 · 나뭇가지 · 조약돌 · 소나무, 컵라면 그릇 등 재활용품

HOW TO

1_ 눈을 굴려 눈사람의 형태를 만든다.

★ 눈 덩어리가 커지면 아이가 굴리기 힘들어질 수 있으니 엄마 아빠가 도와주세요.

2_ 눈사람의 이름을 정하고 어떤 성격일지, 눈은 어떻게 생겼을지(착하게, 웃기게 등), 입은 어떻게 생겼을지 얘기를 나누고 이미지에 맞는 자연물들을 찾아 온다.

3_ 여럿이 함께 한다면 각자 신체의 한 부분을 맡아 눈사람을 완성한다.

4_ 눈사람이 완성되면 함께 사진을 찍어 기념한다.

TIP

눈사람 만들기 놀이를 하고 나서

유난히 감성적인 밀크는 눈사람 만들기 놀이를 한 날 집으로 돌아오는 차 안에서 "스노우맨(눈사람)만 혼자 남겨두고 와서 슬퍼~" 하며 울었습니다. "혼자 있다가 녹아버리면 외롭고 슬플 거야." 하며 눈물이 그렁그렁. 그래서 캠핑장은 시골에 있어서 눈이 많이 내리고, 캠핑장에 또 다른 친구들이 오면 잘 지켜줄 거라고 말해줬어요. 그리고 눈사람과 함께 찍은 사진을 보여줬고요. 그랬더니 슬픈 마음이 좀 진정되는 것 같았어요. 혹시 아이가 그래도 계속 걱정을 한다면 눈이 녹아 땅 속으로 스며들면 계곡이나 강이 되고, 그 물이 증발해서 비와 눈이 돼서 다시 내리는 것이라고 '눈의 일생'을 간단하게 설명해주는 것도 좋을 것 같습니다.

캠핑장이 아닌 집 주변에서 눈사람 만들기를 한다면

만약 주변에 자연물이 없다면 재활용품을 십분 활용할 수 있답니다. 병뚜껑으로 눈을, 나무젓가락으로 눈썹과 코 등을, 페트병으로 팔과 다리 등을 만들 수 있어요. 다만 눈이 녹으면 옆집 아주머니가 보시고 "누가 쓰레기를 여기다가 버렸어!" 하고 화낼 수 있으니 깨끗하게 뒷정리를 하는 걸로!

1

3

엄마표 캠핑 놀이 106
PART 2

물가에서 놀자

PLAY 1

갯벌 보물찾기

언제
6~10월에
어디서
바닷가 갯벌에서
무엇을
갯벌에서 채취 가능한 것들을
어떻게
찾아서 담는 놀이

서해에서 바다 캠핑을 한다면 빼놓을 수 없는 것이 갯벌 체험입니다. 갯벌 체험을 하다 보면 온몸에, 얼굴에 뻘이 묻지만 그래도 즐겁습니다. 충남 보령시에 있는 무창포에서는 바닷길이 열릴 때(바다 갈라짐 현상)에 맞춰 찾아가면 정말 귀한 갯벌 체험을 할 수 있습니다. 몇 해 전 바다 갈라짐 현상을 보기 위해 일부러 갔었는데 정말 발로 갯벌을 밟을 수가 없을 만큼 바닷게가 새까맣게 올라와 있어 깜짝 놀랐어요. 걷다가 발을 잘못 디디기라도 하면 바닷게를 밟을까 봐 '엄마야~' 소리가 절로 나왔습니다. 주주들도 바닷게가 여기저기에서 기어 다니니 눈이 휘둥그레졌죠. 그때는 아이들이 어려 그저 바닷게를 잡는 것 외에는 해볼 만한 체험 활동이 거의 없었지만 5~6세가 되니 놀이로 즐길 수 있는 것들이 훨씬 많아졌습니다. 특히 캠핑 가기 전 한두 가지 준비물을 챙기면 갯벌에서 재밌는 놀이를 해볼 수 있어요. 한번은 캠핑장 재활용 분리수거함에 있던 과일 상자에 까는 스티로폼을 가지고 갔습니다. 과일을 담기 좋게 칸이 나뉘어 있어서 칸을 채우거나 분류하는 놀이를 할 때 유용하거든요. 가장 쉽게 할 수 있는 것이 갯벌 보물찾기 놀이예요. 숲 보물찾기와 마찬가지로 갯벌에서 사는 생물들로 칸을 채우는 거죠. 갯벌에는 새우, 게, 갯지렁이, 고둥이나 조개 등 다양한 생물이 삽니다. 아이들에게 갯벌을 관찰하고 갯벌에서 발견할 수 있는 것들을 각자 찾아 오라고 하면 소라나 조개껍데기, 고둥, 바닷게 등을 가져와요. 물론 생물들은 관찰만 하고 다시 놓아주도록 합니다. 자연에서의 놀이는 훼손이 아닌 놀이로 끝나야 하니까요. 이 외에도 돌멩이나 쓰레기를 주워 오기도 하는데 이런 경우에도 "이건 쓰레기잖아~"하고 넘겨버리기보다는 갯벌에 누군가 버린 쓰레기도 있다는 걸 알려주고 갯벌을 보호해야 함을 가르쳐주면 생태 교육도 함께 할 수 있어요.

READY

주변에서 구하기
과일 상자 안 스티로폼
(없을 땐 플라스틱 달걀판을 재활용)

HOW TO

1 — 과일 상자에 들어가는 스티로폼이나 달걀판을 갯벌 근처에 펴고(바람에 날아가지 않게 돌 등으로 고정) 갯벌에서 찾을 수 있는 것을 모두 찾아보라고 한다.
   ★ 스티로폼이나 달걀판을 개인별 또는 팀별로 준비하면 대항전을 펼칠 수 있어 더 흥미진진한 게임이 됩니다.
2 — 조개껍질, 바닷게, 돌 등 갯벌에 있는 모든 것을 찾아 오는 게 미션.
3 — 같은 것을 찾아 오면 종류별로 분류한다.
4 — 다양한 종류를 발견하고 찾아오는 사람이 승리. 협업해서 함께 찾는 것도 방법이다.

1

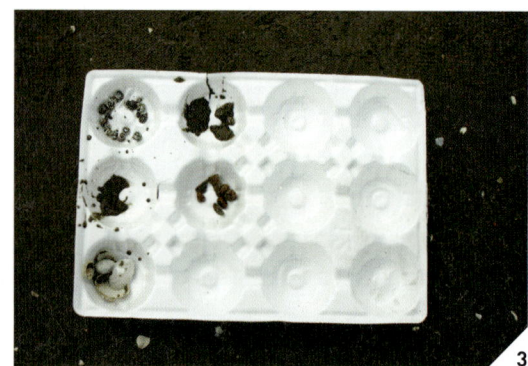

3

NOTICE

갯벌 체험 전 알아두면 좋은 사이트

갯벌의 밀물과 썰물을 알아보는 곳
국립해양조사원(www.khoa.go.kr)에서 조석 예보를 검색. 조석 안내 자동전화(1588-9822) 이용도 가능

갯벌의 의미와 특징, 사는 생물 등 갯벌에 관한 자료를 볼 수 있는 곳
태안반도 사이버 갯벌생태공원(etaean.net), 국토해양부 갯벌 정보 시스템(www.tidalflat.go.kr)

올바른 갯벌 체험 요령

제대로 갯벌 체험을 하려면 몇 가지 준비물이 필요합니다. 우선 갯벌 속에 숨어 있는 생물을 발견할 때 쓰는 모종삽 또는 호미, 또 갯벌 속에 숨어 있는 조개나 굴 껍데기 조각들로부터 손발을 보호하기 위한 면장갑이나 고무장갑, 장화나 아쿠아 슈즈, 운동화 등을 준비하세요. 만약 신발이 더러워지는 것이 걱정된다면 버리는 두꺼운 양말만 신어도 괜찮습니다. 또 갯벌에는 그늘이 없으므로 피부가 그을리지 않도록 긴 소매의 옷을 입고 챙 있는 모자를 써야 합니다. 쌍안경이 있으면 가까이 갈수록 도망가는 예민한 생물들을 떨어진 곳에서도 관찰할 수 있어 좋아요. 작은 양동이나 어항이 있으면 잡은 생물들을 다치지 않게 담아서 자세히 관찰할 수 있습니다. 그리고 시간을 체크할 수 있도록 시계(방수 시계)를 착용해 밀물 시간을 기억해뒀다가 밀물 1시간 전에는 갯벌 체험을 마치고 갯벌에서 나오도록 합니다.

갯벌 체험 시 몇 가지 알아둬야 할 사항도 있어요. 첫째, 정해진 구역에서만 갯벌 체험을 하도록 합니다. 양식장 주변이나 위험할 수 있는 갯골(바닷물이 들어오고 나가면서 생기는 좁은 수로)에는 가지 않아야 해요. 갯골은 썰물 때는 물 밖으로 드러나지만 물이 찼을 때는 수심이 깊어져서 갯골을 건넜다가 밀물 후 고립돼 사고를 당하는 경우도 적지 않다고 해요. 둘째, 갯벌 체험을 할 때는 반드시 어른 동반 하에 해야 합니다. 갯벌은 매우 넓기 때문에 아이들끼리 놀다 보면 시야에서 멀어지기 쉽고 아무리 불러도 아이들에게까지 목소리가 닿지 않을 수 있어요. 밀물 때를 모르고 계속 놀다간 예기치 못한 사고를 당할 수도 있습니다. 셋째, 채집보다는 관찰 위주로 체험을 하는 게 중요해요. 갯벌의 생물들은 예민하기 때문에 사람들의 손이 닿으면 다치거나 죽기 쉽다고 합니다. 관찰 후 다치지 않게 갯벌에 잘 놓아주고 오도록 알려줘야 해요. 또 사람들이 무심히 밟고 지나가는 갯벌에도 무수히 많은 생물들이 살고 있어요. 이런 갯벌의 성격을 아이들에게 설명하고 갯벌을 오갈 때 되도록 일렬로 걸어 갯벌에 발자국을 최소한 남기도록 알려주는 것이 좋겠죠.

물총 놀이

PLAY 2

언제	물놀이를 할 수 있는 여름에
어디서	과녁을 그리거나 만들 만한 물가에서
무엇을	물총을 들고
어떻게	신나게 쏴보는 놀이

무더운 여름날 캠핑할 때 필수 준비물이 바로 '물총'입니다. 주주들은 소총 모양부터 박격포 모양까지 시리즈로 물총을 챙겨 다니는데, 여름 캠핑장에 도착해서 물총 하나만 쥐어주면 따로 신경 쓸 필요도 없이 하루 종일 신나게 놀기도 합니다(그러면 엄마 아빠는 아주 평화로워지지요). 때로 캠핑장에서 만난 친구들과 어울려 물총 싸움을 하기도 하는데 이따금 아이들끼리 작은 분쟁이 생기기도 해요. 초코는 억울한 얼굴로 "엄마, 저 형이 나한테만 물총을 쏴~" 하며 울음보를 터뜨리기도 하고, 밀크는 물에 빠진 생쥐가 되어 돌아오기도 합니다. 같이 놀 친구들이 없을 땐 또 물총을 이리저리 쏴대서 캠핑장 내 민폐 보이가 되기도 하고요. 그럴 땐 캠핑장에서 아이들이 물총을 신나게 쏠 만한 과녁을 미리 찾아줍니다. 가장 만만한 것이 자동차 바퀴예요. 자동차 바퀴는 아이들이 멀리 가지 않고 부모의 레이더망 안에서 물총 놀이를 할 수 있게 해주는 유용한 과녁이지요. 아이들을 신나게 놀리면서 세차도 해결할 수 있습니다. 만약 캠핑장에 물총을 쏠 만한 빈 벽이 있다면 벽에 분필로 과녁을 그려주는 것도 좋습니다. 이때 아예 과녁 안에 점수까지 표기해주면 아이들의 전투력이 급상승해요. 남양주시 화도읍에 있는 봉서원 더 시크릿가든 캠핑장 앞의 시내 한쪽에는 시멘트 벽이 있어요. 거기에 과녁을 그려줬더니 주주들이 아주 신나게 물총 놀이를 했답니다. 만약 아이가 옷이 젖는 것을 싫어한다면 우비를 입고 놀게 해주는 것도 방법입니다.

READY	HOW TO

미리 준비하기
사정거리가 좀 되는 물총, 분필

주변에서 구하기
물

1 — 캠핑장 빈 벽에 과녁을 그린다. 과녁 바깥쪽 큰 원에는 1점, 원이 작아질수록 점수를 높여 그린다. 가장 작은 원은 10점.

2 — 처음에는 과녁과 비교적 가까운 거리에 선을 그어 정해진 위치에서 물총을 쏘도록 한다.

3 — 아이가 과녁을 맞혀 자신감이 상승하면 차츰 물총 쏘는 위치를 뒤로 이동시켜 난이도를 조절한다.

TIP

과녁을 그릴 분필이 없다면?
과녁을 그릴 분필이 없으면 화로에서 나온 숯을 사용해보세요 (58쪽 '숯으로 그림 그리기' 참조). 손에 좀 묻는 것만 빼면 분필 대용으로 쓰기에 아주 좋답니다.

돌멩이 장난감 만들기

PLAY 3

언제	봄·여름·가을·겨울에
어디서	돌멩이가 많은 강가나 계곡 주변에서
무엇을	재미있게 생긴 돌멩이를
어떻게	활용해 그림을 그리는 놀이

아이들에게는 세상 모든 것이 장난감이 될 수 있습니다. 이것은 캠핑을 다니면서 절실하게 느낀 명제예요. 평소에는 뭐가 됐든 손에 장난감 하나는 들고 있으려고 하는 주주들도 캠핑장에 도착하면 언제 그랬느냐는 듯 장난감에 대한 집착이 싹 사라집니다. 그보다 더 재미있는 것들이 사방에 있으니까요. 강가에 가면 돌멩이가 토마스 기차보다 더 완소 아이템이 됩니다. 강가 돌멩이를 자세히 보면 하나같이 모양이 제각각이지요. 아이들이 좋아하는 자동차 모양의 돌, 집이나 얼굴 모양의 돌 등등 재미있는 모양의 돌들도 많습니다. "나를 닮은 돌을 찾아볼까?"라든가 "갖고 싶은 장난감을 닮은 돌을 찾아볼까?"라는 말로 아이에게 미션을 주면 아이들은 주변을 두리번거리며 적극적으로 자신만의 돌을 찾습니다. 찾아 온 돌에 대해 서로 이야기를 나누는 시간도 가져요. 초코는 고속열차 모양의 돌을 찾았다며 기다란 돌멩이를 주워 왔어요. 언뜻 보기에도 고속열차의 앞부분과 꽤 닮았길래 "진짜 고속열차처럼 생겼네!" 해줬더니 녀석

은 뿌듯해서 어쩔 줄 몰라요. 밀크는 총처럼 생긴 ㄱ자 모양 돌을 찾았다고 합니다. 돌에 대해 이야기하는 데서 끝나지 않고 함께 돌멩이에 그림을 그리며 나만의 장난감으로 만들어보는 놀이로 연결합니다. 이 놀이는 '모래 그림 그리기'(142쪽 참조)와 연계해서 모래로 그린 그림 위에 돌멩이들을 올려 놓고 이야기를 만들어보면 더욱 흥미로워져요.

READY

미리 준비하기
색연필, 페인트 마커(또는 분필, 아크릴물감, 오일 파스텔 등)
주변에서 구하기
주운 돌멩이

HOW TO

1_ 강가에서 재미있는 모양의 돌멩이를 줍는다.
2_ 주운 돌멩이가 어떤 모양인지 이야기를 나눈다.
3_ 이야기를 토대로 **2**의 돌멩이 위에 색연필, 페인트 마커 등으로 그림을 그린다.
4_ **3**의 돌멩이를 스케치북에 올려두고 돌멩이가 주인공인 상상화를 그려본다.

TIP

돌멩이 자세히 들여다보기
돌멩이도 어디에 있느냐에 따라 모양이 다릅니다. 강의 상류 지역에는 모서리가 뾰족하고 큰 돌이 많고, 하류 지역에는 침식·운반 작용을 거치며 모서리가 마모돼서 둥글고 작은 돌멩이들이 많지요. 계곡, 강의 상류, 강의 하류 등 가는 곳마다 돌멩이가 어떻게 각각 다른지 함께 살펴보고 이야기를 나누면 훗날 과학 시간에 침식·운반·퇴적 작용을 배울 때 어릴 적 가지고 놀던 돌멩이 장난감이 떠오르지 않을까요?

돌멩이 장난감들의 이후 사용법
캠핑 놀이 후 자연물들은 원래 있던 자리에 다 놓아두고 오지만 아이가 직접 그린 돌멩이 장난감은 그냥 두고 오면 괜히 서운합니다. 이럴 땐 가져와 집에 있는 화분 주변이나 베란다에 작은 전시 공간을 만들어보세요. 한번은 가져와서 주주들 할아버지 산소 주변에 놓아두었어요. 이후에 캠핑 가서 돌멩이 장난감을 만들면 밀크와 초코는 "할아버지 산소를 꾸며주자!"고 말하곤 합니다. 저 역시 아버님 산소에 녀석들이 그린 돌멩이 장난감들을 두고 오면 어쩐지 아버님이 외로워하시지 않을 것 같아 마음이 따뜻해진답니다.

PLAY 4

조약돌 한글 놀이

언제
봄·여름·가을·겨울에

어디서
캠핑장 주변 강가, 시내, 계곡에서

무엇을
조약돌을

어떻게
활용해서 한글 교구를 만들어 한글을 익히는 놀이

캠핑장에서 아이들과 놀다 보면 마음 한구석에선 '이렇게 놀기만 해도 되는 걸까' 하는 불안감이 문득문득 먹구름처럼 몰려올 때가 있습니다. 그럴 때면 대자연에서 해맑게 뛰노는 녀석들이 순간 한심하게 보이기도 하지요. 특히 '낫 놓고 기역 자도 모르는' 초코를 바라보고 있노라면 살짝 겁이 나기도 합니다. 누구는 벌써 한글을 다 떼서 엄마에게 편지도 써주던데, 저러다 한글도 못 떼고 학교 들어가는 것 아닐까 하고요. 그때 생각난 것이 바로 조약돌 한글 놀이였습니다. 조약돌에 자음과 모음을 그려 넣고 퍼즐처럼 글자를 조합해보는 놀이. 조약돌 한글 놀이는 교구 만들기부터 놀이까지 아이와 오롯이 함께 하는 게 중요합니다. 조약돌에 대한 애착을 갖게 하려면 조약돌 줍기부터 함께 하는 것이 좋아요. 그런 다음 조약돌에 유성 마커펜 등으로 자음과 모음을 써놓고, 자음과 모음을 조합해 한 글자 단어부터 만들기 시작해봅니다. 아이가 아는 글자부터 시작한다면 더 호기심을 보이겠지요. 이때 그냥 '밤' 자를 만들어보자고 말하기보다는 이왕 하는 거 재미있게 수수께끼 놀이를 해보세요. "가을에 나무에서 떨어지는, 따끔따끔한 가시 속에 들어 있는 열매는 무엇일까요?" 엄마가 수수께끼를 내면, 아이들이 자음과 모음이 그려진 조약돌을 조합해 답을 맞추는 식으로요. 밤, 물, 달, 별, 밥, 공 등 아이에게 익숙한 글자부터 시작해서 오리, 바람, 텐트 등 주변에 있는 것들을 토대로 수수께끼를 내봅니다. 수수께끼를 내는 동안 아이의 호기심은 상승하고, 글자를 조합하는 방법을 궁리합니다. '밤'을 조합한 후에는 같은 돌멩이로 '봄'을 조합해보는 응용도 가능하지요. 한글을 어느 정도 읽을 줄 아는 밀크 군은 자음과 모음을 조합하는 것만큼이나 수수께끼를 즐거워하며 "또~" "또~"를 연발했지요. 아이와 함께 만든 조약돌 한글 교구는 한 번 하고 버릴 것이 아니라 작은 주머니에 넣고 다니면서 아이의 수준에 따라 업그레이드해주면 좋아요. 'ㄲ' 'ㄸ' 'ㅃ' 'ㅉ'이나 '밝다' '깎다' 등 이중 받침이 들어간 글자도 읽을 줄 알게 되면 그런 자음 돌멩이도 만들어 추가하는 거죠. 여덟 살이 된 밀크가 올해 처음으로 조합한 단어는 '여덟'이었습니다.

READY

미리 준비하기
유성 펜이나 유성 매직, 오일 파스텔 등
주변에서 구하기
조약돌

HOW TO

1 — 강가나 계곡 주변, 산에서 글씨 쓰기 좋은 조약돌을 줍는다.
   ★ 하류에 해당하는 강가에 반질반질한 조약돌이 많습니다.
2 — **1**의 조약돌에 자음, 모음을 하나씩 써넣는다.
3 — **2**에서 만든 조약돌의 자음과 모음을 맞춰 단어를 조합하고 아이와 함께 읽어본다.
4 — 아이에게 자유롭게 자음과 모음을 조합해 단어를 만들어보게 하고 함께 읽어본다.

> **TIP**
> **주주맘이 낸 한글 놀이 수수께끼 예**
> 차갑고, 마시면 시원하고, 손으로 잡으려고 해도 잡히지 않는 것은 무엇일까? 얼음이 녹으면 '이걸'로 변해.
>
> 정답은 '물'.

조약돌 숫자 놀이

PLAY 5

언제
봄 · 여름 · 가을 · 겨울에

어디서
강가, 계곡, 캠핑장에서

무엇을
조약돌을

어떻게
숫자 교구로 만들어 수학을 즐기는 놀이

조약돌로 한글 놀이만 하나요? 숫자 놀이도 할 수 있고, 영어 놀이도 할 수 있어요. 하찮은 조약돌이지만 어떻게 활용하느냐에 따라 '교구'로 바뀝니다. 캠핑 가서 굳이 교구까지 만들어가며 공부를 해야 하느냐고 생각하는 사람들도 있는데, 이렇게 놀면서 숫자나 한글을 즐기는 것도 좋은 방법이라고 생각해요. 무엇보다 자연물 교구들을 만들어보면 아이들이 무척 재미있어하고요. 조약돌을 많이 주워서 하나, 둘 세어보면 '수창(數唱) 놀이'가 되고, 조약돌을 작은 것과 큰 것 등 크기에 따라 나누면 '분류 놀이'가 되고, 조약돌에 숫자와 더하기 · 빼기 · 나누기 · 곱하기 등의 부호를 그려 넣고 셈을 하면 '셈 놀이'가 되지요. 이 조약돌 숫자 놀이는 특히 밀크가 좋아해서 종종 해주고 있습니다. 조약돌에 숫자를 써넣고 '1, 2, 3, 4'부터 배웠던 녀석이 어느덧 100 단위의 더하기 빼기를 할 정도로 훌쩍 컸네요. 이제는 음식점에 가서도 계산서를 보고 혼자서 암산으로 척척 계산할 정도의 내공을 자랑하기도 합니다. 숫자 알레르기가 있는 엄마 아빠와 달리 숫자를 즐기는 것을 보면 조약돌 놀이를 한 덕이 어느 정도 있는 것 같은데, 이걸 글로 증명할 방법이 없네요.

READY

미리 준비하기
유성 마커 또는 사인펜
주변에서 구하기
조약돌 25개

HOW TO

1 — 조약돌 25개를 주워 온다.
2 — 1에 0부터 9까지 숫자를 2개씩 써넣는다.
3 — 남은 5개의 조약돌에는 각각 '+, -, ×, ÷, =' 등 연산 부호를 써넣는다.
4 — 2에서 만든 숫자 조약돌을 짝수와 홀수를 구분해본다.
   ★ 숫자를 적을 때 짝수와 홀수의 색깔을 달리하는 것도 방법이에요.
5 — 2와 3의 조약돌을 활용해 아이의 수준에 따라 숫자 차례대로 나열하기부터 더하기, 빼기, 곱하기, 나누기 등을 해본다.
6 — 아이가 열공 모드라면 '캠핑장 수학 경시대회'를 열어 수학 놀이를 해본다.
   ★ 이때 아이에게 져준다면 아이는 성취감 및 자신감이 급상승합니다.

TIP

조약돌 교구 보관하기

소약놀 한글 놀이와 마찬가지로 조약돌 숫자 놀이 세트도 조약돌을 주워서 잘만 만들어놓으면 오래오래 들고 다니며 잘 활용할 수 있어요. 작은 틴 박스나 에코 파우치에 넣어가지고 다니면 값비싼 교구 부럽지 않답니다.

PLAY 6 다슬기 잡기

언제	여름에
어디서	강, 계곡에서
무엇을	다슬기를
어떻게	채취하고 관찰하는 놀이

다슬기가 많이 사는 곳으로 캠핑을 가면 이 다슬기 잡는 재미가 참 쏠쏠합니다. 돌이나 바위틈에 다닥다닥 붙어 있는 다슬기를 채취하다 보면 중독성이 있어서 멈출 수가 없어요. 마음이 약해 먹지는 못하고 대부분 다시 물속에 놓아주긴 하지만 '조금만 더, 조금만 더' 하면서 잡느라 시간 가는 줄 모를 때도 많아요. 물속을 더 자세히 들여다보기 위해선 장비가 필요합니다. 다슬기 채집통(인터넷 오픈 마켓에서는 '다슬이쏙쏙'이라는 상품으로 판매되고 있습니다)은 흐르는 물속을 깨끗하게 볼 수 있게 도와줘요. 강이나 계곡 주변의 큰 마트나 낚시용품 매장에서 살 수 있는데, 만약 구하기 어렵다면 플라스틱 생수병(되도록 표면이 밋밋한 것)을 세로로 반을 잘라서 뉘어서 사용해도 된답니다. 반으로 자른 이 플라스틱 생수병을 수면 위에 살며시 가져다 대면 물속이 훤히 들여다보여요. 수경을 쓴 효과와 같아요. 양평군 서종면 메릴리 캠핑장 앞 야트막한 계곡에서 다슬기를 태어나 처음 본 주주들은 허리가 아픈 줄도 모르고 몸을 숙여 다슬기를 잡았습니다. 결국 다시 다 놓아주긴 했지만 다슬기를 채취하고 관찰하는 것만으로도 충분히 즐거워했어요. 참, 다슬기 하나씩 채취하는 게 성에 안 찬다고 싹쓸이 도구로 채취하면 내수면어업법 위반이라고 하니 참고하세요.

READY

미리 준비하기
다슬기 채집통 또는 1.5L 페트병

HOW TO

1. 다슬기 채집통(또는 1.5L 페트병을 세로로 자른 것)을 수면 위에 띄우듯 올려 물속을 들여다본다.
2. 바위나 돌 틈에 숨어 있는 다슬기를 채취한다.
3. 다슬기 채집통을 수면에 올려놓고 관찰한다.
4. 관찰 후 물속에 다시 놓아준다.

나만의 어항 꾸미기

언제
물놀이를 하기 좋은 여름에

어디서
캠핑장에서

무엇을
페트병이나 투명 비닐봉지를

어떻게
그림을 그린 뒤 물, 흙, 자갈 등을 담아 나만의 어항을 꾸미는 놀이

계곡이나 강 부근의 캠핑장을 갈 때 매번 챙긴다고 하는데도 빠뜨리게 되는 것 중 하나가 '어항'이에요. 주주들은 곤충채집통을 어항으로 쓰기도 하는데 그것마저 두고 올 때가 한두 번이 아니랍니다. 그럴 땐 대충 생수병 겉의 비닐을 벗겨서 써요(가장 만만한 아이템). 지난해 여름에 문득 마트에서 잡곡을 사 오다가 '잡곡을 담은 스탠드형 투명 비닐 팩으로 어항을 만들어보면 어떨까?' 하는 생각이 들었어요. 투명하니 어항처럼 속을 들여다보기 좋고, 속의 내용물을 빼고 접으면 책갈피처럼 얇아지니 가지고 다니기도 쉬울 것 같았죠. 그래서 스탠드형 투명 비닐 팩을 여러 장 사서 주주들과 어항 꾸미기 놀이를 해봤어요. 물에 지워지지 않는 유성 펜으로 투명 비닐 팩에 '물속 세상'을 주제로 그림부터 그렸습니다. 주주들은 열심히 물고기, 수초 등을 그려 넣었어요. 그림을 다 그린 후 투명 비닐 팩의 입구 부분에 들고 다니기 편하도록 끈을 달아주었더니 무지 좋아했습니다. 그렇게 만든 비닐 어항을 캠핑하던 날 계곡으로 가져가 후반 꾸미기 작업(?)을 했지요. 아이들에게 "어항을 꾸미려면 우선 어항 속을 물고기가 사는 강이나 계곡, 시내랑 똑같이 꾸며줘야 해." 하고 말해준 뒤 "어떤 것들이 필요할까?" 하고 물었어요. 밀크는 물과 모래가 필요하다고 말했고, 초코는 조약돌도 필요하다고 덧붙였어요. 그러곤 녀석들은 각자 어항을 꾸몄습니다. 아이들의 말대로 물과 모래를 넣고 아빠의 도움으로 잡은 작은 피라미 몇 마리와 다슬기 등을 넣었더니 꽤 그럴싸한 어항이 되었어요. 주주들은 자기만의 어항이 생긴 것에 신기해하며 들고 다니면서 옆 텐트 친구들에게 자랑하기 바빴습니다. 투명 비닐 팩은 스탠드형이기 때문에 캠핑용 셸터나 테이블에 올려두고 관찰할 수 있어요. 녀석들은 신나게 놀다가도 달려와 어항의 물고기들이 잘 있는지 살피기도 했습니다. 집에선 관리가 어려워 어항이나 수족관을 꾸밀 생각도 못하는데 이렇게 캠핑 때 어항을 만들어보니 아이들이 참 좋아했어요. 다만 잡아뒀던 물고기들을 그대로 방치했다가 폐사하는 경우를 많이 봤는데, 이 놀이의 끝이 결코 그런 새드 엔딩이 되어선 안 되겠죠. 물고기들을 잘 관찰했으면 계곡이나 강, 바다로 돌려보내 주는 것으로 아름답게 끝내자고요. 특히 여름에는 어항의 수온이 올라가 물고기들이 금방 죽기 쉽다고 아이들에게 설명한 뒤 잡은 물고기들을 아이들 스스로 곧 자연으로 돌려보내게 해보세요. 놀이를 다 마친 후 비닐 어항은 잘 말려서 접어뒀다가 다음 캠핑 때 또 쓰면 됩니다.

READY	HOW TO

미리 준비하기
스탠드형 투명 비닐 팩, 유성 펜

주변에서 구하기
계곡·강·바다에서 채취한 모래·조약돌·물풀·다슬기 등과 잡은 물고기

1— '물속 세상'을 주제로 물속에 무엇이 사는지 아이와 대화를 주고받으며 스탠드형 투명 비닐 팩에 마음껏 그림을 그리게 한다.

2— 어항을 꾸밀 때 무엇이 필요한지 이야기를 나누며 **1**의 비닐 팩을 그것들로 채워 물고기들이 살 수 있는 환경을 만들어준다.

3— 투망이나 뜰채 등으로 물고기를 잡아 **2**의 어항에 담는다.

4— 어항을 자세히 관찰한 후 물고기가 살던 곳에 다시 놓아준다.

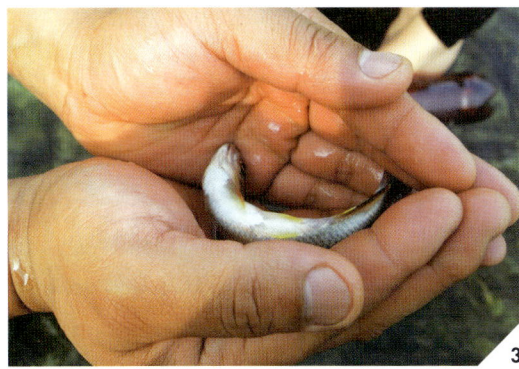

TIP

나만의 어항을 만들 때

스탠드형 투명 비닐 팩은 따로 구입할 필요 없이 마트에서 판매하는 잡곡류 봉투를 재활용해도 됩니다. 다만 봉투 안에 미세한 잡곡 찌꺼기나 농약 등이 남아 있을 수 있으니 깨끗하게 씻은 후 잘 말려서 사용하세요. '카드형 돋보기'(3배율, 아이루페(iloupe.kr) 등에서 판매) 등을 구입해서 글루건이나 양면테이프를 이용해 비닐 팩에 붙여보세요. 물고기가 훨씬 크고 자세히 보여 관찰하는 재미가 더 커집니다.

PLAY 8 비단고둥 마라톤

언제	갯벌이 차갑게 느껴지지 않는 날씨에
어디서	갯벌에서
무엇을	고둥을
어떻게	잡아서 마라톤을 하는 놀이

"엄마, 바다가 아주 멀리 가버렸어요." 몽산포 오토캠핑장에서 여섯 살 초코가 아침에 일어나 썰물로 훤히 드러난 갯벌을 보고 한 말입니다. 물이 빠졌다, 썰물이다, 이런 말만 할 줄 알던 엄마는 바다가 멀리 가버렸다는 아이의 표현에 괜시리 감동합니다. 초코 말대로 바다는 저 멀리 가버렸고 덕분에 드러난 갯벌에 나가고 싶어 녀석들은 아침부터 안달이 납니다. 아이들 손에 끌려 삽 하나 들고 나가봤더니 갯벌 바닥에 아주 작은 비단고둥들이 닥지닥지 붙어 있었어요. 반짝거리는 햇볕에 반사될 때는 마치 밤하늘의 별 같더라고요. '비단고둥이 이렇게 예뻤나?' 생각하고 있을 즈음 이번에는 밀크가 말합니다. "엄마, 아기 소라(고둥을 잘못 알고 '소라'라고 표현)가 아주 느리게 달리기를 하고 있어." 자세히 보니 고둥들은 아주 느린 움직임으로 조금씩 나아가고 있었어요. 갯벌 바닥엔 수많은 고둥이 기어가며 그려놓은 선들이 가득했습니다. "그럼 우리, 비단고둥 마라톤을 해볼까?" 엄마의 말에 주주들은 "마라톤이 뭐예요?"라고 묻습니다. "응, 아주 오랫동안 달리기를 하는 거." 그리고 시작된 '엄마배(?) 제1회 몽산포 비단고둥 마라톤 대회'! 갯벌에서 각자 마음에 드는 비단고둥을 한 마리씩 고른 아이들은 자신의 비단고둥을 지켜보면서 '영차! 영차!' 응원하느라 시간이 훌쩍 가는지도 몰랐습니다. 참고로 마라톤의 최종 우승자는 초코의 비단고둥이었네요.

READY

주변에서 구하기
갯벌을 기어 다니고 있는 작은 비단고둥

HOW TO

1. 각자 갯벌 바닥의 비단고둥을 관찰하며 가장 움직임이 활발하거나 잘 달릴 것 같은(?) 비단고둥을 한 마리씩 잡아 온다.
2. **1**의 비단고둥을 들고 있다가 "출발!" 소리와 함께 임의로 그은 출발선에 놓는다.
3. 정해진 도착선에 끝까지 도착한 비단고둥의 주인이 승리!

★ 일부 비단고둥은 방향을 잃고 도착선이 아닌 다른 방향으로 가기도 하고 동그라미를 그리며 같은 곳을 맴돌기도 합니다. 우리는 속도보다는 바다를 향해 제대로 가는 비단고둥이 승리하는 것으로 마무리했어요.

TIP

마라톤은 느리더라도 꾸준히!

연년생인 우리 주주들은 은연중에 경쟁의식이 있어요. 뭐든 서로 1등을 하겠다고 하지요. 그래서 어딜 가든 달리기를 하려고 해요. 그러면 저는 항상 "1등이 중요한 게 아니라, 천천히 다치지 않고 가는 사람이 1등이야."라고 말해줍니다. 비단고둥 마라톤도 마찬가지예요. 비단고둥 마라톤을 할 때는 '빨리 가는 것이 중요한 게 아니라 느리더라도 (비단고둥이 가고 싶어 하는) 바다를 향해 꾸준히 가는 게 멋있는 것'이라는 말을 들려주세요.

PLAY 9
조개껍질로 포토 액자 꾸미기

언제	봄 · 여름 · 가을에
어디서	바닷가에서
무엇을	조개껍질을
어떻게	주워서 예쁜 포토 액자를 꾸미는 놀이

바닷가에 가면 항상 조개껍질을 줍습니다. '그녀의 목에 걸기' 같은 목적이 있는 것도 아니지만 아이들은 그저 줍는 것 자체를 즐기는 것 같습니다. 매번 한 움큼씩 주워 오는데, 신기하게도 초코는 형 것과 섞여도 자기가 주워 온 조개껍질은 다 알고 골라내더라고요. 아마도 무심코 줍는 것이 아니라 나름의 기준으로 조개를 줍는 것 같아요. 어른들에게는 참 하찮은 조개껍질이지만 아이들에게는 '보물'과도 같은 것. 들고 있다가 귀찮아져 녀석들 몰래 어딘가에 슬그머니 내려놓고 오고 싶다가도 곧 찾을 게 분명하기에 계속 들고 다닙니다. 주주맘은 그래서 바닷가에 갈 때는 아예 조개껍질을 담을 작은 봉투를 하나씩 들고 갑니다. 예쁜 조개껍질을 모아 오면 비닐 봉투째로 포토 액자를 만들어 캠핑 사이트 데이지 체인에 걸어뒀다가 집에 가져와서는 클립보드에 그대로 붙여둡니다. 투명한 비닐 속 조개껍질을 볼 때마다 아이는 그때의 그 바닷가 얘기를 꺼내곤 해요. "엄마, 나 저 조개껍질 줍다가 바닷물에 신발 젖었지?" 백만스물한 번째 듣는, 하지만 들을 때마다 귀여운 이야기입니다.

READY

미리 준비하기
잘 나온 사진, 투명 비닐 봉투, 예쁜 패턴의 마스킹 테이프나 크라프트지 스티커, 클립보드 등

주변에서 구하기
예쁜 조개껍질

HOW TO

1. 바닷가에서 예쁜 조개껍질을 줍는다.
2. **1**의 조개껍질을 투명 비닐 봉투에 담는다.
3. 크라프트지 스티커(예쁜 라벨 스티커)에 조개껍질을 주운 날짜와 장소 등을 써서 **2**의 봉투에 붙인다.
4. 스티커를 붙인 **3**의 비닐 봉투에 그 당시 찍은 사진을 넣은 후 입구를 접어 클립보드에 고정해 걸어 장식한다.

1

2

NOTICE

사진 속 클립보드와 스티커 구입처
클립보드는 마켓엠(www.market-m.co.kr)에서 스티커는 데일리라이크(www.dailylike.co.kr)에서 구입했어요.

 TIP

'꾸이맨' 통으로 액자 만들기
어포 스낵인 '꾸이맨' 빈 통도 조개 액자를 꾸미기에 좋습니다. 상단에 구멍이 뚫려 있어 어디든 걸기도 편하고요. 점토만 추가하면 돼요.

1 꾸이맨 통에 천사 점토(없으면 밀가루 반죽)를 골고루 평평하게 눌러 담는다
2 폴라로이드 사진을 중앙에 오게 한 후 누른다.
3 사진 가장자리를 점토로 살짝 덮은 뒤(사진이 떨어지지 않게 모아주는 역할) 옆의 빈 공간에 주워 온 조개껍질을 붙인다.
4 잘 말린다.

모래 그림 그리기

PLAY 10

언제
봄·여름·가을·겨울에

어디서
모래가 있는 곳에서

무엇을
풀과 모래를

어떻게
활용해서 스케치북에 그림을 그리는 놀이

캠핑장 근처에 바닷가가 있다면 가장 먼저 챙겨야 할 것은 바로 모래 놀이 장난감입니다. 모래 놀이는 아이들 촉감 발달에 좋잖아요. 집에서는 모래 놀이를 자유롭게 할 수 없으니 전 바닷가에 가면 무조건 맘껏 모래 놀이를 하라고 아이들을 풀어놓습니다. 보드라운 모래밭에 발을 파묻고 모래 놀이에 열중하는 녀석들을 보면 참 사랑스러워요. 녀석들은 자신들만의 성을 만들기도 하고, 커다란 웅덩이를 파서 바다에 떠다니는 미역 등의 해조류를 담아놓고는 "엄마, 미역국 먹어~" 하며 목청껏 부르기도 합니다. 모래 놀이 장난감이 없다고 해도 놀이의 질은 변하지 않습니다. 주변에서 주운 일회용 플라스틱 컵이나 조개껍질만 가지고도 자신만의 작품을 만들어내요. 모래 그림을 그려보는 것도 좋습니다. 초등학교 미술 시간에 배웠던 그 모래 그림. 방법은 매우 쉽습니다. 스케치북 위에 스케치를 한 뒤 풀로 그림을 그리고 모래를 뿌린 후 풀이 마르면 모래를 털어내는 거죠. 어른들이 보기엔 참 별것 없는 놀이인데, 아이들의 반응은 다릅니다. 크레파스 없이 풀로도 그림을 그릴 수 있다는 것을 특히 신기해해요.

READY

미리 준비하기
스케치북, 사인펜이나 크레파스, 물풀
주변에서 구하기
모래

HOW TO

1_ 스케치북 위에 사인펜이나 크레파스 등으로 마음껏 그림을 그린다.
2_ **1**에서 모래로 색칠하고 싶은 부분에 물풀을 칠한다.
3_ **2**에 모래를 충분히 뿌려놓는다.
4_ **3**의 풀이 마르면 모래를 털어낸다. 반나절에서 하루 정도 바짝 말린 후 털어내는 것이 좋다.

PLAY 11

모래 케이크
만들기

언제
봄·여름·가을에
어디서
모래 놀이터, 해변 등 모래가 있는 곳에서
무엇을
모래를
어떻게
활용해서 케이크를 만드는 놀이

모래 하나만 있어도 아이들은 몇 시간씩 잘 놉니다. 모래를 만지고, 성을 쌓았다가 부수고, 다시 무언가를 만들고…. 모래를 만지고 있을 때 아이들은 마치 조물주 같아요. 가끔은 파티시에도 됩니다. 모래로 동그란 케이크를 만든 다음 그 위에 열매도 얹고 초콜릿 색깔 나뭇잎도 꽂아요. 작은 돌멩이는 케이크 위를 장식하는 캔디가 되고, 작은 나뭇가지는 촛불이 됩니다. 이따금 진흙을 초콜릿 시럽처럼 얹기도 해요. 아이의 그런 행동을 지켜보고 있노라면 모래의 서걱거림은 사라지고 진짜 생크림 케이크가 눈앞에 있는 양 달달해집니다. 모래 케이크 만들기는 어른 기준으로 가르쳐주기보다는 아이들이 스스로 만들게 해야 더 멋진 작품이 나올 거예요. 그냥 주변에 케이크를 장식할 만한 작은 열매나 예쁜 잎 등을 주워서 슬쩍 아이 근처에 가져다주세요. 아이가 이것들을 활용해 케이크를 완성한 다음 엄마가 냠냠 맛있게 먹어주는 시늉만 해줘도 아이는 큰 성취감을 느낄 거예요.

READY

주변에서 구하기
모래, 작은 열매, 나뭇잎, 나뭇가지, 즉석밥 그릇 또는 요거트 통

HOW TO

1. 누구를 위한 파티를 할지 정한다.
2. 파티를 위한 케이크는 어떻게 생겼을지(초코 케이크라던가, 곰돌이 모양이라던가) 이야기를 나눈 뒤 주변에서 케이크를 장식할 자연물을 주워 온다.
3. 모래로 케이크 형태를 만든다.

   ★ 즉석밥 그릇이나 요거트 통에 약간 젖은 흙을 꾹꾹 눌러 담아 엎는 식으로 2단 케이크를 만들 수 있는데 아이들이 자연스럽게 놀 때 엄마는 힌트만 던져주세요. 창작은 아이들 스스로!

4. **2**의 자연물들을 **3**에 장식한다.
5. **4**에 나뭇가지 초를 꽂고 파티를 한다.

4

PLAY 12
초간단 샌드 아트

언제
봄 · 여름 · 가을 · 겨울에
어디서
모래밭에서
무엇을
모래를
어떻게
박스에 담아 그 위에 그림을 그리는 놀이

모래가 많은 바닷가 캠핑장에서 해볼 만한 것이 하나 더 있지요. 바로 샌드 아트예요. 샌드 아트는 일반적으로 샌드 라이트라고 하는 LED 라이트 박스 위에 조명을 켠 뒤 모래를 깔고 주제나 음악에 맞춰 그림을 그리는 것인데, 선물용 상자나 스티로폼 박스만 있어도 간단하게 즐길 수 있답니다. 검은색 도화지 위에 모래를 흩뿌린 뒤 손가락으로 그림을 그리는 아주 간단한 방법인데도 마치 라이트 박스 위처럼 모래 그림이 잘 표현돼요. 샌드 아트 공연이나 모래 놀이 체험전 등을 통해서 샌드 아트를 간접 또는 직접 체험해봤던 주주들과 놀이를 하기 전에 그때의 기억을 먼저 나눴어요. 공연과 체험전이 인상 깊었는지 다행스럽게도 또렷이 기억하고 있었고, 그때의 샌드 아트처럼 할 수 있는 놀이라고 얘기해줬더니 매우 흥미로워했습니다.

샌드 아트는 단순히 모래로 그림을 그리는 것만이 아니라 스토리를 엮거나 음악에 맞춰 그림을 표현해보는 종합예술이기 때문에 평소 아이가 좋아하는 명작이나 애니메이션 속 짧막한 이야기를 그림으로 표현하며 이야기를 주고받거나 노래를 부르며 음향 효과를 더하면 아이들이 더 재밌어해요. 참고로 주주맘은 주주들에게 익숙한 배경 음악인 차이콥스키의 '백조의 호수'를 "따~ 라라라라 따 라라 라라 라 라라라라라~" 불러가며 모래 그림 그리기 시범을 보여줬더니 주주들이 웃기다며 까르르거렸어요. 직접 부르기가 어색하다면 음악 어플을 이용해도 된답니다.

READY

미리 준비하기
선물용 상자 또는 스티로폼 박스, 검은색 도화지

주변에서 구하기
모래, 나뭇가지(되도록 일자로 쭉 뻗은 것으로)

HOW TO

1. 선물용 상자 또는 스티로폼 박스에 검은색 도화지를 펼치고 도화지 위에 도화지가 다 덮일 정도로 모래를 흩뿌린다.

   ★ 주주들이 가지고 놀던 박스는 소시지 선물용 박스라 안쪽에 검은색 우드락이 부착돼 있어서 검은색 도화지를 따로 붙이지 않았어요.

2. 손바닥이나 나뭇가지로 **1**의 모래를 평평하게 편다.

3. 나뭇가지로 모래 위에 그리고 싶은 그림을 마음껏 그리고 이야기를 만들어 본다.

> **TIP**
> **스티로폼 박스의 화려한 변신!**
> 명절 때 선물로 많이 들어오는 냉장 식품 포장 용기인 스티로폼 박스(특히 굴비 세트 박스처럼 납작한 것)는 잘 씻어서 말려두면 집에서도 모래 놀이를 할 수 있어요. 방수가 되기 때문에 모래에 물을 부어도 흘러내릴 염려가 없지요. 또 베란다에 텃밭을 가꿀 때 화분 받침으로 사용하기에도 좋아요.

공룡 발굴 탐험대 놀이
PLAY 13

언제
봄·여름·가을에

어디서
모래가 있는 해변 또는 모래가 있는 캠핑장에서

무엇을
모래 속에 파묻혀 있는 공룡 뼛조각 교구를

어떻게
발굴해서 조각을 맞춰보는 놀이

계절마다 바뀌는 초코의 요즘 장래 희망은 '공룡 과학자 되기'입니다. 지난해 가을 경남 고성 공룡 박물관과 공룡 발자국을 볼 수 있는 상족암에 다녀오고 나서는 공룡 발굴 탐험에 부쩍 관심을 갖게 되었어요. 녀석을 좀 더 즐겁게 해주고 싶어 고민하다 공룡 화석 발굴 놀이 교구 하나를 샀습니다. 분무기로 물을 뿌린 후 석고 덩어리를 살살 부숴 깨내면서 맘모스 뼈를 발굴하는 방식의 교구로, 다 찾은 뼈를 맘모스 모양으로 조립하면 완성이에요. 하지만 여기서 끝내면 아쉽지요. 저는 그 뼈들을 모래 놀이터가 있는 캠핑장으로 가져와 찰흙 덩어리 속에 넣은 뒤 녀석들이 한눈을 파는 사이 모래밭에 몰래 숨겨두었습니다. 그렇게 실제 상황을 방불케 하는 맘모스 뼈 발굴 놀이가 다시 시작되었어요. 초코뿐 아니라 공룡에 대한 관심이 살짝 시들해졌던 밀크도 이번에는 붓을 들고 열심히 뼈를 찾아 나섰습니다. 30~40분 넘게 진행이 됐고, 주변에서 놀던 친구들까지 몰려와 함께 발굴 작업에 참여했어요. 그렇게 함께 찾은 뼛조각들을 모아서 조립을 완성했을 때 녀석들의 얼굴에는 성취감이 가득했습니다. 일곱 살, 여덟 살인 주주들은 여전히 그 캠핑장에서 진짜 공룡 뼈가 발견됐다고 믿고 있는데, 이 사실을 언제쯤 고백해야 할지 엄마는 고민 중입니다.

READY

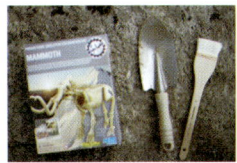

미리 준비하기
공룡 뼛조각 교구 또는 장난감, 붓, 돋보기

주변에서 구하기
모래밭

HOW TO

1. 공룡 뼛조각 발굴 교구(석고 덩어리 형태) 또는 장난감을 숨긴 찰흙을 모래밭에 숨겨둔다.
2. 아이들에게 1이 발굴될 수 있는 범위를 알려준다.
   ★ 어떤 것이 숨어 있는지는 알려주지 않습니다.
3. 아이들이 모종삽을 이용해 모래 속을 파보며 1을 찾게 한다.
4. 1이 발견되면 물을 조금씩 붓거나 덩어리를 깨본다.
5. 덩어리 속의 내용물이 보이면 어떤 공룡이나 장난감일지 상상하며 얘기를 나눠본다.
   ★ 등뼈 부분의 삼각뿔이 보이면 '스테고사우루스'라든지 아이가 유추할 수 있게 대화를 유도해보세요.
6. 발굴이 끝난 후 찾아낸 뼛조각들을 조립하거나 형태를 완성해본다.

1

3

4

5

TIP

아이가 좋아하는 물건 숨겨두기

만약 공룡 뼛조각 교구가 없다면 클레이나 찰흙 속에 공룡 피규어를 숨긴 뒤 굳혀서 모래 속에 숨겨두는 방법도 있어요. 발굴 방법은 전문 교구와 다를 게 없습니다. 공룡 피규어 외에 아이가 평소 좋아하는 다른 물건을 숨겨도 좋습니다. 여자아이라면 반지나 액세서리를, 남자 아이라면 플라스틱 딱지 등을 숨겨도 재밌어해요. 여기에 붓과 돋보기까지 그럴싸하게 갖춘다면 아이는 마치 진짜 발굴 전문가가 된 듯 한 기분으로 더욱 재미있게 발굴에 참여할 수 있을 거예요.

PLAY 14

모래 빼기 놀이

언제
봄·여름·가을·겨울에

어디서
모래 놀이터나 모래가 있는 바닷가에서

무엇을
모래를

어떻게
손으로 조금씩 가져오는 놀이

어렸을 때 많이 해봤던 놀이 중에 모래 빼기 놀이가 있지요. 모래를 모아 성을 쌓은 후 꼭대기에 깃발을 꽂고 깃발이 쓰러지지 않게 조금씩 모래를 가져가고 가져오다 결국 성을 무너뜨리는 사람이 패자가 되는 놀이. 쪼그리고 앉아 모래를 아슬아슬하게 뺄 때의 기분이란! 은근히 고도의 두뇌 싸움(?)과 집중력을 요하는 놀이기도 해요. 모래 빼기 놀이는 서너 살 아이들도 쉽게 할 수 있어요. 다만 이 나이의 아이에겐 처음부터 욕심 부려 모래를 너무 많이 빼면 모래성이 금세 무너지기 때문에 조금씩 자주 빼는 게 재미있게 즐기는 방법이라는 것을 알려주는 게 좋겠죠. 또 마른 모래로 하면 금방 무너져 아이들이 재미없어할 수 있으니 조금 젖은 모래로 해야 해요. 마른 모래밖에 없다면 물을 뿌려 모래를 살짝 적셔주세요.

READY
주변에서 구하기
모래, 나뭇가지(또는 모래성 꼭대기에 깃발로 꽂을 만한 것), 약간의 물

HOW TO
1 _ 모래를 모아 모래성을 쌓는다.
2 _ **1**의 꼭대기에 나뭇가지 등 깃발이 될 만한 것을 꽂는다.
3 _ 한 사람씩 차례대로 두 손으로 **2**의 아래쪽부터 모래를 번갈아가며 조금씩 뺀다.
4 _ 모래를 뺄 때 깃발이 쓰러지는 사람이 패.

2

3

TIP

모래 놀이 기대 효과

모래 놀이와 물놀이가 아이들에게 좋다는 것은 많은 분들이 아시죠? 모래 놀이와 물놀이가 좋은 이유는 모래와 물이 정해진 형태가 없는 재료이기 때문이래요. 일정한 형태가 없다는 것은 반대로 어떤 형태든 만들 수 있다는 거고, 이는 곧 아이들의 창의성을 발달시키는 데 도움이 되는 거죠. 또한 모래 놀이의 경우 놀이를 하면서 다시 고칠 수 있기 때문에 실수에 대한 두려움이 적은 놀잇감이면서 동시에 자신감을 심어주는 데 도움이 되는 놀잇감이기도 합니다. 이뿐만 아니라 모래로 무언가 만들고 부수는 과정이 스트레스 해소에 도움이 되고 집중력도 향상시켜 준다고 하네요. 쉽게 볼 수 있으면서도 참 좋은 자연 놀이 재료예요.

엄마표 캠핑 놀이 106
PART 3

꽃이랑
풀이랑
놀자

애기똥풀 매니큐어 바르기

언제
5~9월
어디서
강가, 산속 등 응달지고 눅눅한 곳에서
무엇을
애기똥풀을
어떻게
꺾어서 나온 즙을 손톱에 매니큐어처럼 발라 물을 들이는 놀이

우리 주주들이 절대 잊지 않는 풀과 꽃이 몇 가지 있는데 그중 하나가 애기똥풀입니다. 캠핑을 시작하던 해 여름에 애기똥풀로 매니큐어 바르기 놀이를 했었는데, 아주 어렸을 때 했던 거라 기억을 할 거라고는 기대하지 않았는데 그 뒤로 숲이나 산을 지나가다가 애기똥풀을 만나면 꼭 "애기똥풀이다!" 하며 아는 척을 하더라고요. 애기똥풀은 산기슭이나 길가의 눅눅한 곳에서 자라는 두해살이풀입니다. 5~9월에 걸쳐 꽃이 피는데 배추꽃과 비슷하게 생겼어요. 줄기나 입에 연한 흰 털이 드문드문 나 있는 애기똥풀은 자르면 노란색 즙이 나오지요. 그 모습이 마치 갓난아이 똥과 같다고 해서 그런 이름이 붙었다고 해요. 젖과 같다고 해서 '젖풀'

이라고도 한다는군요. 그 노란색 액체를 손톱에 바르면 마치 노란색 형광펜을 바른 듯 손톱이 노랗게 물들어요. 애기똥풀을 몇 줄기 꺾어 녀석들의 작은 손톱에 발라줬더니 둘 다 행여 색깔이 지워질까 한동안 손톱을 바짝 오므리고 다녔답니다. 애기똥풀의 액체는 수성이어서 물에 닿으면 금방 지워져요. 한 가지 주의할 점은 애기똥풀의 즙에는 독이 있어서 먹으면 안 된다는 거예요. 그리고 캠핑하다 벌레에 물리면 이 애기똥풀을 짓이겨 발라보세요. 매우 따갑지만 꽤 잘 낫는다고 합니다.

READY
주변에서 구하기
애기똥풀

HOW TO
1 — 애기똥풀의 줄기를 꺾는다.
2 — 1의 줄기에서 노란색 즙이 나오면 손톱에 칠하듯 바른다.

TIP

봉숭아 꽃물도 들여보세요
봉숭아 꽃이 있을 때는 꽃과 잎을 돌로 빻아서 꽃물을 들여보세요. 꽃을 빻을 때 백반이나 소금을 넣어주면 꽃물이 더 잘 든답니다.

_photo by 장양

PLAY 2

화관 만들기

언제	꽃과 풀이 무성한 여름에
어디서	꽃과 풀이 무성한 들에서
무엇을	꽃과 풀을
어떻게	화관으로 만들어 즐기는 놀이

들꽃과 풀을 엮어서 만든 화관은 딸 있는 엄마들의 로망이라죠. 유감스럽게도 전 딸이 없는 관계로 화관을 만들어 볼 기회가 없었는데 한 캠핑 페스티벌에서 체험 수업으로 화관 만들기를 진행해 한번 만들어봤어요. 이번에 소개할 화관 만들기는 체험 수업을 진행하셨던 대구의 플로리스트 '아날로그 제인' 님의 방법을 참고로 한 것입니다. 사실 흔히 만드는 토끼풀 화관은 엄청난 양의 토끼풀들이 참사를 당해야 하는 관계로 저는 좀 그렇더라고요. 그런데 아날로그 제인 님의 방법은 덩굴식물 몇 줄기로도 청순하고 여리여리한 느낌의 화관을 만들 수 있어서 참 좋았어요. 대충 엮어 만들어도 느낌 있고요. 10분 정도 투자해 만들어서는 하루 종일 쓰고 다녔답니다. 주변에 있던 친구들이 "면류관이냐?" 하며 놀리기도 했지만요. 무엇보다 사진발이 참 잘 받더라고요. 이 화관을 만든 날이 저희 부부 결혼기념일이었는데 저는 이 화관을 쓰고 결혼 7주년 기념 촬영까지 하며 백배 활용했습니다. 만약에 작정하고 화보 촬영 놀이를 하고 싶다면 아이에게 흰색(때가 많이 타 캠핑장에선 금기시하는) 원피스나 셔츠를 입히면 예쁘답니다. 아이에게 기억에 남을 만한 사진을 남겨주고 싶다면, 그 정도는 챙길 수 있겠지요?

READY

미리 준비하기
흰 셔츠나 원피스, 셀로판테이프

주변에서 구하기
덩굴식물 몇 줄기

HOW TO

1 — 덩굴식물이나 꽃 몇 줄기를 잘라온다.
★ 덩굴식물은 산보다는 물가에서 찾기 쉬워요.

2 — 그중 가장 긴 줄기 몇 개를 가지고 아이의 머리 사이즈에 맞게 동그랗게 원형을 만든다. 매듭은 뒤로 가게 하고 셀로판테이프를 둘둘 감아 붙인다.

3 — 남은 줄기들(꽃이 많은 쪽)을 **2**의 줄기에 돌려가며 감아준다.

4 — 아이에게 흰 셔츠나 원피스 등 예쁜 옷을 입힌 다음 머리에 **3**의 화관을 씌운다.

5 — 최대한 단순한 자연을 배경으로 사진 찍는다.

NOTICE

리스 만들기도 같은 방법으로

인테리어 소품인 리스도 같은 방법으로 만들 수 있어요. 단, 리스의 경우 덩굴식물이 많이 필요하기 때문에 꽃 가게나 꽃 상가 등에서 판매하는 인조 리스를 사다가 그 위에 덩굴식물과 꽃을 조금씩 섞어 장식하는 방법을 추천합니다. 인조 리스는 3000원부터 크기에 따라 가격대가 다양합니다.

TIP

캠핑장에서 화관 쓴 사진 예쁘게 찍어주고 싶을 때

캠핑장의 텐트는 알록달록한 것들이 많지요. 이런 곳에서 여리여리한 화관을 쓰고 사진을 찍으면 화관이 눈에 띄지 않을 정도로 초라하게 나온답니다. 멀리 가지 않고 멋진 사진을 건지고 싶다면 아빠가 아이를 안아서 하늘로 번쩍 들어 올린 다음 엄마가 아래에서 위를 향해 파란 하늘을 배경으로 해서 찍어보세요. 아빠의 어깨에 목말을 타고 있는 뒷모습을 찍어도 예쁜데 이때 아이만 불러 뒤를 돌아보게 하고 찍으면 느낌 있어요.

159 꽃이랑 풀이랑 놀자

PLAY 3

토끼풀 팔찌 & 환삼덩굴 브로치 만들기

언제
봄·여름·초가을에
어디서
강가, 숲에서
무엇을
환삼덩굴 잎을
어떻게
따서 옷이나 모자에 붙여 꾸미는 놀이

토끼풀 팔찌를 아이의 작은 손목에 둘러주면 하얀색 도톰한 꽃이 아이의 통통한 손과 제법 잘 어울립니다. 우리 주주들은 남자아이들인데도 토끼풀을 발견하면 팔찌를 만들어달라고 합니다. 자연에 나오면 레고 닌자고 팔찌보다 더 환영받는 팔찌가 돼요. 손바닥처럼 생긴 환삼덩굴은 길가나 도랑가, 황무지, 논두렁에서 덩굴을 이루며 자라는 잡초 중 하나입니다. 거꾸로 된 갈고리 모양의 가시가 있어서 지나칠 때 옷에 붙어 거치적거리거나 맨살을 긁기도 하는 풀인데, 캠핑장에서도 아주 흔히 볼 수 있죠. 이 환삼덩굴을 본다면 그냥 지나치지 말고 이파리를 따서 훈장처럼 붙이면서 놀아보세요. 우선 이파리를 따서 앞면과 뒷면의 차이를 살펴봅니다. 앞면은 여느 잎처럼 부드럽지만, 뒷면은 까슬까슬하다는 것을 확인합니다. 까슬까슬하기 때문에 마치 벨크로처럼 옷에 잘 달라붙지요. 아이의 가슴에 환삼덩굴 잎 하나를 붙여주면 아이는 행여 이 잎이 떨어질세라 조심조심 다닐 겁니다.

모자를 썼다면 모자에 붙여도 멋스러워요. 우리 주주들은 이제 환삼덩굴을 발견하면 꼭 스스로 이파리를 하나씩 따서 붙이고 다닌답니다. 단, 환삼덩굴을 딸 땐 잔가시에 손이 베일 수 있으니 주의시키고요.

READY
주변에서 구하기
토끼풀, 환삼덩굴 잎

HOW TO
1— 손을 베지 않게 조심해서 환삼덩굴 잎을 딴다.
　★ 잎맥을 손톱으로 끊듯이 따세요.
2— 옷, 모자 등 원하는 곳에 붙인다.
3— 토끼풀을 줄기째 딴다.
4— **3**을 아이의 손목에 팔찌처럼 둘러 묶어준다.

TIP

잎 떨어뜨리기 놀이도 해봐요.
아이가 둘 이상이라면 '환삼덩굴 잎 떨어뜨리기 놀이'도 재미있습니다. 옷에 각각 5~10개 정도의 환삼덩굴 잎을 붙인 뒤 신나는 음악을 틀고 온몸을 흔들며 춤을 춰서 잎을 떨어뜨리는 놀이에요. 먼저 환삼덩굴 잎을 다 떨어뜨린 사람이 승리!

PLAY 4

페트병 감성 꽃병 꾸미기

언제	꽃이 좋은 계절에
어디서	캠핑장에서
무엇을	버리는 생수병과 꽃을
어떻게	활용해 나만의 꽃병을 꾸미는 놀이

봄, 여름, 가을에는 캠핑장 주변에 예쁜 꽃들이 피어납니다. 알록달록한 색깔을 볼 때마다 어두웠던 마음이 화사해지는 느낌을 받아요. 봄과 여름에는 시각을 자극하는 화려한 색상의 꽃들이, 가을에는 차분한 색상의 꽃들이 쉼 없는 일상에 계절을 잊고 살아가는 사람들의 마음을 위로해주는 것 같습니다. 꽃을 함부로 꺾으면 안 되지만, 너무 예뻐서 안달이 날 때는 한두 송이 정도 꺾어옵니다. 가끔 바람에 줄기가 꺾인 꽃이나 누군가 꺾어놓은 꽃다발을 발견하면 그걸 가져오기도 해요. 이런 시즌에는 캠핑장 가는 길에 꽃병으로 쓰려고 병이 예쁜 음료수를 일부러 사 먹기도 합니다. 페리에 병이나 골드애플주스 병 등은 그 자체로 훌륭한 꽃병이 되지만, 그냥 생수병으로도 그럴싸한 일회용 꽃병을 만들 수 있어요. 생수병의 일부분을 조금 잘라내기만 해도 멋진 꽃병으로 변신하거든요.

READY

미리 준비하기
500mL 생수병, 가위, 머그컵 등 예쁜 컵

주변에서 구하기
야생 꽃과 풀

HOW TO

1 — 생수병의 가운데 몸통 부분을 가위를 이용해 7cm 가량 잘라낸 후 아랫부분과 윗부분(병 주둥이)을 이어 맞춘다. 이을 땐 윗부분 끄트머리에 가위집을 조금 내 아랫부분에 넣어주면 쉽게 들어간다.
　★ 생수병 자르기는 엄마가 해주세요.

2 — 1의 병에 물을 조금 넣는다.

3 — 2의 병을 예쁜 컵에 담는다.
　★ 컵이 없으면 그냥 둬도 됩니다.

4 — 꽃을 다듬은 후 3에 꽂는다.
　★ 뇌노독 가시가 꺾여 있는 꽃 위주로 필요한 만큼만 꺾으세요!

PLAY 5
책갈피 압화 만들기

언제
꽃들이 떨어지기 시작하는 계절에

어디서
꽃들이 떨어진 공간에서

무엇을
떨어진 꽃잎들을

어떻게
주워서 책 사이에 잘 꽂아 말려보는 놀이

가을 들판에 피어 있던 코스모스가 지던 어느 날, 아쉬운 마음에 아이들과 함께 떨어진 꽃잎들을 주워 작은 상자에 담았다가 시들기 전에 두꺼운 책 사이에 끼워뒀어요. 왜 그렇게 하느냐는 아이들의 질문에 "꽃잎을 아주 오랫동안 간직하기 위해서야."라고 대답한 후 한참 시간이 지나 계절이 바뀐 다음 책을 펼쳐보게 했습니다. 그 안에서 처음 모습 그대로 잘 마른 꽃잎을 발견한 아이들은 지난 계절에 함께 꽃잎을 주웠던 것을 기억해내곤 즐거워했어요. 압화는 우리말로 '꽃누르미'라고도 하죠. 꽃잎뿐 아니라 낙엽도 잘 말리면 수제 편지지로 활용할 수도 있습니다. 잘 말린 꽃이나 잎, 낙엽 등을 스케치북에 붙여 하나의 작품처럼 만들어보는 것도 좋고, 여름이라면 밋밋한 부채를 하나 사다가 예쁘게 꾸며보는 것도 재밌죠. 편지를 쓴 후에 편지지를 장식하는 것도 좋습니다. 그때 그곳에서 우리가 함께 주웠던 꽃의 이름과 그때 아이의 표정, 그때 아이가 했던 말들을 편지에 고스란히 적어 실제로 편지를 집으로 부치는 건 어떨까요? 며칠 동안 아이와 함께 우체통을 확인하며 기다리는 재미를 느껴볼 수 있겠지요? 도착한 편지는 아이에게 읽어주고 잘 간직해두었다가 아이가 조금 컸을 때 내어주기로 합니다. 그때 아이가 편지를 본다면 어떤 표정을 지을까 상상하면서.

READY

미리 준비하기
두꺼운 책, 부채, 편지지, 딱풀

주변에서 구하기
떨어진 꽃송이들과 꽃잎들

HOW TO

1. 떨어진 꽃 중에서 상태가 온전한 것들을 줍는다.
2. 두꺼운 책 사이에 꽃잎들을 되도록 형태를 살려 끼워 놓는다.
3. 시간이 어느 정도 지나 잘 마른 후 꺼낸다.
4. 부채, 편지지나 메모지 등에 풀칠을 하고 **3**의 꽃잎을 붙인다. 물풀을 쓰면 꽃잎이 젖을 수 있으니 되도록 딱풀을 사용할 것.

TIP

예쁜 압화를 만드는 요령

압화를 좀 더 예쁘고 깨끗하게 만들고 싶다면 몇 가지 준비물과 기술이 필요해요. 우선 습기를 흡수할 수 있는 두꺼운 마분지 혹은 크라프트지가 압화 만들기에 좋아요. 널찍한 판자 위에 마분지 혹은 크라프트지를 깔고 낙엽이나 꽃잎을 가지런히 놓습니다. 낙엽이나 꽃잎을 놓을 때는 되도록 빡빡하지 않게 간격을 두고 배열하고, 그다음 다시 마분지를 깔고 꽃잎을 놓습니다. 이런 층을 몇 개 만들어 겹겹이 쌓은 뒤 위에 다시 두껍고 무거운 책을 얹어 4~5일간 둡니다. 이후 잘 말린 뒤에 공예용 핀셋 등으로 조심스럽게 떼어내 원하는 곳에 붙이면 됩니다. 압화를 보관할 때는 신문지나 김에 들어 있는 방습제를 함께 넣어두면 더 오래 보관할 수 있답니다.

PLAY 6

같은 모양
잎&돌 찾기

언제	
봄·여름·가을·겨울에	
어디서	
풀이 많은 곳에서	
무엇을	
도형 모양 카드를	
어떻게	
들고서 카드 모양과 비슷한 잎과 돌을 찾아오는 놀이	

숲에도 세모, 네모, 동그라미, 별 모양이 숨어 있지요. 돌멩이에도 숨어 있고, 나무에도 숨어 있어요. 이 숨어 있는 세모, 네모, 동그라미, 별 모양 등을 아이와 함께 숲에서 자연스럽게 찾아보는 것은 어떨까요. 이렇게 하면 어린아이들도 도형의 개념을 어렵지 않게 익힐 수 있습니다. 이 놀이는 숲 체험 놀이 중에서도 누구나 쉽게 따라해볼 만한데, 녹음이 우거진 봄이나 여름에 하기에 딱 좋아요. 같은 모양 잎 찾기 놀이를 하기 전에 메모지에 동그라미, 세모, 네모, 별, 부채꼴, 오각형, 하트 등등을 그려 모양 카드를 만든 다음(모양 카드는 아이들도 잘 만들어요. 아이 스스로 만들게 도와주세요) 이 카드를 들고 비슷한 나뭇잎이나 돌을 찾으러 나섭니다. 명목은 같은 모양의 잎이나 돌을 찾는 거지만 이 놀이를 하는 동안 아이는 숲을 자세히 들여다보기 때문에 관찰력이 높아지고, 때로는 의외의 자연물을 발견하는 재미도 느낄 수 있어요. 똑같은 초록 잎만 가득해 보이던 숲에 다양한 모양을 가진 자연물이 존재한다는 것도 알게 됩니다. 처음 같은 모양 잎·돌 찾기 놀이를 할 때 밀크가 가장 먼저 발견했던 건 하트 모양의 잎이었어요. 천진난만하게 하트 모양의 잎을 흔들어 보이며 "엄마, 이건 무슨 나무의 잎이야?"라고 묻는데 순간 등골이 오싹, 식은땀이 절로 났어요. 나뭇잎을 찾을 줄만 알았지 아이가 나뭇잎의 이름까지 물어볼 수 있다는 걸 생각 못 한 거예요. 책도 없고 난감. 하지만 '당황하지 않고, 스마트폰 검색을 딱!' 했지요. 하지만 포털 사이트에서 '하트 모양 잎' '동그란 모양의 잎'으로 검색했다간 답을 찾기 쉽지 않아요. 그럴 때 활용해볼 만한 것이 바로 식물 검색 어플입니다. 안드로이드에선 국립수목원에서 만든 '내 주변의 식물 찾기' 어플, 앱스토어에선 'Leafsnap' 어플이 유용했어요. 특히 Leafsnap 어플은 식물의 잎을 스캔하면 식물 정보가 나와서 찾기 쉬웠습니다. 다만 아쉬운 것은 영문 어플이고 외국 수종을 기반으로 한 외국 어플이다 보니 한국 야생화들의 경우 찾을 수 있는 종류가 제한적이라는 점이었어요. 대신 국립수목원 어플은 스캔 기능은 없지만 야생식물을 계절별로 찾아볼 수 있어서 숲이나 산에서 종종 활용해요. 최근에는 '모야모'라는 어플도 나와서 궁금증을 조금이나마 해결할 수도 있어요. 참, 숲에 갈 때는 꼭 얇은 긴소매 옷을 입는 것도 잊지 말아야겠죠? 풀에 베일 수도 있고, 벌레에 물리기도 쉬우니까요.

READY
미리 준비하기
식섭 반드 보양 카느

HOW TO
1. 다양한 도형을 그려 넣은 모양 카드를 들고 비슷한 나뭇잎 또는 돌을 찾는다.
2. 1의 나뭇잎 또는 풀들을 나열하고 모양을 비교해보며 어떤 열매가 열리는 식물일지 상상해본다.
3. 스마트폰 어플을 활용해 식물의 이름을 찾아본 다음 어떤 식물의 잎인지 설명해준다. 여러 명이 함께 놀이를 할 경우 모양 카드를 각자 하나씩 뽑아서 비슷한 모양의 나뭇잎과 돌을 찾도록 한다.

PLAY 7

비닐봉지로
물뿌리개 만들기

언제	
아침에	
어디서	
캠핑장 잔디밭에서	
무엇을	
비닐봉지를	
어떻게	
물뿌리개처럼 만들어 꽃들에게 물을 주는 놀이	

밀크가 여섯 살, 몽산포 오토캠핑장에서 캠핑할 때의 일입니다. 아침에 부스스한 모습으로 일어난 밀크가 텐트 밖으로 나오며 말했습니다. "엄마, 나 꽃들에게 물을 주고 싶어요. 꽃들이 목이 마를 것 같아요. 나처럼요." 이렇게 음유시인 같은 아이의 말 한마디에 감동하고 힐링이 되는 게 육아가 아닐까 합니다. 자기가 목이 마르니 꽃들도 목이 마를 것 같다는 아이의 시선과 말. 이런 것들은 이 시기가 아니면 만날 수 없지요. 우선 아이에게 먼저 물을 주었더니 한 컵을 다 비우고는 꽃들에게 줄 물도 달랍니다. 컵에 물을 따라주었더니 "엄마, 나 꽃들에게 물을 주고 싶다고요. 컵 말고요. 샤워기처럼 물 나오는 거 주세요!" 캠핑장에서 물뿌리개를 어디서 구하지 하며 엄마는 잠시 고민하다가 어렸을 때 가지고 놀던 '비닐봉지 물뿌리개'를 떠올렸습니다. 물을 가득 담아 **빵빵해진 비닐봉지 아래쪽을 뾰족한 것**(이쑤시개, 없으면 작은 나뭇가지 끝)으로 **뽕뽕 뚫어주기**만 하면 '쏴~' 시원한 단비처럼 물이 나오지요. 아이는 신이 납니다. "엄마, 꽃들이 막 좋아해요! 시원한가 봐요. 엄마, 이거 어떻게 한 거예요?" 이렇게 '비닐봉지 물뿌리개' 하나로 아이는 아침을 차리는 내내 신나게 놀 수 있었습니다. 몽산포 오토 캠핑장은 바닷가 캠핑징이라 모래 먼지가 특히 많아서 비닐봉지 물뿌리개로 수시로 사이트 주변에 물을 뿌리면 모래 먼지도 가라앉힐 수 있어요. 아이들에겐 재미와 동시에 보람을 줄 수 있는, 게다가 고도의 잔머리(?)로 아이에게 모래 먼지를 가라앉히는 심부름을 시킬 수 있는 놀이이기도 합니다.

READY

주변에서 구하기
손잡이가 있는 비닐봉지, 이쑤시개 또는 뾰족한 나뭇가지, 물

HOW TO

1 — 손잡이가 있는 비닐봉지에 밑면이 빵빵해질 정도로 물을 담는다.
2 — 물을 뿌릴 곳으로 가서 이쑤시개 등 뾰족한 것으로 **1**의 아랫부분에 구멍을 낸다.
3 — 신나게 **2**의 물을 뿌린다.

PLAY 8

자연 친구들 이름 알기

언제
봄·여름·가을·겨울에

어디서
캠핑장, 숲, 산, 강에서

무엇을
우연히 만난 곤충, 열매 등을

어떻게
관찰하고 이름을 알아보는 놀이

자연 속에 자리 잡은 캠핑장에서는 자연 친구들과 우연히 만날 수 있는 기회가 참 많습니다. 이른 아침 일어나 세수를 하러 텐트에서 나오면 잠깐 마실 나와 있던 개구리가 인기척에 놀라 폴짝 풀밭으로 몸을 숨길 때도 있고, 계곡으로 내려가는 길에선 '나 여기 있어!' 하고 빨간 뱀딸기가 얼굴을 내밀기도 합니다. 처음에는 이런 뜻밖의 조우가 참 반갑지 않았고, 한편으로는 괴롭기도 했습니다. 그런데 '자세히 보아야 예쁘다'는 김태주 시인의 시구처럼 어느 날부터 자세히 보니 신기했고, 또 어느 순간부터는 반가워졌지요. 그 후론 처음 보는 풀꽃 하나도 이름이 궁금해졌고, 벌레를 만나면 내가 아는 그 벌레가 맞는지 확인하고 싶어지기도 했어요. 아이들도 마찬가지였지요. 처음에는 전부 다 '벌레'라고만 부르던 것을 어느 순간부터는 "엄마, 얘는 이름이 뭐예요?"라고 물어보기 시작했고, 이젠 캠핑장 주변의 또래 친구나 형님들로부터 이름을 배워와 엄마에게 가르쳐주기도 합니다. 캠핑장에서 꽃이나 나무, 곤충 등을 만나면 "넌 이름이 뭐니?" 하고 반갑게 인사해보세요. 이름을 외우는 게 목적이 아니라, 이렇게 이름을 불러주는 것만으로도 아이들은 자연에 대한 관심과 함께 관찰력이 좋아지고, 관찰을 하며 자연 속에 깃들어 사는 모든 것들을 소중하게 생각하는 마음이 생길 테니까요. 자연물 중에서도 색이 화려하거나 예쁜 것들은 독이 있을 수 있으니 함부로 만져서는 안 된다는 사실은 꼭 기억하고요!

READY

미리 준비하기
목걸이용 관찰경이나 휴대용 돋보기

HOW TO

1 — 캠핑장, 숲 속 등을 오가며 살아 있는 생물이나 처음 보는 식물을 발견하면 자세히 관찰한다.

2 — 도감이나 각종 어플 등을 활용해 이름을 찾아본다.

3 — 특징을 살려 그림을 그리거나 이름으로 짧은 글짓기를 한다.

식물도감 만들기

PLAY 9

언제	봄과 여름에
어디서	들과 숲에서
무엇을	식물의 표본을
어떻게	스케치북에 붙여 나만의 식물도감을 만드는 놀이

서울에서 자란 저는 사실 식물 이름을 잘 모릅니다. 어쩌다 정말 예쁜 꽃을 발견하면 무슨 꽃인지 궁금해서 답답해지기도 해요. 그러다 캠핑 다닐 때 자주 만나는 식물만이라도 알아두면 좋겠다는 생각에 주주들과 함께 식물도감을 만들어봤어요. 평소 궁금했던 꽃을 따서 스케치북에 붙인 후 함께 책(저희는 보리출판사의 『식물도감』 『나무도감』을 봤어요)을 찾아보거나 검색해보고 그 아래에 이름을 썼습니다. 특징이나 길이 등 자세한 정보도 쓰고 싶었는데 그건 엄마 욕심이겠구나 싶더라고요. 식물도감이 복잡해지면 자칫 아이에겐 숙제처럼 느껴질 수 있으니 최대한 간단하게 꾸미기로 했습니다. 이때 자연보호를 위해 되도록 그늘진 곳이나 곧 시들 위치에 있는 것을 필요한 만큼만 따도록 유도합니다. 그러곤 꽃이나 잎이

마르기 전에 스케치북에 마스킹 테이프를 이용해 붙이고, 그 아래에 해당 식물의 이름을 적는 거죠. 이름을 써 넣으면서 밀크는 식물에 대해 알아갔고, 집에 와서는 자연도감 책을 함께 보며 우리가 만든 식물도감 속 식물에 대해 좀 더 자세히 알아보기도 했어요. 식물도감 속 식물들은 말라서 압화가 되었지만, 신기하게도 그렇게 공부한 식물의 이름은 아이들 모두 아직도 정확히 기억하고 있어요. 만약 아이가 초등학생 이상이라면 식물도감을 만들 때 꽃잎이 몇 장인지, 수술이 어떻게 생겼는지 정도의 간단한 특징까지 써본다면 세상에 하나밖에 없는 훌륭한 나만의 식물도감이 되겠죠?

READY

미리 준비하기
스케치북 또는 스크랩을 할 만한 노트,
마스킹 테이프, 가위, 연필

주변에서 구하기
각종 꽃, 풀

HOW TO

1_ 아이와 함께 캠핑장 주변을 돌아다니며 캠핑장 주변에서 흔히 볼 수 있는 꽃이나 식물을 채집한다.
2_ 식물의 줄기를 마스킹테이프로 붙여 고정한다.
3_ 아이에게 **2**의 식물 이름을 알려주고 스스로 쓰게 한다.
4_ 페이지마다 따로 카메라나 휴대폰으로 사진을 찍어 정리해도 좋은 자료가 된다.

2

3

PLAY 10

자연물 팔레트 놀이

언제	
봄·여름, 특히 가을에	
어디서	
숲, 들, 동네 등 야외에서	
무엇을	
봄·여름이면 꽃과 잎, 가을에는 단풍잎 등을	
어떻게	
구해 와서 다양하게 색깔별로 대형 팔레트를 채우는 놀이	

계절은 색의 변화부터 시작되는 것처럼 느껴질 때가 있어요. 알록달록한 컬러로 넘쳐나는 봄, 여름도 좋지만 저는 개인적으로 빛바랜 듯한 빈티지 컬러의 향연이 펼쳐지는 가을의 색감을 참 좋아합니다. 어느 하나 튀지 않고 조화롭게 시들어가는 느낌이 괜히 감동으로 다가올 때가 있어요. 그 계절의 색깔 하나하나가 궁금하다면 자연물들을 모아 늘어놓아 보세요. 가을에는 단풍잎 하나만 해도 단풍이 든 정도에 따라 빨·주·노·초 등 다양한 색감을 즐길 수 있답니다. 자연물 팔레트 놀이는 우리 주주들 어린이집에서 숲 체험 활동의 하나로 했던 놀이였어요. 부모 참여 수업이었는데 주주들은 이전에 비슷한 놀이였던 '가을 색깔 모으기 & 숲 속 보물찾기'(202쪽 참조)를 해봤던 터라 더 신나서 가을 색들을 모아 왔어요. 여러 명의 친구들 그리고 친구들의 엄마 아빠까지 함께 하니 내기라도 붙은 듯 열심히들 찾더라고요. 자연물 팔레트는 자연의 시각적 자극과 함께 계절의 숲과 산을 좀 더 오롯이 느껴볼 수 있는 좋은 놀이랍니다. 이 놀이는 혼자 하는 것보다는 여럿이서, 팀을 짜서 하면 더 즐거워요.

READY

미리 준비하기
팔레트가 될 만한 대형 천 또는 종이(혹은 버려지는 박스), 물감이나 크레파스(색을 표현할 수 있는 종류라면 어떤 것이든)

주변에서 구하기
색깔 있는 잎, 열매 등 자연물

HOW TO

1. 대형 천이나 종이에 물감이나 크레파스로 여러 가지 색을 세로로 표시한다. 만약 색깔을 표시할 물감이나 크레파스가 없다면, 색깔을 표시할 만한 사물(빨간색 컵, 주황색 오렌지, 노란색 천 등)을 놓아도 된다.
2. 가위바위보를 해 찾고 싶은 색깔을 정한다.
3. 주변을 관찰해 자기가 찜한 색깔의 자연물을 찾아서 해당 색깔 옆에 가로로 나열한다.
4. 찜한 색깔을 가장 많이 찾아온 팀이 승.

PLAY 11

강아지풀 경주

언제
풀이 무성한 봄·여름·가을에

어디서
강아지풀과 우연히 만난 곳에서

무엇을
강아지풀을

어떻게
뽑아서 손으로 경주를 하는 놀이

흔하디흔한 풀 중 하나가 바로 강아지풀이죠. 들판, 길가, 밭과 같은 곳에서 흔히 자라는 한해살이풀로, 강아지풀이라는 이름은 여름에 나오는 이삭이 마치 강아지의 꼬리를 닮았다고 해서 붙여진 이름이라고 해요. 우리 주주들은 아기였을 때 강아지풀을 '간질간질'이라고 불렀어요. 아직은 소근육이 덜 발달돼서 강아지풀 경주를 할 수 없을 때, 강아지풀을 뜯어 손등이나 볼에 살짝 대면서 '간질간질~' 하고 간지럼을 타게 해줬거든요. 그래서인지 주주들은 요즘도 강아지풀을 발견하면 "엄마, 간질간질이야!" 하고 웃으며 좋아합니다. 강아지풀을 만나면 해볼 만한 놀이가 '강아지풀 경주'입니다. 놀이 방법은 참 쉬워요. 강아지풀을 쥐고 손가락을 살짝 오므렸다가 살짝 펴면 강아지풀이 조금씩 위로 올라오거나 아래로 내려가는 현상 자체를 놀이로 즐기는 거예요. "시작!" 소리와 함께 재빨리 손가락을 움직여 강아지풀이 먼저 주먹 위로 올라오는 사람이 승리예요. 강아지풀이 올라오게 하고 싶다면 강아지풀을 거꾸로 살짝 쥐면 되고, 반대로 강아지풀이 주먹 쥔 손 아래로 숨어 들어가게 하고 싶다면 강아지풀을 똑바로 들면 된다는 거, 다 아시죠?

READY
주변에서 구하기
강아지풀

HOW TO
1_ 강아지풀을 놀이 인원수만큼 뽑는다.
2_ 손에 강아지풀이 감춰지게 거꾸로 쥐고 있다가 "시작" 소리와 함께 살포시 쥔 주먹을 살짝 오므렸다 폈다 하면서(잼잼 하듯이) 강아지풀이 위로 올라오게 한다. 떨어뜨리면 실격.
3_ 가장 빨리 올라오게 한 사람이 승.

> **TIP**
> **강아지풀 달리기도 해보세요**
> 강아지풀을 바닥에 놓고 털을 손가락으로 간지럼 태우듯이 긁어주면 강아지풀이 조금씩 앞으로 전진합니다. 이를 이용해 여러 명이 강아지풀을 나란히 놓고 경주를 할 수 있어요. 출발선에서 함께 출발해 가장 열심히 간지럼을 태워서 강아지풀을 결승선에 먼저 도착시킨 사람이 승리!

PLAY 12 · 종이컵 텃밭 체험

언제	따뜻한 봄날에
어디서	캠핑장 주변 밭이나 들에서
무엇을	씨앗과 종이컵 등을
어떻게	활용해 씨앗을 심어보고 채소나 작물을 길러보는 체험

매일 아스팔트를 밟고 인스턴트 음식을 먹고 살지만 마음만은 늘 전원을 꿈꿉니다. 요즘엔 텃밭을 가꾸며 도시 농부로 그 꿈을 조금이나마 이뤄가는 사람들도 꽤 있는 것 같아요. 올 초봄, 주주들과 저는 농부가 돼봤습니다. 거창한 것은 아니고, 캠핑장 가는 길에 상추 씨앗과 작은 종이 화분을 사서 씨앗 심기 놀이를 한 거예요. 토마토나 딸기같이 열매가 달리는 식물을 심고 싶었는데, 파종 후 수확할 때까지의 기간이 길어서 되도록 빨리 발아하고 수확도 빠른 상추를 택했습니다. 상추는 씨를 심고 10일 정도만 지나면 싹이 나와서 아이들이 그 변화를 관찰하기에 좋고, 60일 정도면 수확이 가능해서 비교적 빠른 시간 안에 수확의 기쁨을 맛볼 수 있답니다. 캠핑장에서는 주변에 있는 흙(되도록 들이나 텃밭, 식물들이 잘 자라고 있는 곳의 흙으로)을 퍼서 컵에 담은 후 씨를 심고 흙으로 덮은 후 물만 뿌려주면 되는 단순한 과정이기 때문에 3세 이상 아이라면 충분히 따라 할 수 있어요. 특히 아이들은 씨앗 뿌리는 과정을 가장 좋아합니다. 요즘에는 '다이소' 같은 매장에서 종이컵에 씨앗과 흙 등이 패키지로 구성된 제품도 판매하니 집에서도 어렵지 않게 체험해볼 수 있어요.

READY

미리 준비하기
심고 싶은 씨앗, 종이컵 또는 작은 화분, 모종삽, 장갑

주변에서 구하기
흙, 물

HOW TO

1 _ 종이컵에 씨앗을 심는 날짜와 심은 씨앗의 종류를 펜으로 적는다.

★ 예상 발아 시기나 수확 시기를 표시해놓으면 관찰이 더 재미있어집니다.

2 _ 캠핑장 주변을 둘러보고 장갑을 낀 후 모종삽으로 식물이 잘 자라는 곳의 흙을 **1**의 종이컵에 2분의 1 정도 되게 퍼 담는다.

3 _ **2**에 흙이 촉촉해질 정도로 물을 준다.

4 _ **3**에 씨앗을 심고 흙을 조금 더 덮어둔다.

5 _ 심은 씨앗의 발아 온도와 생육 온도 등을 확인해 재배 조건을 맞춰준다.

> **TIP**
>
> **상추 재배 환경 알아보기**
>
> 상추의 경우 발아 온도가 18~20℃, 생육 온도가 약 15~20℃이에요. 대개 3~4월에 파종해서 7~10일이면 발아하고, 60일 후면 수확을 할 수 있습니다. 상추는 재배 조건만 맞으면 사계절 내내 키울 수 있다고 해요.

—
조용한 음악으로 귀의 먼지를 털어내고,
살랑살랑 해먹에 누워 책도 읽고,
밥 짓는 냄새를 맡으며 해질녘 노을을 감상합니다.
때론 나뭇잎을 주워 소박한 왕관도 만들어보고,
손수 꾸민 어항 속 물고기도 관찰해보고,
산책하며 주은 열매로 그림을 그려 숲 속 전시회도 엽니다.

금방 지나갈 아이들의 소중한 시간을 잡아두고
예쁜 계절을 빈틈없이 즐기는 방법,
그것이 바로 캠핑입니다.

엄마표 캠핑 놀이 106
PART 4

숲에서 놀자

곤충 관찰하기

PLAY 1

언제
봄·여름·가을에
어디서
숲, 캠핑장에서
무엇을
곤충을
어떻게
잡아서 관찰하고 놓아주는 놀이

캠핑장에 가면 수많은 곤충들을 만납니다. 가장 쉽게 목격되는 것이 메뚜기, 귀뚜라미, 사마귀 등이지요. 이따금 사슴벌레를 만나기도 하고요. 주주들이 좋아하는 장수풍뎅이는 야행성이기에 낮에는 쉽게 눈에 띄지 않아요. 특히 상수리나무나 졸참나무와 같은 여러 종류의 나무 수액을 먹고 살기 때문에 장수풍뎅이를 잡으려면 밤에 상수리나무나 졸참나무를 눈여겨보는 게 좋다고 해요(하지만 주주맘은 자연이 아무리 좋다고 해도 여전히 곤충과 벌레를 그리 좋아하진 않는지라 밤에 장수풍뎅이를 잡으러 가기에는 아직 내공 부족). 잠자리와 같이 날아다니는 것은 잡아서 관찰해야 하는데, 캠핑을 다니다 보면 참 신기하게도 이 잠자리가 스스로 찾아와 옷에 앉을 때가 있어요. 처음에 잠자리가 초코 팔에 앉았을 때 초코의 표정을 잊을 수 없어요. 말을 하거나 숨을 크게 쉬면 날아갈까 봐 말은 못하고 '엄마, 나 좀 봐!' 하는 경이로운 표정으로 쳐다봤지요. 아이는 그런 경험들은 잊지 않고 꼭 다시 얘기하곤 합니다.

READY

미리 준비하기
잠자리채 또는 채집 도구,
관찰통
주변에서 구하기
흙, 풀 등

HOW TO

1 — 관찰통에 흙이나 풀 등을 넣어 숲 속 환경과 똑같이 꾸며준다.
2 — 채집 도구를 이용해 곤충을 채집한다.
3 — 2의 곤충을 1의 관찰통 속에 넣은 후 관찰한다.
4 — 충분히 관찰한 후 채집했던 곳에 놓아준다.

TIP

곤충 관찰 요령

곤충을 잡아 관찰할 때는 되도록 곤충이 다치지 않게 관찰통에 넣어 자세히 살펴보는 게 좋아요. 다리나 날개 등을 잡은 채로 관찰하면 곤충의 다리나 날개가 떨어질 수 있고, 어떤 곤충은 물기도 하거든요. 또 제대로 잡지 않으면 사방으로 자세히 관찰하기가 쉽지 않지요. 이럴 땐 자연 관찰 교구 중 배면 관찰경이 특히 유용합니다. 배면 관찰경을 이용하면 배와 등 같은 부위를 자세히 관찰할 수 있어요. 송충이도 꼭 한번 관찰해보기를 권합니다. 확대했을 때의 모습은 정말 충격적(!)이에요.

PLAY 2
비 오는 날의 숲놀이

언제	비가 촉촉하게 내리는 날
어디서	숲에서
무엇을	비를
어떻게	즐기며 숲의 생태를 관찰하는 놀이

숲은 계절마다 다르고, 아침과 저녁이 다르고, 맑은 날과 비 오는 날이 다릅니다. 일반적으로 숲 체험은 녹음이 무성한 여름에 하는 게 좋다고들 생각하는데 대부분의 숲 해설가들은 숲은 어느 때나 좋다고 입을 모읍니다. 계절에 따라, 날씨에 따라 또는 시간에 따라 매번 다른 것들을 관찰할 수 있기 때문이지요. 주는 감동도 그때마다 다르고요. 아침 일찍 찾아간 숲에서는 벌레를 잡아먹으러 나온 새를 관찰하기에 좋고, 맑은 날 숲에서는 꽃으로 날아든 나비, 벌 등 곤충을 만날 확률이 높아요. 그리고 비가 오는 날은 지렁이나 개구리, 벌레 등을 관찰하기에 좋습니다(기대와는 상관없이 뱀도…). 그래서 저는 비가 부슬부슬 오는 날이면 종종 아이들에게 우비를 입히고 함께 숲에 가곤 해요. 흙바닥이 미끄러울 수 있으니 바닥이 덜 미끄러운 레인 부츠를 신기고, 우비는 시야를 가리지 않는 것으로 입힙니다. 비에 젖는 것이 두려워서 우중 숲 체험을 포기한다면 정말 신기한 볼거리들을 놓칠지도 몰라요. 한 번쯤은 옷이 흠뻑 젖더라도 마음껏 비를 즐기게 둡니다. 그래봤자 최악의 상황은 감기가 걸리는 것이지만, 그 순간의 즐거움과 특별한 체험, 보고 들은 것들은 아이의 머릿속에 오랫동안 진하게 머무를 테니까요.

READY

미리 준비하기
우비, 레인 부츠, 투명 우산, 관찰통

주변에서 구하기
호박 잎, 토란 잎, 오동 잎

HOW TO

1. 우비와 레인 부츠를 착용하고 숲으로 간다. 그래도 아이가 비 맞는 게 싫다고 하면 하늘과 주변이 잘 보이는 투명 우산을 씌워준다.
2. 호박 잎이나 토란 잎, 오동 잎처럼 크고 넓은 잎을 만나면 하나를 꺾어(되도록 썩은 것으로 고를 것) 우산 쓰기 놀이를 해본다.
3. 빗물이 고여 있는 물웅덩이나 도랑을 만나면 장화를 신고 들어가 첨벙첨벙 뛰어본다.
4. 여러 명의 아이들이 함께 한다면 빗물이 흐르는 길을 돌로 막는 '둑 쌓기 놀이'나 버려지는 페트병으로 비가 온 양을 재는 '우량계 만들기 놀이'를 해본다.

2

4

> **TIP**
>
> **우량계 만들기 놀이**
>
> **미리 준비하기** 페트병, 칼
>
> **놀이 방법**
> 1 페트병의 주둥이 부분을 칼로 자른다.
> 2 자른 주둥이를 거꾸로 돌려 남겨진 아래 페트병에 쏙 들어가게 꽂는다.
> 3 2를 비가 많이 오는 장소에 둔다.
> 4 비가 그친 후 비가 얼마나 왔는지 확인한다.

PLAY 3 숲 속 산책

언제	봄·여름·가을에
어디서	숲에서
무엇을	나뭇가지를
어떻게	잡고 함께 숲을 산책하는 놀이

이제 막 걷기 시작한 아이와 숲 체험을 하고 싶다면 먼저 해볼 만한 것이 산책이에요. 손을 잡고 걷는 것도 좋지만, 긴 나뭇가지를 하나 주워 기차놀이를 하듯 잡고 나란히 걸어보거나 끈을 활용해도 좋습니다. "칙칙폭폭~ 기차가 숲으로 들어갑니다~" 하며 엉터리 노래를 만들어 불러줘도 아이들은 좋아해요. 아빠가 함께 한다면 안전을 위해 엄마는 나뭇가지 앞부분을 잡고 걷고, 아이는 중간, 아빠는 뒤에 서는 것이 좋아요. 아이가 숲을 걷는 데 어느 정도 자신감을 얻으면 위치를 서로 바꿔보기도 합니다. 분리 불안을 느끼는 아이라면 짧은 나뭇가지를 사용해 부모와 가까이 걷게 하다가 재미를 느끼면 조금씩 긴 나뭇가지로 교체해 서로의 간격을 넓혀가는 것도 방법입니다. 아이와 함께 자연물을 보며 감탄하고 이야기를 나누는 것이 산책의 주목적이에요. 걷다가 꽃을 발견하면 색깔이나 꽃잎 개수 등을 살펴보고, 살아 꿈틀거리는 벌레나 곤충을 발견하면 자세히 관찰할 수 있도록 기다려줍니다. 산책로가 평평하고 아름드리나무가 있는 숲이라면, "나무야, 사랑해~" 하며 나무를 안아보기도 하고, 나무 뒤에 숨는 숨바꼭질 놀이도 해보세요. 이렇게 몇 번 숲 산책을 하다 보면 어느 순간 아이가 혼자서도 숲을 즐기는 모습을 발견하게 될 것입니다.

READY

미리 준비하기
긴소매 옷, 루페나 돋보기, 무전기 등

주변에서 구하기
긴 나뭇가지

HOW TO

1. 길이가 1m 이상 되는 나뭇가지를 줍는다.
   ★ 잔가시가 없는 매끈한 것을 줍도록 합니다.
2. 엄마는 나뭇가지의 가장 앞부분을, 아이는 나뭇가지의 중간 부분을, 아빠는 나뭇가지의 끝 부분을 잡고 걷는다.
3. 동요 '장난감 기차' 등 기차 관련 노래를 부르면서 천천히 숲을 걸어본다.

TIP

무전기가 있으면 더 재있어요

숲을 걷다가 커다란 나뭇잎을 발견하면 눈 부분에 구멍을 뚫어 가면을 만들어보거나 아카시아 잎처럼 작은 잎이 많이 달린 나뭇잎을 각자 하나씩 따서 나눠가진 후 가위바위보를 해 잎을 하나씩 따 없애는 추억의 놀이를 해도 즐겁습니다. 아이가 대여섯 살이 되면 무전기를 활용하는 것도 색다른 경험이 될 수 있어요. 지시를 내리는 아빠나 엄마가 나무 뒤에 숨어서 아이가 갈 방향이나 미션을 알려주는 것입니다. 이를테면, "왼쪽으로 두 걸음 걸어가서 오른쪽에 있는 나무에 숨어."라든가 "10시 방향의 꽃이 무슨 색깔인지 맞춰봐."라고 말해주는 거죠. 아이는 미션을 수행하는 과정에서 숲 탐색의 즐거움과 성취감을 느낄 수 있습니다. 또 반대로 아이를 먼저 보낸 다음 엄마나 아빠에게 직접 숲길의 상황(지면, 통나무길 등), 기상 상태, 나무 또는 꽃의 모습을 설명하게 하는 것도 방법입니다. 밀크가 사용하는 무전기는 30m 이내에서만 통신이 가능한데, 특히 아이가 유치원생 혹은 초등 저학년 정도의 나이라면 꼭 엄마 아빠가 보이는 곳에서 움직이도록 합니다. 무전기만 믿고 멀리 갔다가 숲에서 길을 잃어버릴 수도 있으니까요.

PLAY 4

숲거울 보며 걷기 & 나무 맥박 듣기

언제
봄·여름·가을·겨울에
어디서
숲에서
무엇을
숲거울, 청진기 등을
어떻게
가지고 숲을 즐기는 놀이

선무당에게는 장구가 중요해요. 실력이 없으니 장구라도 좋아야 하거든요. 어설프고 서툰 비전문 숲 해설가인 엄마 역시 장비, 말하자면 교구가 중요합니다. 교구라도 있어야 아이들이 교구에 대한 호기심으로 놀이에 집중하거든요. 캠핑장에서 숲놀이를 시작할 때 맨 처음 구입했던 교구가 몇 가지 있는데 그중 주주들에게 인기 있었던 것이 '숲거울'과 '청진기'였어요. 특히 청진기는 의사 선생님만 사용하는 물건인 줄 알았던 아이들이 청진기가 숲 놀이를 할 때도 필요하다고 하니 매우 의아해했어요. 청진기는 숲에서 '나무 맥박 듣기' 놀이를 할 때 사용됩니다. 여기서 말하는 나무 맥박이란 나무가 삼투압을 할 때 나는 소리를 말하는데요. 삼투압을 설명하면서 나무도 생명력을 지녔다는 것을 아이들에게 얘기해줄 수 있어요. 그런데 들어보면 실제로 맥박 소리처럼 들리는 게

아니라 '쉭쉭~' 하고 물을 빨아들이는 듯한 소리가 납니다. 그것도 아주 집중해서 들어야 들린답니다.

숲거울은 '에코 거울'이라고도 하는데 숲을 다양한 각도로 볼 수 있게 도와주는 교구예요. 특히 숲이 무성한 6월의 숲에서 숲거울을 하늘 쪽으로 향하게 한 다음 콧등에 대고 바라보면, 마치 하늘 위를 걷는 듯한 기분이 든답니다. 때마침 새라도 날아가면 깜짝 놀라기도 하고요. 각도만 달리했을 뿐인데 새롭게 보이는 풍경들이 어른인 제게도 신기하게 다가옵니다.

READY

미리 준비하기

숲거울(에코 거울), 청진기

HOW TO

숲거울 보며 걷기

1. 숲거울을 하늘 방향으로 해 눈 밑 콧잔등에 평행하게 댄다.
2. 숲거울을 보며 천천히 걸으면서 머리 위 풍경을 감상한다.
3. 반대로 숲거울을 땅 방향으로 해 눈썹에 평행하게 댄다.
4. 거울을 보며 땅 쪽을 관찰한다.

나무 맥박 듣기

1. 비가 온 뒤 단풍나무나 버드나무 등 굵은 나무에 청진기를 살며시 댄다.
2. 가만히 귀 기울여 청진기 소리를 들어본다.
3. 어떤 소리가 들리는지 이야기를 서로 나눈다.

 1

 2

NOTICE

숲 체험 교구 구입처

숲 해설가 선생님들이 추천한 에코숍 '홀씨(www.wholesee.com)'에서 구입했어요.

TIP

식물 뿌리의 삼투압 원리

식물이 땅 속의 물을 흡수하는 것은 '삼투압' 때문에 가능해요. 간단히 설명하면 식물 뿌리의 반투과성 막을 통해 저농도인 땅의 물이 고농도인 식물 안으로 흡수되는 원리이죠. 아이들 눈높이에 맞춰 잘 설명해주세요.

PLAY 5

알밤 굴리기 놀이

언제
가을에
어디서
숲 또는 캠핑장에서
무엇을
알밤과 종이 박스를 활용해
어떻게
알밤을 굴리는 놀이

무심하게 툭툭 떨어져 있는 알밤을 몇 개 주웠다면 알밤 굴리기 놀이를 해보세요. 방법은 간단해요. 버려지는 박스에 부채꼴 모양으로 점수 라인을 그립니다. 가까이에 있는 작은 반원부터 점점 멀어지는 큰 반원까지. 작은 반원의 점수가 가장 낮게, 이 반원에서 멀어질수록 점수를 높게 정해요. 즉 게임판에서 밤을 가장 멀리 굴린 사람이 가장 높은 점수를 받는 것이죠. 하지만 밤이 너무 많이 굴러가 반원을 벗어나면 0점. 밤을 출발선에서 그냥 굴리는 것도 괜찮지만 이왕 하는 것 쿠킹 포일 심지나 휴지 심지를 이용해 밤이 굴러가는 터널을 만들어주면 아이들은 더 재밌어해요. 게임판과 터널의 각도에 따라 알밤이 굴러가는 방향이나 속도, 거리가 달라질 수 있다는 것도 놀이를 하며 설명해줍니다. 이 놀이는 초대 손님인 네이버 블로거 'g단조' 님의 딸, 포도 양도 함께 했어요. 숫자를 잘 아는 6세 밀크, 숫자를 어설프게 아는 5세 포도와 초코를 믿고 각자 남은 박스 종이판에 자신의 점수를 스스로 쓰게 했는데 밤 굴리는 것도 흥미로워했지만 점수판에 자기의 점수를 적는 것도 매우 즐거워했어요. 특히 포도는 자기 순서가 돼서 밤을 굴리기가 무섭게 점수판에 숫자를 꼼꼼하게 기록해 엄마도 깜짝 놀랐답니다. 놀이를 하다 보면 그렇게 놀랄 때가 있어요. 아이들은 우리가 생각하는 것보다 훨씬 더 많이 자라 있다는 것을 느끼지요. 혼자서 할 수 있는 일도 훨씬 더 많고요.

READY

미리 준비하기
크레파스, 휴지 심 또는 쿠킹 포일 심
주변에서 구하기
알밤(아이들 인원수만큼),
종이 박스

HOW TO

1_ 각자 최대한 잘 굴러갈 것 같은 모양의 알밤을 주워 온다.
2_ 종이 박스를 네모나게 잘라 게임판을 만든다.
3_ 자투리 종이와 크레파스를 아이들 수대로 나눠준다.
4_ 가위바위보를 해 알밤을 굴릴 순서를 정한다.
5_ 4의 순서대로 휴지 심이나 쿠킹 포일 심의 안쪽에 알밤을 넣고 게임판 위로 굴린다.
6_ 게임판에서 알밤이 멈춘 자리의 숫자(점수)를 자신의 점수판에 기록한다.
7_ 6의 점수를 합산해 가장 점수가 높은 사람이 승.

★ 아이가 덧셈과 뺄셈을 할 수 있다면 스스로 점수를 계산하게 도와주세요.

 1
 2
 5
 6

알밤을 줍자 vs 모아볼까 TIP
아이들에게 "알밤을 줍자."라고 말하면 경쟁심에 불탑니다. "우리 알밤을 함께 주워서 모아볼까?"라고 말하면 이 분란을 해결할 수 있어요.

숲에서 놀자

PLAY 6

자연물 모빌 만들기

언제
봄·여름·특히 가을

어디서
숲에서

무엇을
자연물을

어떻게
활용해 인테리어 소품을 만들고 꾸미는 놀이

캠핑을 하면서 예쁜 나뭇가지와 돌멩이 등을 줍는 버릇이 생겼습니다. 매끈하게 잘빠진 나뭇가지, 평평하게 그림 그리기 좋은 돌멩이들만 보면 귀한 것이라도 주운 듯 기분이 좋아집니다. 손가락만 한 두께에 잔가지가 없는 나뭇가지들은 다양한 용도로 쓰입니다. 아주 길고 잘 뻗은 것은 커튼봉 대용으로 쓰기도 하고, 또 어떤 것은 장식용으로 쓰기도 합니다. 길이가 애매하고 짤막한 것들은 모빌대로 쓰면 좋습니다.

모빌은 아이들에게 무게중심의 원리를 설명해주기 쉬운 교구이자 장난감입니다. '크다'와 '작다' '많다'와 '적다' 등 크기와 양에 관한 단어에 대해서도 설명하며 놀 수 있죠. 캠핑장에서 모빌을 만들 수 있는 재료는 여러 가지가 있는데, 저는 아무것이나 무게가 느껴질 만한 것들을 찾아 오라고 주문합니다. 그러면 주주들은 돌멩이, 솔방울, 나뭇가지, 자갈, 누군가 버린 작은 병뚜껑 등을 주워 옵니다. 늘어놓으면 이걸로 뭘 만들 수 있을까 싶은데 노끈을 이용해 나뭇가지에 매달아주기만 해도 근사한 인테리어 소품으로 변신한답니다. 자연물 모빌이 심심하다면 모빌에 초콜릿이나 폴라로이드 사진을 매달아 개성 있게 연출해보세요. 봄이나 여름엔 야생 꽃을 몇 송이씩 묶어 모빌에 대롱대롱 매달아도 예쁩니다.

READY

미리 준비하기
노끈, 가위
주변에서 구하기
돌멩이, 낙엽, 솔방울, 30cm 나뭇가지 1~2개

HOW TO

1_ 나뭇가지를 십자가 형태로 교차해 가운데 부분을 끈으로 묶어 균형 있게 매단다.

2_ 끈을 이용해 각 나뭇가지에 준비한 사물을 매단다. 왼쪽에 자연물을 하나 매달았으면 오른쪽에 자연물을 또 하나 달아서 모빌 양쪽의 균형을 맞춘다.
★ 모빌을 걸어둔 채로 만들면 무게 균형을 맞춰 자연물을 골라 달 수 있어 좋습니다.

3_ 캠핑장 주변 나뭇가지에 걸어둔다.

해먹 타기

PLAY 7

언제	봄 · 여름 · 가을에
어디서	튼튼한 나무가 숲을 이루는 곳에서
무엇을	해먹을
어떻게	타고서 자연 풍경과 햇볕을 즐기는 놀이

햇살이 좋은 날에 나무 아래 해먹을 걸고 그 안에 누워 나뭇잎 사이로 들어오는 햇볕을 느껴봅니다. 귀에 이어폰을 꽂고 눈을 지그시 감은 뒤 음악까지 듣고 있노라면 지상낙원이 따로 없지요. 듣고 싶지 않았던 일상의 잔소리들을 털어내는 시간. 하지만 녀석들이 "엄마! 나도 해먹 탈래요!" 하고 달려들면 낙원 끝, 노예 생활 시작.

사실 저는 나무에 거는 해먹을 자주 타진 않아요. 해먹이 나무를 훼손할 수도 있다고 하더라고요. 무리하게 감을 경우 나무껍질이 벗겨질 수도 있고 어쩐지 버거워 보이기도 하지요. 하지만 튼튼한 나무가 적당한 간격으로 있는 캠핑장에 가면 가끔씩 기분을 내보곤 합니다. 해먹은 사용할 사람이 서 있을 때 배꼽 위 정도 되는 높이에 거는 것이 적당해요. 더 낮게 걸 경우 해먹에 올라가면 몸의 무게 때문에 해먹 천과 지지하고 있는 끈이 아래로

처지고, 더 높게 걸 경우 올라가기가 쉽지 않지요. 해먹에 오를 때도 요령이 있어요. 해먹을 손으로 짚고 다리를 올렸다간 무게 중심이 쏠려 뒤집어질 수 있으니 뒤로 앉는 것처럼 엉덩이부터 조심조심 오르고, 천천히 몸의 방향을 해먹과 나란히 되게 해서 다리를 올려놓습니다. 그다음 몸을 위아래로 움직이며 해먹의 중앙에 자리를 잡으면 됩니다. 다만 너무 정중앙에 일자로 자리 잡으면 해먹의 천이 양옆으로 돌돌 말리면서 천에 파묻힐 수 있으니 해먹 천을 기준으로 살짝 대각선이 되게 눕는 것이 알맞습니다. 또 해먹을 과도하게 흔들면 해먹이 뒤집힐 수 있으니 '살랑살랑' 흔들어주는 것 아시죠?

READY
미리 준비하기
해먹, 발포 매트 같은 쿠션감 있는 매트
주변에서 구하기
해먹을 걸 만한 나무

HOW TO
1_ 적당한 간격의 튼튼한 나뭇가지에 아이의 키를 기준으로 해먹 천의 중앙이 아이의 배꼽 위 정도나 가슴보다 살짝 아래에 오게 설치한다.
2_ 아이가 떨어질 경우를 대비해 해먹 아래에 발포 매트 같은 쿠션감 있는 매트를 깔아준다.
3_ 해먹에 오를 땐 벤치에 앉는 듯 엉덩이를 올리고 중심을 잡은 뒤 다리를 해먹 위로 올린다.

 PLAY 8

통나무 건너기 놀이

언제
맑은 날에

어디서
통나무가 있는 곳에서

무엇을
통나무 위를

어떻게
중심을 잡고 건너는 놀이

영국의 내셔널 트러스트에서 선정한 '아이가 열두 살이 되기 전 해봐야 할 50가지'(200쪽 참조)라는 내용이 인터넷에서 화제가 됐었는데 (영국은 국가 차원에서 아동 놀이를 지원하고 있다고 해요) 그중에는 '쓰러진 나무 위에서 균형 잡기'라는 것도 있었어요. 숲이나 산속에서 쓰러져 있는 커다란 통나무를 발견했을 때나 외딴 곳에 통나무 다리가 놓여 있을 때 절대 놓치지 말고 해봐야 할 게 바로 '통나무 건너기 놀이'입니다. 아주 짧은 코스더라도 아이들에게 모험심과 신체의 균형 감각을 길러주기에 좋아요. 요즘에는 숲 놀이터나 유아 숲 체험장에도 통나무 코스가 마련돼 있어 어렵지 않게 체험해볼 수 있습니다. 강원도 횡성군 라라솔 캠핑장은 통나무 다리를 건너야 산책로로 진입할 수 있었어요. 통나무 다리는 지면으로부터 1m도 안 되는 높이에 있지만, 매번 지나갈 때마다 어른인 저도 긴장되더라고요. 우리 주주들도 처음에는 겁을 내기도 했지만 몇 번 건너더니 금세 익숙한 길 걷듯 지나다니더군요.

통나무 건너기 놀이를 할 때는 두 팔을 벌려 몸의 균형을 유지하며 천천히 통나무 위를 건너갑니다. 단, 눈, 비가 오거나 해서 통나무가 젖어 있을 때는 나무 표면이 미끄러우니 특히 조심해야 합니다. 지면에서의 높이가 2m 이상이면 위험할 수 있으니 보호자의 지시에 따르거나 보호 장구(하네스) 등을 착용 후 건너가는 게 좋겠고요. 만약 아이가 두려워하거나 도전을 어려워하면 "다음에 하고 싶을 때, 자신감이 생길 때 도전하자."고 말하고 다음 기회로 미룹니다. 놀이는 놀이일 뿐 유격 훈련으로 변질(?)되면 안 되니까요.

READY

주변에서 찾아보기
통나무

HOW TO

1 _ 엄마나 아빠가 먼저 통나무가 안전한지, 표면이 미끄럽지 않은지 확인한다.
2 _ 엄마나 아빠가 먼저 두 팔을 벌려 중심을 잡은 뒤 천천히 걸어 나가며 통나무 건너는 방법에 대해 시범을 보인다.
3 _ 아이가 통나무 위에 서서 두 팔을 벌려 중심을 잡은 뒤 천천히 걸어 나간다.
4 _ 통나무를 건넌 뒤 "통과!"라고 외친다.

영국 내셔널 트러스트 선정
'아이가 열두 살이 되기 전에 해봐야 할 50가지' 체크 리스트

01 나무에 오르기 ☐
02 아주 큰 언덕에서 굴러 내려오기 ☐
03 자연에서 야영하기 ☐
04 나무 은신처나 동굴 같은 아지트 만들기 ☐
05 물수제비 뜨기 ☐
06 빗속에서 뛰어다니기 ☐
07 연날리기 ☐
08 그물로 고기 잡기 ☐
09 나무에 달린 사과 직접 따 먹기 ☐
10 상수리 열매 깨기 ☐
11 눈 뭉쳐 던지기 ☐
12 해변에서 보물찾기 ☐
13 진흙으로 파이 만들기 ☐
14 개울에 둑 쌓기 ☐
15 썰매 타기 ☐
16 모래사장에 사람 묻기 ☐
17 달팽이 경주시키기 ☐
18 쓰러진 나무 위에서 균형 잡기 ☐
19 밧줄 그네 타기 ☐
20 진흙 미끄럼 타기 ☐
21 야생 블랙베리 따 먹기 ☐
22 나무 속 들여다보기 ☐
23 섬에 가기 ☐
24 바람 속에서 나는 느낌 가져보기 ☐
25 풀잎 피리 만들기 ☐
26 화석과 동물 뼈 찾기 ☐
27 해 뜨는 모습 보기 ☐
28 큰 언덕 오르기 ☐
29 폭포 뒤에 있기 ☐
30 손바닥에서 새 모이 주기 ☐
31 벌레 잡기 ☐
32 개구리 알 찾기 ☐
33 잠자리채로 나비 잡기 ☐
34 야생동물 추적하기 ☐
35 연못 속에 무엇이 있는지 찾아보기 ☐
36 부엉이 부르기 ☐
37 바위 사이 웅덩이에 사는 생물 조사하기 ☐
38 나비 키우기 ☐
39 게 잡기 ☐
40 밤에 자연 관찰 나가기 ☐
41 식물을 직접 키워 먹어보기 ☐
42 강이나 계곡에서 수영하기 ☐
43 래프팅하기 ☐
44 성냥 없이 불 피우기 ☐
45 지도와 나침반으로 길 찾기 ☐
46 쉬운 암벽 등반 시도하기 ☐
47 모닥불 피워 음식 만들기 ☐
48 밧줄 이용해 비탈길 내려가기 ☐
49 숨겨둔 상자 찾아내기 ☐
50 강 따라 배 타고 내려오기 ☐

가을 색깔 모으기 &
숲 속 보물찾기

언제	
봄·가을에	
어디서	
숲에서	
무엇을	
숲 속에 있는 다양한 색깔의 자연물을	
어떻게	
봉투에 담아 모아 오는 놀이	

"가을은 가을은 노란색, 은행잎을 보세요. 그래 그래 가을은 노란색 아주 예쁜 노란색. 아니아니 가을은 빨강색, 단풍잎을 보세요. 그래 그래 가을은 빨강색 아주 예쁜 빨강색. 아니아니 가을은 파랑색, 높은 하늘 보세요. 그러면 가을은 무슨 색. 빨강파랑노란색~" 우리 주주들이 가을 숲에 가면 즐겨 부르는 동요입니다. 저도 참 좋아하는 동요 중 하나지요. 노래만 알고 있었는데, 제목은 '가을'(김성균 작사·작곡)이라고 해요. 따라 부르기 쉽고, 노랫말이 참 예쁜 동요예요. 노래를 부르며 주주들에게 "가을 색은 무엇일까?" 물어보니 입을 모아 "빨강파랑노란색!"이라고 하네요. 동요를 통해 세뇌가 된 게 분명해 보이는 두 어린 양들을 데리고 가을 색을 찾아 숲 속으로 나섭니다. 아이들이 들기 편한 종이 봉투나 통을 하나씩 주면서 가을 색을 찾아보자고 했어요. 이렇게 미션을 주면 아이들이 자연에 흥미를 갖도록 유도할 수 있고, 지나치는 자연 풍경을 좀 더 자세히 볼 수 있어서 관찰력과 탐구심이 생기지요. 엄마에게 봉투를 받아 든 밀크와 초코는 각각 흩어져 색깔이 있는 자연물을 살펴봅니다. 참 신기한 것은 같은 부모에게서 나왔는데 둘이 엄연히, 매우 다른 아이들이라는 걸 시시때때로 느낍니다. 같은 숲에서도 단순하고 깔끔한 것을 좋아하는 밀크는 차분한 색깔의 자연물들을, 화려한 것을 좋아하는 초코는 역시나 알록달록한 색깔의 자연물들을 찾아 와요. 그림 그릴 때 '두 화백'의 화풍도 확연히 차이가 납니다. 밀크 화백님은 명료하고 간결하고 깔끔한 스케치 위주의 그림을 그리고, 초코 화백님은 쓱쓱 자유분방하게 스케치한 그림에 여러 가지 색깔을 덧칠하지요. 그래서 밀크는 인상파의 대가 '밀크 고갱'이라고 부르고, 초코는 색채의 마술사 '샤갈 초코'라고 불러요. 두 아이가 가져온 봉투 속의 자연물들은 하나같이 소중한 이야깃거리가 됩니다. 어디에서 어떻게 발견한 것인지, 무슨 색깔인지 종알종알 이야기를 나누지요. 녀석들이 모아 온 자연물들의 가을 색이 눈물나게 예뻐서 관찰통에 담아 집으로 가져와 한동안 바라보았습니다. 여러분이 생각하는 가을은 무슨 색인가요?

READY

미리 준비하기
종이봉투
주변에서 구하기
색이 있는 자연물

HOW TO

1. 아이와 김성균의 '가을'을 함께 목청 높여 부른 뒤 가을은 무슨 색일지 함께 생각해보고 이야기를 나눈다. 아이가 말한 색깔을 찾아 나선다.
2. 캠핑장 주변을 탐색하며 자신만의 가을 색을 찾는다.
3. 2의 자연물들을 꺼내 무슨 색인지 맞혀본다.
4. 아이가 둘 이상이어서 게임처럼 놀이를 하고 싶을 땐, 아이들이 함께 봉투에 손을 집어넣고 "하나, 둘, 셋!" 하며 찾아온 것들을 동시에 꺼낸다.
5. 4를 반복하고, 가장 많이 찾아온 아이가 승.

★ 환삼덩굴 브로치를 훈장처럼 달아주는 것으로 포상해보세요.

낙엽 물드는 순서 맞추기

PLAY 10

언제	가을에
어디서	단풍잎이 있는 어디에서나
무엇을	단풍잎들을
어떻게	물든 순서대로 줄 세우는 놀이

캠핑을 다니면서 계절의 변화를 눈으로, 귀로, 촉감으로 느낄 때면 '시간만큼 정직한 것이 없구나' 하는 생각을 하게 돼요. 특히 가을에 조금씩 물들어가는 단풍들을 보면 더욱 그렇더라고요. 초록에서 서서히 연한 노란색으로 다시 짙은 노란색으로, 그리고 점점 붉은색으로. 그렇게 또 가을이 가고, 겨울이 오고…. 그렇게 감상에 젖을 즈음에 단풍나무를 찾아 아이들과 감성 놀이를 한번 해봅니다. 나무 아래에 떨어진 단풍들을 주워 바위 위에 쭉 늘어놓습니다. 아직 여름인 나뭇잎(초록)부터 이제 막 가을이 된 나뭇잎(연노랑), 좀 더 가을에 가까워진 나뭇잎(붉은색), 온전히 물이 든 낙엽까지 줄을 맞춰보면 마치 계절의 변화를 보는 것 같지요.

이 놀이를 통해 아이에겐 나뭇잎이 물들어가는 과정을 이야기해줄 수 있고(물론 단풍은 일조량 등의 차이로 한 나무에서도 여러 가지 색이 나올 수 있습니다) 반대로 가을이 되어도 단풍이 들지 않는 사철나무도 있다는 걸 알려줄 수 있지요. 아주 단순한 놀이지만 네 살, 다섯 살이었던 초코와 밀크는 나뭇잎들을 이리저리 옮겨보며 가을을 손끝으로 색다르게 즐겼답니다.

READY
미리 준비하기
셀로판테이프 또는 양면테이프,
자연 노트

주변에서 구하기
색깔의 차이를 보이는 (가급적이면)
같은 수종의 나뭇잎 6~7장

HOW TO
1_ 나뭇잎 6~7장을 주워서 평평한 돌이나 바위 위에 올려놓고 섞는다.
2_ 아직 초록 색깔인 잎부터 붉게 물든 단풍까지 시간 순서대로 나열해본다.
3_ 자연 노트에 나열한 잎들을 차례대로 붙인다.

PLAY 11

낙엽 왕관 만들기 &
가을 숲 속 패션쇼

언제
가을에
어디서
숲에서
무엇을
커다란 낙엽을
어떻게
엮어서 왕관을 만들어 쓰는 놀이

가을에는 커다란 낙엽들로 왕관을 만들어 임금님, 왕자님, 공주님 놀이를 해볼 수 있어요. 물론 자칫하면 '추노'스러운 왕자나 공주가 될 수 있으니 스타일에 신경을 써야 하지만요. 왕관을 만들 땐 깨끗한 낙엽을 줍는 것이 우선이에요. 겨울철 낙엽 더미 속이나 낙엽 뒷면에는 벌레가 알을 까거나 추위를 견디기 위해 달라붙어 있을 수 있거든요. 낙엽을 엮을 때는 잎과 연결돼 있는 낙엽 줄기로 또 다른 낙엽에 구멍을 뚫어서 이어가면 됩니다. 좀 더 욕심을 낸다면, 찰흙이나 테라코타 가루를 반죽해서 도토리 같은 열매를 보석처럼 왕관에 붙여도 멋지답니다. 만약 왕관을 쓰는 것만으로는 심심하다면 여러 친구들과 어울려 숲 속 패션쇼를 해보는 것도 재미있어요. 각자 숲의 자연물로 몸을 치장한 후에 모여서 런웨이를 해보는 것이지요. 이 패션쇼 놀이는 주주들 어린이집의 숲 체험 때 부모 참여 활동으로 해봤는데 생각보다 기발한 아이템으로 꾸민 친구들이 많아

서 깜짝 놀랐던 기억이 나요. 긴 생머리를 늘어뜨리고 꽃 한 송이를 귀에 꽂은 여자 친구부터 낙엽 왕관을 쓴 남자 친구, 화관을 만들어 쓴 여자 친구, 나뭇잎으로 행커치프를 만들어 주머니에 꽂은 남자 친구까지. 레드 카펫 대신 주변 낙엽을 모아서 낙엽 카펫 런웨이까지 만들어주니 아이들이 더욱 신나했습니다.

READY

주변에서 구하기
커다란 낙엽 4~5장,
낙엽 맨줄기 7~8개

HOW TO

1— 크고 깨끗한 낙엽을 줍는다.
  ★ 갈참나무잎은 크고 잎맥이 길어 특히 좋습니다.
2— 낙엽 4~5장을 가로로 늘어놓고 낙엽의 끝 줄기 부분을 나란히 한 낙엽에 끼워 엮어간다.
3— 줄기가 끼워진 낙엽 부분에 맨줄기(나뭇잎을 뜯어내고 남은 줄기)를 세로로 끼워 낙엽들을 고정한다.
4— 왕관이 완성되면 머리에 써본다.
5— 낙엽을 일렬로 모아 낙엽 카펫을 만든다.
6— 5의 낙엽 카펫 위를 모델처럼 걸어본다.
7— 베스트 포즈상 등을 뽑아 시상한다.

단풍 눈 뿌리기

PLAY 12

언제	단풍이 많은 늦가을에
어디서	단풍이 많이 떨어진 숲 속에서
무엇을	낙엽 더미를
어떻게	모아서 하늘로 던져 흩뿌리는 놀이

'흠뻑'이라는 말을 참 좋아합니다. 이왕 할 것 흠뻑 즐기고, 흠뻑 느끼면 좋지요. 그래서 단풍철이 오면 사각사각 단풍잎을 밟는 소리도 즐겨보고, 예쁘게 물든 단풍잎도 주워보고, 그래도 부족하면 알록달록한 단풍들을 모아서 눈처럼 뿌리기 놀이를 합니다. 단풍이 소복하게 내려앉은 숲에서 엄마 아빠가 낙엽을 모아 "하나, 둘, 셋!" 하고 아이의 머리 위로 날려주면 아이는 함박웃음을 짓습니다. 엄마 아빠는 그 웃음이 자꾸 보고 싶어서 몇 번이나 단풍을 모으고 뿌려주기를 반복하곤 해요. 주주들은 이제 좀 컸다고 엄마 아빠가 단풍 눈을 뿌려주지 않아도 자기들끼리 서로에게 뿌려주며 가을을 흠뻑 즐깁니다. 이젠 저도 단풍 눈 뿌리기 놀이를 한번 해야 어쩐지 가을을 미련 없이 보내줄 수 있을 것 같기도 해요.

READY
주변에서 구하기
낙엽 더미

HOW TO
1 – 아이 주변에 단풍들을 최대한 가까이 모아 놓는다.
2 – 엄마 아빠가 단풍 더미를 들고 있다가 "하나, 둘, 셋!" 구호와 함께 아이 머리 위의 하늘로 흩뿌려준다.

NOTICE

단풍 눈을 뿌릴 때
아이가 고개를 들어 하늘을 쳐다보고 있는 상태에서 단풍 눈을 뿌리면 눈에 흙먼지가 들어갈 수 있으니 아이가 고개를 숙이고 있을 때 뿌려주세요. 만약 머리에 흙먼지가 묻는 것을 싫어한다면 모자를 씌우는 것도 방법입니다. 때론 단풍나무 아래에서 나무를 흔들어 단풍 눈을 맞기도 하는데, 나무를 심하게 흔들거나 발로 차면 나무가 훼손될 수 있으니 삼가는 게 좋겠지요?

 TIP

단풍과 낙엽에 관한 예상 질문과 답
단풍을 가지고 놀이를 하면 아이로부터 "단풍은 왜 울긋불긋 물이 드나요?" 내지는 "낙엽은 왜 떨어져요?"와 같은 질문을 받을 수 있어요. 이럴 땐 아래의 내용을 참고하세요. 아이의 눈높이에 맞춰 쉽게 풀어 설명해주시고요.
단풍이 드는 이유 나뭇잎에는 초록 색소인 엽록소 외에 빛을 흡수하는 색소로 70여종의 카로티노이드가 들어 있습니다. 이 색소 중 붉은색을 띠는 것은 카로틴, 노란색을 띠는 것은 크산토필이라고 해요. 잎이 왕성하게 광합성을 하는 여름에는 많은 양외 초록색 색소 엽록소에 가려져 눈에 띄지 않다가 차고 건조한 날씨가 되면 잎에서 초록색이 분해되면서 붉은 색소와 노란 색소가 눈에 띄게 되는 것이랍니다.
낙엽이 지는 이유 가을이 되면 건조해지면서 나뭇잎도 물이 부족하게 됩니다. 잎은 공기 중의 이산화탄소와 뿌리로 빨아올린 물을 이용해 광합성을 하는데 가을과 겨울에는 건조해져서 물이 부족하기 때문에 이런 활동이 줄어들면서 힘을 잃어 땅에 떨어지게 되는 것이지요.

PLAY 13

낙엽 & 열매 꽃다발 만들기

언제	
낙엽이 진 늦가을에	
어디서	
낙엽이 소복한 숲에서	
무엇을	
단풍잎과 숲 속에 떨어진 열매를	
어떻게	
모아 꽃다발처럼 만드는 놀이	

캠핑을 다니며 숲놀이를 즐겨 하다 보니 캠핑을 하지 못하는 날에도 집 근처 숲으로 향하게 됩니다. 이제는 엄마나 아빠가 함께 하지 않아도 숲에 가면 알아서 잘 노는 주주들이 되었어요. 어느 날은 초코가 낙엽 속에서 무언가를 조물조물 하더니 "자, 이건 엄마에게 주는 선물이야!" 하고 내밉니다. 숲에 떨어져 있던 열매와 단풍잎으로 만든 아주 작은 꽃다발이었어요. 꽃이 아니니 정확하게 낙엽 & 열매 다발이라고 해야 할까요? 초코 말로는 '귀요미 꽃다발'이래요. 그 순간 얼마나 감동스럽던지, 남편에게 프러포즈 받았을 때만큼이나(그분이 화내려나요?) 행복하더라고요. 아이가 엄마를 위해 만들어준 가을 담은 꽃다발. 여기에 엄마의 아이디어를 보태 열매와 이파리를 좀 더 풍성하게 더하기보다는 아이가 만들어준 느낌 그대로 간직하고 싶더라고요. 그날 초코는 어디에 가든 이 낙엽 & 열매 꽃다발을 소중한 보물이라며 들고 다니더니 집에 가서도 버리지 않고 스케치북에 그대로 옮겨 붙여 어린이집 가을 미술제의 포스터를 꾸미기도 했답니다.

READY
미리 준비하기
낙엽, 가을 열매, 지푸라기 등

HOW TO
1 ─ 낙엽 속에 숨겨진 열매들을 찾는다.
2 ─ 주운 열매들을 예쁜 낙엽으로 감싼다.
3 ─ 지푸라기 등으로 열매 줄기와 낙엽 줄기를 한 번 더 감싼다.

낙엽 리스 만들기

PLAY 14

가을과 겨울에 발에 차이는 낙엽을 그냥 두고만 볼 수 없지요. 이것들을 엮어서 계절의 운치를 물씬 느낄 수 있는 낙엽 리스를 만들면 아주 훌륭한 캠핑 인테리어 소품이 된답니다. 울긋불긋 단풍으로 만들면 더 예쁘고요. 미리 준비해 간 철끈에 낙엽을 모아서 끼우기만 하면 되는 놀이라 아이들도 쉽게 따라 할 수 있어요. 하지만 이 놀이는 인내심이 조금 필요합니다. 낙엽을 수북하게, 최대한 많이 철끈에 끼워야 리스가 풍성하고 예뻐 보이거든요. 그러려면 꼬박 30분 이상은 낙엽 더미를 돌아다니며 낙엽을 주워 끼워야 해요. 낙엽들을 끼우는 단순하고 반복된 행위를 하는 동안 아이는 인내심과 집중력을

언제
가을·겨울에
어디서
숲에서
무엇을
낙엽을
어떻게
엮어서 리스를 만드는 놀이

키울 수 있지요. 엄마와 함께 낙엽 더미를 돌아다니며 리스를 완성한 초코는 매우 뿌듯해하며 텐트 주변 나무에 걸어주는 의식(?)까지 거행합니다. "엄마, 꼭 나무에게 왕관을 씌워주는 것 같아!"라고 말하는 초코. 엄마는 함께 낙엽 리스를 만드는 동안 인내심과 끈기를 보여준 아이에게 왕관을 씌워주고 싶었답니다.

READY

미리 준비하기
가위, 철끈(또는 가는 철심이 들어 있는 지끈)

주변에서 구하기
비슷한 크기의 낙엽

HOW TO

1_ 철끈(또는 지끈)을 리스를 만들 길이(약 50~80cm)보다 여유 있게 자른다.
2_ 1의 철끈에 낙엽을 끼운다.
  ★ 낙엽을 끼울 때는 되도록 일정한 위치(잎줄기와 가까운 쪽)에 끼우는 것이 모양 잡기에 좋습니다.
3_ 2에 낙엽을 모두 끼웠으면 동그란 모양을 만들어 철끈 양 끝을 묶는다.
4_ 나무나 캠핑 사이트 주변에 걸어 장식한다.

PLAY 15

메추리알
구하기 놀이

언제
봄 · 여름 · 가을 · 겨울에
어디서
숲에서
무엇을
메추리알을
어떻게
나뭇잎(또는 낙엽), 솔잎, 지푸라기 등으로 잘 감싸서 떨어뜨리는 놀이

메추리알 구하기 놀이는 주주들이 다니는 어린이집에서 했던 '왕거위벌레의 알을 구하자' 놀이에서 모티프를 딴 것으로, 메추리알을 보호할 수 있는 자연물로 메추리알을 감싸서 높은 곳에서 떨어뜨려 깨뜨리지 않는 사람이 승리하는 놀이예요. 나뭇잎은 물론 나뭇가지, 풀, 솔방울, 솔잎 등 자연에서 온 어떤 것이라도 좋습니다. 개인전도 좋지만 가족이 함께 하나의 메추리알 요람을 만들고 다른 가족과 함께 대항전을 펼쳐도 재미있습니다. 그러기 위해선 아이들에게 생각할 시간을 먼저 줍니다. "어떻게 하면 높은 곳에서 떨어져도 메추리알이 깨지지 않을까?"라고 물으니 주주들은 "폭신폭신하게."라고 답을 했고, "폭신폭신하려면 어떤 것으로 메추리알을 감싸야 할까?"라고 다시 물으니 "솔잎을 많이 넣은 다음에 작은 낙엽으로 감싸고 또 다시 큰 낙엽으로 감싸자!"라고 말했습니다. 그래서 주주네는 커다란 낙엽(봄이나 여름이라면 푸른 잎도 괜찮습니다) 위에 솔잎을 폭신하게 깐 뒤에 메추리알을 놓고 그것을 돌돌 말아 손가락만 한 작은 나뭇가지로 고정하고, 그 위에 다시 솔잎을 깔아 큰 낙엽으로 감싼 다음 떨어질 때 충격을 완화하기 위해 또 다시 잔가지들로 큰 나뭇잎 주변을 감쌌어요. 그러곤 높은 곳에 올라가 떨어뜨렸지요. 높은 곳에서 떨어진 주주네 메추리알은 어떻게 됐을까요?

READY	HOW TO

미리 준비하기
메추리알(삶은 것은 안 돼요!)

주변에서 구하기
낙엽, 솔잎, 풀잎, 지푸라기, 나뭇가지 등등 자연물

1_ 메추리알이 깨지지 않을 방법을 서로 의논한다.
2_ 각자 주워 온 자연물들로 메추리알을 감싸 요람을 만든다.
3_ 조금 높은 곳에 올라가 **2**의 요람을 떨어뜨린다.
4_ 떨어뜨린 요람을 풀어 메추리알이 무사한지 확인 후 무사하면 미션 완수!

부엉이 가면 만들기

PLAY 16

언제	봄·여름·가을·겨울에
어디서	숲에서
무엇을	참나무 잎을
어떻게	부엉이 가면처럼 만들어 노는 놀이

숲 속에서 흔하게 보는 나뭇잎 하나로도 아이들은 즐거울 수 있습니다. 특히 오동나무 잎이나 일본목련 잎, 참나무, 떡갈나무 잎 등은 커서 가면을 만들어 쓰기에 좋지요. 눈, 코, 입을 가위나 칼로 잘라내기만 해도 멋진 가면이 되지요. 조금 커다란 참나무 잎은 겨울에도 쉽게 발에 차이는데, 요 참나무 잎으로는 부엉이 가면을 만들 수 있어요. 만드는 방법도 쉬워서 4세 이상 아이라면 혼자서도 충분히 따라 할 수 있답니다. 무심코 지나가다가 참나무 잎을 주어서 부엉이 가면을 몰래 만들어 선물하면 아이의 얼굴에 웃음꽃이 피어나요. 아이들을 웃게 하는 방법은 참 간단하지요?

READY	HOW TO

주변에서 구하기
참나무 잎, 구멍을 뚫을 만한 작은 나뭇가지

1. 참나무 잎을 하나 주워 똑바로 놓고 줄기 부분을 잎 안쪽으로 구부려 3분의 1 지점에 조심히 꽂는다.
2. 1이 부엉이 모양이 되면 작은 나뭇가지로 눈 부분에 구멍을 낸다.
3. 2의 접은 부분 위쪽 잎맥을 따라 살짝 가위집을 내거나 손으로 살짝 뜯어주면 부엉이의 귀처럼 보여 더욱 그럴싸해진다.

PLAY 17

돌멩이 가족
인형 만들기

언제
가을·겨울에

어디서
숲, 강, 산 등에서

무엇을
돌멩이와 도토리 껍질 등을

어떻게
주워서 가족 인형처럼 꾸미는 놀이

늦가을과 겨울 숲에서는 도토리 껍질을 쉽게 구할 수 있지요. 낙엽을 들춰보면 어김없이 도토리 껍질이 숨어있습니다. 낙엽 속을 뒤적거리던 초코가 자그마한 돌멩이에 도토리 껍질을 씌워 들어 보입니다. "엄마, 이거 얼굴 같아." 누구냐고 물어보니 "엄마."라고 말하네요. 네, 좀 긴 얼굴이 어쩐지 낯설지가 않더라고요. 내친 김에 아빠, 형, 자기 얼굴도 함께 만들어봅니다. 자그마한 돌멩이에 눈, 코, 입을 열심히 그려 넣더니 가족 인형을 다 만들고는 뿌듯해합니다. 이야기꾼인 초코는 인형을 들고 아빠 흉내, 엄마 흉내를 내며 역할극도 하다가 자기도 웃긴지 까르르 웃음보가 터집니다. 아이가 즉흥적으로 만들어내는 역할극을 보다 보면 '내가 진짜 저랬나?' 싶기도 하네요. 바비 인형처럼 예쁘진 않지만 우리 가족을 닮아서 더 정이 가는 돌멩이 인형 하나로 아이의 마음까지 읽은 어느 날의 캠핑.

READY

미리 준비하기
분필(분필이 없으면
캠핑장에서 구한 숯으로)

주변에서 구하기
달걀 크기만 하거나 그보다 작은
돌멩이, 도토리 껍질,
목공 풀 또는 다용도 본드

HOW TO

1— 캠핑장 주변에서 달걀 크기만 하거나 그보다 작은 돌멩이와 도토리 껍질을 가족 수대로 줍는다.
2— 돌멩이에 분필로 가족들의 표정을 살려 눈, 코, 입을 그린다.
3— 도토리 껍질에 목공 풀이나 다용도 본드를 발라 **2**에 씌운다.
4— 완성된 인형들로 역할극을 해본다.

땔감 구해 오기 놀이

언제
봄·가을의 낮에

어디서
캠핑장 인근 숲에서

무엇을
땔감용 나무를

어떻게
주워서 가져오는 놀이

아이들에게 특별한 사명감을 심어주는 놀이도 있습니다. 캠핑장에서 저녁에 가족들을 따뜻하게 해줄 땔감 구해 오기 놀이. 이게 무슨 가난하던 시절 성장 동화 같은 이야기냐고요? 숲이나 산과 가까이 있는 캠핑장이라면 땔감 구해 오기도 재밌고 실용적인 놀이가 됩니다. 단, 초등학교 이상의 아이들에게 추천하고 싶네요. 캠핑장에선 장작을 사서 쓰는 경우가 대부분이지만, 건조해지는 봄에는 잔가지들뿐만 아니라 불에 잘 타는 잣나무 열매들도 쉽게 구할 수 있어요. 심부름이라는 생각이 들지 않게 아이들 스스로 즐겁게 할 것 같은 때를 기다립니다. 굳이 주문을 하지 않아도 여럿이 함께 하면 경쟁이 붙어 하루 동안 너끈히 땔 수 있을 만큼의 땔감이 쏟아지는 날도 있으니까요. 놀이를 할 때, 아이들이 행여 살아 있는 나뭇가지들을 꺾어 오지 않게 잘 지도해주세요.

READY

미리 준비하기
가시에 찔리지 않을 코팅 장갑, 땔감을 담을 봉투나 가방

HOW TO

1. 코팅 장갑 착용 후 땔감을 담을 봉투나 가방을 들고 캠핑장 주변 숲이나 산을 탐색한다.
2. 땔감으로 쓸 만한 마른 나뭇가지나 잣나무 열매 등이 있으면 봉투나 가방에 담는다.
3. 각자 구해 온 땔감들을 쏟아낸다.

숲놀이판으로 하는
서바이벌 숲놀이

언제
봄·여름·가을·겨울에

어디서
숲과 캠핑장에서

무엇을
도토리 껍질, 나뭇가지, 돌멩이 등을

어떻게
활용해 윷놀이판을 모티브로 한 자연물 숲놀이판 만들기

아이들이 어느 정도 크면 보드게임 같은 것을 챙겨 가지고 다니면 심심풀이용으로 딱 좋습니다. 겨울철이나 비 올 때처럼 텐트 밖보다는 안에 있는 시간이 더 많을 때 특히 고마운 아이템이지요. 우리의 민속놀이인 윷놀이도 보드게임 못지않습니다. 특히 놀이판에 가족들만의 미션, 이를테면 '아빠 어깨 주물러주기' '설거지하기' '물 떠 오기' 등 캠핑장에 맞는 미션을 추가하면 '서바이벌 윷놀이'가 돼서 더욱 치열하고 재미있게 즐길 수 있답니다. 이 윷놀이판을 그대로 숲으로 가져가면 숲놀이판이 됩니다. 윷놀이판에 놓는 말들을 숲에서 찾은 자연물로 하고, 놀이판 위에 숲에서 할 수 있는 미션을 적으면 숲놀이가 더욱 즐거워져요. 미션은 'ㅇㅇ까지 갔다 오기'와 같은 힘든 미션보다는 '동그란 잎 찾아 오기' '나무 안아주기' '도토리 2개 찾아오기' 등 아이들이 쉽게 할 수 있으면서도 숲을 즐길 수 있는 것으로 하고요. 엄마가 힌트를 주고 아이들 스스로가 미션을 정하는 것도 좋아요. 윷이 없다면 주사위로 해도 된답니다.

READY

미리 준비하기
놀이판, 피크닉 매트,
펜 또는 패브릭 펜, 주사위

주변에서 구하기
숲에서 주운 도토리 껍질, 나뭇잎,
돌멩이 등

HOW TO

1_ 숲의 평평한 곳에 피크닉 매트를 깔고 놀이판 가장자리에 둘러앉는다.
2_ 각자 주워 온 자연물로 숲놀이판을 꾸미고, 펜으로(숲놀이판이 천이라면 패브릭 펜으로) 다양한 미션을 적는다.
3_ 팀을 나누거나 순서를 정해서 주사위를 던진다.
4_ 미션에 걸린 사람은 미션을 수행한다.

 1

 2

NOTICE

미션의 예

캠핑장에서
물 떠 오기, 설거지하기, 아빠 엄마 안아주기, 흉내 내기(아이가 최근에 좋아하기 시작한 것, 공룡이라면 공룡 흉내), 주스 마시기, 한 다리로 서 있기, 엉덩이로 이름 쓰기, 노래 부르기, 옆 텐트 아저씨 사인 받아 오기, 캠핑장 안에 있는 동갑 친구 찾아 오기

숲에서
도토리 3개 주워 오기, 제일 큰 나무 찾아 안아주기, 색깔 있는 꽃 찾아 오기, 모양 잎 찾아 오기, 앉았다 일어서기 5번

3　　4

또 다른 숲놀이판 만들기

아이들은 다양한 자연물로 숲놀이판을 꾸미는 것을 좋아해요. 나뭇잎 위에 유성 펜으로 그림을 그리거나 도토리 껍질, 예쁜 돌멩이 등 잘 썩지 않는 것을 판 위에 붙여 꾸미면 우리 가족만의 반영구 숲놀이판을 완성할 수 있습니다. 윷놀이판이 없다면 캠핑장의 만능 캔버스인 버려지는 박스에 그려도 좋아요. 박스에 큰 네모 칸을 그리고, 네모 칸에 줄을 그어 바둑판처럼 만듭니다. 바둑판 위에 다양한 미션과 '꽝' 등을 써넣고 작은 나뭇잎이나 낙엽으로 각각의 칸을 가립니다. 그런 다음 가위바위보를 해 진 사람이 나뭇잎을 열어 나온 미션을 수행해요. 캠핑장 안이라면 캠핑장 안에서 할 수 있는 미션, 숲이라면 숲에서 할 수 있는 미션 등 공간에 따라 적절한 미션을 적도록 합니다.

PLAY 20

새 모이 핫도그
만들기

언제
봄·여름·가을·겨울에

어디서
숲에서

무엇을
새 모이를

어떻게
새가 먹기 쉽게 만들어 나무에 매다는 놀이

강원도 양양에 있는 양양 솔밭 캠핑장에는 새가 유난히 많습니다. 아침에 새소리에 잠을 깰 정도지요. 새를 좋아하는 밀크는 새소리가 나는 캠핑장에 가면 새를 보겠다며 가장 먼저 일어나곤 합니다. 하지만 그토록 가깝게 있는 듯했던 새들도 어느새 어디론가 날아가 버리기 일쑤. 실망하는 밀크와 함께 새를 가까이에서 관찰할 수 있도록, 또 벌레를 잡아먹기 쉽지 않은 계절에 새들에게 모이가 되었으면 하는 마음에 새 모이통을 만들어보기로 했습니다. 처음에는 우유 팩으로 만들어봤는데 모이가 도통 줄어들지 않아 밀크의 실망이 이만저만이 아니었어요. 그러다 떡밥 스타일의 새 모이를 만들어보기로 했습니다. 그렇게 만든 것이 '새 모이 핫도그'입니다. 캠핑장에서 밥을 해 먹으면 식은 밥이 나오기 쉬운데 이런 식은 밥을 주먹밥처럼 뭉쳐 떡밥 스타일로 만들어 나무에 대롱대롱 걸어두는 거예요. 모이를 먹으러 오는 새를 구경하기는 쉽지 않았지만, 다음 날 크기가 꽤 줄어든 새 모이 핫도그를 확인한 주주들은 "새들이 자는 사이에 모이를 먹고 갔나 봐~" 하며 신기해했지요. 이후 우리 가족은 식은 밥이 생기거나 새가 많은 캠핑장에 가면 종종 새 모이 핫도그를 만들어 산속이나 숲 속에 걸어두고 오곤 한답니다.

READY

미리 준비하기
좁쌀,
나무젓가락,
끈

주변에서 구하기
굳거나 식은 밥 반 공기

HOW TO

1. 밥을 주먹밥처럼 동그랗고 단단하게 뭉친다.
2. 1에 나무젓가락을 꽂는다(꽂으면 핫도그 모양).
3. 좁쌀이 담긴 그릇에 2를 굴려 좁쌀을 충분히 묻힌다.
4. 3에 끈을 달아 사람의 발길이 적은 숲의 나뭇가지에 걸어둔다.
5. 하루 정도 지난 후 모이가 줄어든 상태를 확인해본다.

1

2

3

4

TIP

초간단 새 모이통 만들기

만약 정서 스타일(?)이 새 모이통을 만들고 싶다면 우유 팩을 이용할 수 있답니다. 칼을 사용하는 것만 빼면 아이들도 쉽게 따라 할 수 있어요.

미리 준비하기 우유 팩, 나뭇가지, 칼, 끈, 좁쌀

놀이 방법
1 우유 팩의 4면에 사각형을 그린 뒤 오래내 새가 드나들 만한 창을 만든다.
2 1의 아랫부분에 나뭇가지가 관통할 수 있는 구멍 2개를 뚫은 후 나뭇가지를 꽂는다.
3 2의 우유 팩에 좁쌀을 충분히 깐 후 우유 팩 윗부분에 끈을 매달아 나뭇가지에 걸어둔다.

PLAY 21

솔방울 습도계 만들기

언제
봄 · 여름 · 가을 · 겨울에
어디서
캠핑장과 숲에서
무엇을
솔방울을
어떻게
주워서 물에 담가 비늘의 변화를 확인하는 놀이

아주 간단한 원리지만 때론 아이들에게는 무척이나 신기하게 다가가는 것들이 있어요. 의외의 것을 보며 신기해할 때 '그래서 아이구나!'라는 생각이 들기도 해요. '솔방울 습도계 만들기'도 7세 미만 아이들에겐 마법처럼 느껴지는 놀이 중 하나랍니다. 몽산포 캠핑장이나 남양주 팔현 캠핑장 등 소나무나 삼나무가 많은 캠핑장에 가면 발에 차이는 것이 바로 이 솔방울인데, 잘 말리면 다용도로 활용할 수 있어요. 대표적인 것이 많이들 아는 '솔방울 가습기'예요. 건조한 계절에 잘 말린 솔방울을 충분히 적셔서 방에 두거나 솔방울에 분무기로 물을 뿌려 놓으면 실내 습도를 높일 수 있어요. 저도 따로 가습기는 쓰지 않는데 이 솔방울 가습기는 겨울 내내 침실에 두고 물을 뿌려가며 애용하고 있습니다.

솔방울 일기예보는 솔방울을 통해 오늘의 날씨를 알아볼 수 있는 놀이예요. 소나무나 삼나무의 열매인 솔방울을 자세히 살펴보면 아침과 한낮, 저녁에 따라 형태가 조금씩 달라지는 것을 알 수 있죠. 이른 아침, 안개가 끼어 있거나 습기가 많은 날에는 솔방울의 딱딱한 비늘 조각이 오므라들어 있어요. 반대로 햇볕이 강한 낮에는 비늘 조각이 활짝 핀 꽃처럼 쫙 벌어져 있고요. 습기에 따라 비늘의 모양이 변하는 것인데 이런 원리로 날씨 예측도 가능해요. 비가 오기 전 습한 날이나 장마에는 비늘 조각이 오므라들어 있고, 쨍하고 맑은 날에는 반대로 비늘 조각이 열려 있어요. 이 놀이를 통해 아이에게 솔방울의 비늘과 습도의 관계에 대해 알려줄 수도 있습니다.

READY

미리 준비하기
투명 컵

주변에서 구하기
솔방울

HOW TO

1 ─ 소나무 또는 삼나무 아래에서 모양이 온전한 솔방울을 줍는다.
　★ 솔방울에 따라 작은 벌레가 숨어 있을 수도 있으니 잘 살펴보세요.
2 ─ 투명 컵에 물을 반쯤 붓고 **1**의 솔방울을 넣는다.
3 ─ 30분 뒤에 솔방울의 모양이 어떻게 변했는지 살펴본다.
4 ─ **3**의 솔방울을 물속에서 꺼내 물기를 털어낸 후 햇볕이 잘 드는 쪽에 둔다.
5 ─ 햇볕이 쨍쨍한 한낮에 다시 **4**의 솔방울을 살펴본다.

NOTICE

솔방울 일기예보 놀이를 할 때

아이들은 솔방울의 모양 변화를 크게 느끼지 못할 수도 있어요. 물을 부은 투명 컵에 솔방울을 넣기 전의 모양, 물에 담가 충분히 두었을 때의 모양, 담갔다가 마른 후의 모양 등을 휴대전화 카메라로 찍어놓으면 모양 변화를 설명할 때 이해를 도울 수 있어요.

 TIP

솔방울로 천연 가습기 만들기

캠핑하면서 솔방울을 많이 주웠다고요? 그럴 땐 버리지 말고 솔방울 가습기를 만들어보세요. 만드는 법은 정말 간단한데 보관만 잘하면 반영구적으로 쓸 수 있답니다.

준비물 솔방울, 칫솔, 유리병

만드는 방법

1 주워 온 솔방울을 팔팔 끓는 물에 넣어 끓인다(벌레 제거를 위한 과정이므로 주방 냄비보다는 빨래 삶는 냄비 사용을 권장).
2 **1**을 건져 신문지를 깔고 직사광선에 잘 말린다.
3 비늘이 벌어졌을 때 칫솔로 문질러 남은 먼지 등을 털어낸다.
4 **3**을 다시 한 번 팔팔 끓는 물에 넣어 끓인다(겨울 솔방울에는 아주 작은 벌레가 숨어 있을 가능성이 큼).
5 유리병에 **4**를 건져 넣는다. 건조해서 비늘이 벌어지면 다시 물에 담갔다가 비늘이 오므라들면 꺼내 유리병에 넣는다.

숲 속 친구들 밥상 차려주기

PLAY 22

언제	봄·여름·가을·겨울에
어디서	숲에서
무엇을	열매 등을
어떻게	주워 밥상을 차리는 놀이

숲 속에는 많은 동식물들이 깃들어 살고 있지요. 숲을 걷다가 이따금 다람쥐나 청설모, 새를 목격하게 되면 아이들은 야단법석 한바탕 난리가 납니다. 어떤 날은 서로 자기가 먼저 봤다며 기 싸움을 하기도 하고, 어떤 날은 탐험하듯 다람쥐나 청설모를 살금살금 쫓아다니기도 해요. 이렇게 숲 속 친구들을 목격해서 아이들이 매우 흥분돼 있을 때 아무런 준비 없이 빈손으로 해볼 만한 놀이가 '숲 속 친구들 밥상 차려주기'예요. 마치 소꿉장난처럼 열매, 솔방울, 도토리 등을 모아서 동물들에게 먹이를 주는(실제로 동물들이 먹는 경우는 드물지만) 아주 간단한 놀이지요. 만약 다람쥐 밥상을 차려준다면 도토리를 모아서 다람쥐에게 주자고 단순하게 말하기보다는 도토리가 다람쥐에게 중요한 양식이라는 것을 얘기해주면서 다람쥐가 편히 밥을 먹을 수 있도록 도토리를 모아서 밥상을 차려주자고 말하면 아이들은 더욱 적극적으로 놀이에 임합니다.

READY

주변에서 구하기
열매, 솔방울, 나뭇잎 등

HOW TO

1. 숲을 돌아다니며 숲 친구들의 먹이가 될 만한 것들과 그것을 담을 그릇인 나뭇잎을 줍는다.
2. 나뭇잎 위에 주운 열매, 솔방울 등을 올린다.
3. **2**를 숲 속 친구들이 지나다닐 만한 장소에 놓아두고 "맛있게 잘 먹어!"라고 인사한다.

2

> **TIP**
>
> **밥상을 꾸밀 2단 케이크 만들기**
> **미리 준비하기** 버리는 즉석밥 그릇, 요거트 통, 요거트 숟가락 등
> **주변에서 구하기** 흙, 도토리, 나뭇잎 등
> **놀이 방법**
> 1 버리는 즉석밥 그릇에 약간 젖은 상태의 흙을 꾹꾹 눌러 담는다.
> 2 요거트 통에 약간 젖은 상태의 흙을 꾹꾹 눌러 담는다.
> 3 **1**의 그릇을 뒤집어 뭉쳐진 흙을 엎어놓는다.
> 4 **3** 위에 **2**의 흙을 뒤집어 엎어놓는다.
> 5 도토리와 나뭇잎으로 장식한다.

PLAY 23

알밤 받기
놀이

언제
가을에
어디서
밤나무 아래서
무엇을
알밤을
어떻게
주운 후 던지거나 주고받는 놀이

아이들이랑 놀다 보면 별것도 아닌 것에 소유욕을 불태우는 모습을 볼 수 있어요. 서로 조금 더 갖겠다고 다투다가 결국 빼앗긴 쪽은 울음을 터뜨리기도 하고요. 바라보는 어른들의 입장에선 '저게 그리 중요할까' 생각될 때도 있어서 뭘 그런 걸로 싸우느냐고 핀잔을 주기도 하지만, 아이들의 입장에선 그 순간 그게 목숨만큼이나(!) 중요한 것일 수도 있습니다. 가을에 캠핑장이나 숲에서 만나는 알밤이나 도토리는 아이들에게 그렇게 특별한 것이 되곤 합니다. 누가 더 많이 주웠는지 양적인 신경전부터 시작해서 알밤과 도토리의 크기를 서로 비교해보면서 어떤 녀석은 실망하고, 어떤 녀석은 좋아하지요. 아이가 하나라면 이런 신경전이 없겠지만 여러 명이 함께라면 '부의 공정한 분배'도 필요합니다. 알밤 받기 놀이는 밤나무 아래에서 각자 주워 온 알밤들을 다 모아서 함께 놀이를 하며 나눠 갖는 거예요. 집에서 가져온 세탁소 옷걸이에 폐비닐을 씌워 바스켓을 만든 후 주운 알밤을 던져 아이들이 바스켓으로 받는 식이지요. 일종 캐치볼인데 볼 대신 알밤을 던진다고 생각하면 됩니다. 작은 알

밤들을 한꺼번에 공중에 던지거나 위에서 아래로 우르르 쏟아지는 것을 받다 보면 아이들은 신이 납니다. 또 하나, 집에서 버려지는 올 나간 스타킹이 있다면, 옷걸이에 스타킹을 씌워 묶은 다음 알밤을 통통 튕기는 놀이도 해볼 수 있어요.

READY

미리 준비하기
세탁소 옷걸이(아이들 수대로)

주변에서 구하기
비닐봉지(아이들 수대로),
알밤(없으면 솔방울 등으로 대체)

HOW TO

1_ 알밤 나무 아래로 가서 다함께 알밤을 줍는다.
   ★ 단, 주인이 있는 산에서 허락없이 알밤을 주우면 안 되니 주의하세요!

2_ 세탁소 옷걸이는 삼각형. 아래쪽(삼각형의 밑면에 해당하는) 중간 지점과 (물음표 모양의) 걸이 부분을 손가락으로 잡고 사선 방향 바깥쪽으로 잡아당기면 사각형 옷걸이가 되는데, 여기에 비닐봉지를 씌워 묶으면 초간단 '알밤 받이'가 된다.

3_ 아이들이 1인당 한 개씩 **2**를 들고 모이게 한 다음 **1**의 알밤들을 공중에 던져 **2**를 활용해 받게 하거나 던지고 받는 캐치볼 게임을 한다.
   ★ 너무 높이 던지면 알밤에 맞아 아플 수 있으니 아이들의 키를 조금 넘긴 위치에서 떨어뜨려주세요.

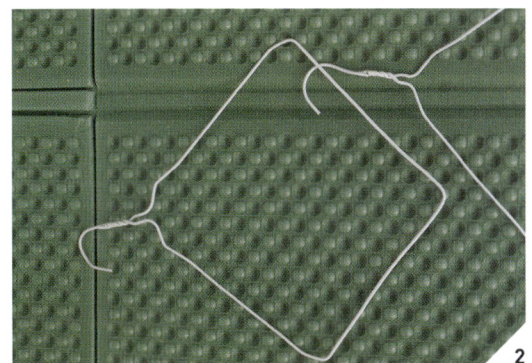

2

3

TIP

언어에 관심 있는 아이라면, 이참에 언어유희 놀이도

한글을 한창 배우는 아이라면 밤을 주우며 '밤'이 시간적 의미의 '밤'과 먹는 '밤' 두 개의 뜻이 있다고 알려줍니다. 국어 시간에 한 번쯤 했던 언어유희인, "밤(夜)에 바암(栗)을 먹으면 밤(夜) 맛일까, 바암(栗) 맛일까?"와 같은 예문을 들려줘도 좋습니다만, 이렇게 말을 하면 7세 이하 아이들은 언어유희로 이해하지 않고 백 퍼센트 이렇게 대답합니다. "어(골똘히 생각한 후에)~ 밤 맛!"

PLAY 24

알밤 줍기 놀이

언제	알밤이 많이 떨어지는 가을에
어디서	밤나무 아래에서
무엇을	떨어진 밤송이를
어떻게	벌려서 알밤을 꺼내거나 줍는 놀이

가을엔 알밤 줍기 놀이를 빼놓을 수 없지요. 밤나무 밑에 떨어진 밤송이에 통통한 알밤이 알차게 들어 있는 것을 발견했을 때의 기쁨이란! 충북 제천의 달숲 캠핑장엔 캠핑 사이트 사이사이에 밤나무가 있어서 가을에 가면 뜻밖의 수확을 할 수 있어요. 밤의 씨알도 얼마나 굵은지, 보기만 해도 참 탐스럽습니다. 어떤 캠핑장은 가을이면 약간의 참가비를 받고 알밤 줍기 체험을 진행하기도 하니 가을엔 그런 곳을 가보는 것도 좋을 것 같아요. 밤을 한 아름 주워 옷자락이 늘어지도록 담아 올 때 그 수확의 기쁨은 아이나 어른이나 똑같은 것 같습니다. 한번 밤송이에서 알밤을 발견한 아이들은 좀처럼 자리를 뜨질 못해요. 주변에 있는 밤송이들을 모두 발로 까서 확인하고 나서야 자리를 뜨지요. 알밤 줍기 놀이를 즐겁게 했다면 알밤을 석쇠에 올려놓고 구워서 먹어보세요. 쿠킹 포일에 감싸서 숯불에 넣어 익혀 먹어도 참 맛있답니다.

READY

미리 준비하기
밤을 담을 봉투나 가방, 코팅된 장갑
주변에서 구하기
기다란 나뭇가지 등

HOW TO

1. 밤나무 아래를 잘 살펴보고 밤송이를 발견하면 두 발로 밤송이를 지긋이 밟은 후 양 끝에 힘을 주어 완전히 벌려본다.
2. 코팅된 장갑을 낀 손으로 밤송이 안에 들어있는 알밤을 조심히 꺼낸다. 장갑이 없을 땐 나뭇가지를 이용한다.
3. 주운 밤을 모아서 화로대에 올려 맛있게 구워 먹는다.

   ★ 밤을 굽는 것은 위험할 수 있으니 엄마나 아빠가 해주세요. 밤 가운데에 가로로 길게 칼집을 넣어야 밤이 튀지 않고 잘 익고, 먹기도 좋아요.

TIP

알밤 줍기 놀이 때 주의 사항

알밤을 주울 때 옷은 긴소매와 긴바지를 입고, 밤송이에 찔리지 않을 신발을 착용하는 게 좋아요(주주들에겐 주로 신발 바닥이 두꺼운 레인 부츠를 시킵니다). 또 밤나무 아래에 있을 때는 밤송이가 떨어져 찔릴 수 있으니 만일을 대비해 모자를 쓰는 게 안전하지요. 특히 밤나무 위를 쳐다보다 밤송이가 떨어지면 눈이나 얼굴을 다칠 수도 있으니(바람 부는 날이나 비 오는 날에는 더 위험할 수 있어요) 나무 위를 쳐다보기보다 떨어져 있는 밤송이만 살펴보도록 하고 직접 밤을 따는 일은 삼가는 게 좋아요.

1

엄마표 캠핑 놀이 106
PART 5

캠핑 테이블에서 놀자

PLAY 1 나뭇잎 탁본 뜨기

언제	봄·여름에
어디서	캠핑장, 집에서
무엇을	나뭇잎 등을 주워
어떻게	탁본을 떠서 작품처럼 꾸며 보는 놀이

봄비가 내리던 어느 날의 캠핑. 축축해진 장비, 축축해진 옷처럼 마음도 괜히 축축해지는 것 같죠. 비 온다고 아무것도 못하게 잡아두었다간 심심하다고 울음을 터뜨릴 것만 같은 녀석들에게 우비를 입힌 뒤 빗속을 마음껏 돌아다니며 마음에 드는 잎을 따 오라고 했습니다. 그러자 녀석들은 캠핑장 곳곳을 돌아다니며 나름의 기준으로 잎을 몇 개 따 왔어요. 얇은 메모지와 색연필만 있다면 이 잎들로 나뭇잎의 잎맥을 살펴보는 탁본 뜨기 놀이를 해볼 수 있어요. 아이들에게 '잎맥'(식물의 잎에 있는 그물 모양의 조직으로 잎 속의 물과 양분의 이동 통로)이라는 단어가 다소 어려울 수 있으니 나뭇잎 탁본을 뜨기 전에 설명해주면 좋습니다. 주워 온 나뭇잎의 잎맥이 어떻게 생겼는지 살펴본 다음, 준비해 온 투명 종이로 덮은 후 그 위를 색연필이나 크레파스로 색칠합니다. 이 탁본 뜬 것들을 오려 스케치북이나 캔버스 등에 옮겨 붙이면 알록달록한 색깔 잎을 입은 나무를 꾸며볼 수도 있지요.

READY

미리 준비하기
투명 종이, 색연필,
풀 또는 마스킹 테이프,
캔버스 또는 스케치북

주변에서 구하기
잎맥이 도드라진 나뭇잎

HOW TO

1_ 잎맥이 도드라진 나뭇잎을 주워 온다.
2_ 나뭇잎을 깔고 투명 종이로 덮은 뒤 색연필로 그 위를 색칠한다.
3_ 2의 나뭇잎들을 오려내 풀이나 마스킹 테이프로 캔버스에 마음껏 붙이며 색깔 나무를 표현해본다.

PLAY 2

나뭇잎 퍼즐 놀이

언제
녹음이 짙은 여름날
어디서
캠핑 테이블에서
무엇을
나뭇잎을
어떻게
잘라서 다시 맞춰보는 놀이

아이들은 퍼즐을 참 좋아해요. 캠핑장에 들고 다닐 만한 퍼즐도 있지만, 번거로울 때 즉석에서 나뭇잎으로 퍼즐을 만들어보는 것도 재미있어요. 3세 아이도 즐길 수 있는 나뭇잎 퍼즐 놀이는 나뭇잎을 가위로 자른 다음 다시 나뭇잎 모양으로 맞추는 놀이예요. 나뭇잎과 가위만 있으면 언제 어디서든 가능합니다. 나뭇잎은 되도록 잎사귀가 넓은 것이 좋아요. 여러 가지 잎이 있으면 좀 더 다양하게 퍼즐 놀이를 즐길 수 있고요. 아이가 아직 어리다면 나뭇잎을 큼직큼직하게 잘라 퍼즐 조각을 크게, 아이가 퍼즐을 어느 정도 맞추는 수준이라면 나뭇잎을 자를 때 가위질을 여러 번 해 퍼즐 조각을 좀 더 작게 만들어야 맞추는 재미가 있겠지요? 쉽게 시드는 얇은 잎보다는 조금 두꺼운 잎이어야 퍼즐 놀이를 좀 더 오래 할 수 있답니다.

READY

미리 준비하기
가위

주변에서 구하기
커다란 나뭇잎

HOW TO

1 _ 잎사귀가 큰 나뭇잎을 줍는다. 바닥에 떨어진 나뭇잎이 없을 땐 나뭇잎을 따되 되도록 그늘진 곳에 있는 나뭇잎을 필요한 만큼만 몇 장 따도록 한다.

2 _ 가위로 **1**의 나뭇잎을 여러 조각으로 자른다.

3 _ **2**의 나뭇잎 조각들을 섞은 뒤 원래의 모양처럼 맞춘다.

PLAY 3 팝콘 벚꽃 놀이

언제	벚꽃이 흩날리는 봄 또는 눅눅해진 팝콘이 있을 때
어디서	캠핑장 또는 집에서
무엇을	나뭇가지와 팝콘을
어떻게	벚나무처럼 꾸며보는 놀이

'봄바람 휘날리면~ 흔들리는 벚꽃잎이~' 버스커버스커의 '벚꽃엔딩'이 절로 흥얼거려지는 벚꽃 시즌이 오면 뭔가를 해야 할 것만 같은 기분이 듭니다. 흐드러지게 핀 벚꽃을 보기만 해도 좋고, 바람이 날릴 때 벚나무 아래에서 벚꽃 비를 맞는 것도 낭만적이에요. 이 기간에 캠퍼들은 '벚꽃 캠핑'이라고 해서 벚꽃이 많이 있는 캠핑장을 일부러 찾아다니기도 합니다. 벚꽃 나무 아래에서 캠핑을 하고 나면 텐트에 핑크빛 벚꽃잎들이 수북하게 쌓입니다. 벚꽃 날리던 어느 날 두 녀석과 벚꽃 놀이를 하러 갔습니다. 두 녀석은 바닥에 떨어진 벚꽃잎들을 두 손으로 모아서 엄마에게 보여주더니 엄마에게 앉아 있으라고 하곤 머리 위로 벚꽃잎들을 뿌려줬습니다. 이보다 더 행복할 수 있을까 싶었어요. 벚꽃이 핀 벚나무를 보며 '팝콘' 같다고 말하는 아이들의 말에 영감을 얻어 마침 먹으려고 들고 간 팝콘으로 벚꽃 나무를 꾸며보았습니다. 캠핑장에서 팝콘을 만들어 먹은 후(290쪽 참조) 남은 팝콘으로 하면 좋겠네요. 벚꽃 비를 맞으면서 팝콘으로 스케치북을 꾸미는 '팝콘 엔딩'을 해보는 건 어떨까요?

READY

미리 준비하기
팝콘, 다용도 풀, 스케치북

주변에서 구하기
자잘한 나뭇가지

HOW TO

1. 자잘한 나뭇가지를 줍는다.
2. 풀로 **1**의 나뭇가지를 스케치북 위에 붙인다.
3. 팝콘에 풀을 묻혀 **2**의 스케치북 위에 붙여 벚꽃 핀 나무처럼 표현해본다.

PLAY 4
자갈 & 열매 마라카스 만들기

언제
봄·여름·가을·겨울에

어디서
캠핑장, 숲 속에서

무엇을
열매와 빈 페트병, 바나나 맛 우유 통을

어떻게
마라카스처럼 만들어 흔들며 노는 놀이

캠핑에 음악이 빠지면 또 아쉽지요. 그래서 저희 가족은 캠핑장에 갈 때면 꼭 미니 스피커를 챙겨 가서 음악을 듣곤 합니다. 이때 아이들이 박자를 맞춘다고 나뭇가지나 젓가락을 두드릴 때가 있어요. 이럴 때 이왕이면 재미있는 악기 하나 만들어 가지고 놀면 더 즐겁겠다는 생각에 함께 만들어본 것이 바로 '자갈 & 열매 마라카스'예요. 마라카스는 흔들어서 소리를 내는 체명 악기로 쉽게 말하면 '딸랑이' 같은 악기지요. 원래는 야자과의 식물인 '마라카'의 열매 속을 도려낸 다음 그 안에 잘 말린 씨를 넣고 손잡이를 달아 만든 거라고 하네요. 주주들이 만든 마라카스는 시중에서 파는 바나나맛 우유를 다 마시고 난 뒤 그 안에 아이들이 주워 온 열매나, 캠핑장에서 흔히 주울 수 있는 파쇄석의 작은 자갈들을 넣어 만든 거랍니다. 여섯 살 밀크는 자갈을 줍는 과정부터 마라카스를 완성해 흔드는 과정까지 정말 흥미로워했어요. 반면 다섯 살 초코는 바나나맛 우유 통에 그림 그리는 걸 좋아했고요. 우유통이 여러 개 있다면 각기 다른 종류의 마라카스를 만들어보세요. 열매의 종류나 크기에 따라 각각 다른 소리가 난다는 것도 아이 스스로 느낄 수 있게 될 거예요. 열매나 자갈의 개수나 양에 따라 소리가

둔하게 들릴 수도, 반대로 경쾌하게 들릴 수도 있다는 것도 가르쳐줄 수 있어요. 바닷가가 가까운 캠핑장이라면 모래를 넣은 마라카스를 만들 수도 있겠지요? 또 가져온 쌀이나 곡물을 조금 넣어 곡물 마라카스를 만들어보는 것도 여러 가지 소리를 느끼기에 좋습니다. 악기 만들기에서 끝내면 섭섭하니, 내친김에 가족 노래자랑까지!

READY

미리 준비하기
바나나맛 우유 빈 통 4개(또는 500mL 페트병 1~2개), 쿠킹 포일, 셀로판테이프, 나무젓가락(또는 캠핑장에서 구할 수 있는 나뭇가지)

주변에서 구하기
각종 열매, 파쇄석 중 아주 작은 자갈

큰 자갈을 넣으면 무게 때문에 마라카스를 만들 수도 없을 뿐 아니라 소리도 안 나요!

HOW TO

1 — 소리가 날 만한 자갈, 열매 등을 줍는다.
　★ 도토리도 괜찮고, 솔방울 조각을 하나씩 뜯어도 괜찮습니다. 나뭇가지의 작은 파편도 좋아요. 어떤 것이든 소리를 낼 수 있는 것이면 일단 환영해줍니다. 열매가 없는 환경이라면 캠핑장 바닥에 있는 자갈도 상관없어요.

2 — **1**의 재료들을 바나나맛 우유 통에 적당히 넣는다.

3 — **2**의 우유 통의 입구 부분을 쿠킹 포일로 여러 번 감싼 후 셀로판테이프로 둘러 통 안의 열매나 자갈들이 떨어지지 않게 튼튼하게 막는다.
　★ 아이가 혼자 하기 어려울 수 있으니 부모가 옆에서 도와주세요.

4 — 입구 부분을 막았다면 작은 구멍을 뚫어 손잡이 역할을 하게 될 나뭇가지나 나무젓가락을 꽂은 후 다시 한 번 포일과 셀로판테이프로 감싸서 고정한다.

5 — 손잡이를 단 **4**의 우유 통(마라카스)를 들고 한번 흔들어본다.

6 — 마라카스가 완성됐다면 이젠 즐길 차례. 아이들이 잘 부르는 노래에 맞춰 마라카스를 흔들어본다.

TIP

버리는 페트병도 마라카스로 재활용
500mL짜리 페트병에 자갈이나 열매 등만 넣어도 훌륭한 마라카스가 됩니다. 집에서는 쌀이나 콩 등을 넣고 흔들어 소리를 즐겨보세요.

2

4

PLAY 5

나뭇가지로
별 트리 만들기

언제
겨울밤에
어디서
텐트 안에서
무엇을
주워 온 나뭇가지로
어떻게
별 모양 트리를 만드는 놀이

숲속에서 미끈하게 뻗은 나뭇가지를 보면 슬쩍 줍습니다. 못생겼지만 잘 마른 것은 장작으로 쓰고 잘생기고 예쁜 것들은 골라서 인테리어 소품 재료로 쓰곤 하지요. 크리스마스를 앞둔 겨울에는 주운 나뭇가지로 크리스마스 장식을 할 수 있어요. 비슷한 길이의 나뭇가지들을 모아서 별 모양, 사다리 모양 트리를 만들면 훌륭한 인테리어 소품이 됩니다. 특히 별 모양 트리를 만들어 캠핑장 나뭇가지나 텐트에 걸어두면 마치 저 하늘의 별이 내려와 나뭇가지에, 우리 텐트에 걸린 것 같지요. 장작불 앞에 앉아 따뜻한 별 모양 불빛을 감상하며 도란도란 얘기를 나누다 보면 모든 것을 용서할 수 있을 정도로(?) 괜히 로맨틱해진답니다.

별 트리를 만들기 위해 나뭇가지를 주울 때는 잘 살펴봐야 해요. 어떤 나뭇가지 속에서는 아주 작은 벌레들이 나오기도 하고 어떤 나뭇가지는 속이 썩어 쉽게 부러지기도 하거든요. 만약 직접 나뭇가지를 구할 수 없다면 강남고속버스터미널 꽃 상가나 남대문 꽃 상가에서 나뭇가지를 사서 만들어도 됩니다(30cm 자작나무 가지 8~10개 1단에 1만~1만 5000원 정도). 나뭇가지가 심심하다면 꽃 상가에서 판매하는 시나몬 스틱도 괜찮습니다.

별 트리 만들기에서 아이들이 참여할 수 있는 부분은 산이나 숲에서 나뭇가지를 함께 줍는 과정과 주워 온 나뭇가지들로 별 모양 틀을 잡는 과정이에요. 별을 그리는 순서대로 나뭇가지를 놓아보면 됩니다. 별 모양의 틀을 만든 후에는 나뭇가지가 겹쳐지는 부분을 지끈 등을 이용해 고정합니다. 아이가 초등학생 이상이고 손끝이 제법 야무진 편이라면 직접 틀을 고정하는 것까지 할 수 있어요. 별 트리의 틀을 완성한 뒤에는 조명을 감은 뒤 아이들과 함께 점등식도 해보세요. 별것 아닐 수 있지만 함께 카운트다운을 하고 불을 켜는 것만으로도 아이들에겐 행복한 겨울밤의 추억이 됩니다.

READY
미리 준비하기
지끈 또는 철끈,
크리스마스 알전구, 가위
주변에서 구하기
약 30~40cm 나뭇가지 5개

HOW TO
1_ 길이가 비슷한 나뭇가지 5개를 줍는다.
2_ 나뭇가지를 별을 그리는 순서대로 바닥에 놓아 틀을 잡는다.
3_ **2**의 나뭇가지가 교차하는 부분을 지끈으로 감아서 고정한다. 고정할 때는 바깥쪽 꼭짓점부터 안쪽 꼭짓점 순으로 해야 틀이 흐트러지지 않는다.
4_ 별 형태의 틀이 완성되었으면 별을 그릴 때 선을 긋는 방향대로 조명을 감아준다.
5_ 한쪽으로 길게 조명을 늘어뜨리면 은하수 같은 느낌도 낼 수 있다.

> **TIP**
> **별 모양을 만들기 어렵다면**
> 나뭇가지 6개로 2개의 삼각형을 만든 후에 하나는 바로, 다른 하나는 뒤집어 역삼각형의 형태로 얹은 다음 겹쳐지는 부분을 지끈으로 감아서 고정해 모양(✩)을 잡는 방법도 있어요.

PLAY 6

오디로 점묘화 그리기

언제	6월경
어디서	뽕나무 근처에서
무엇을	오디를
어떻게	스케치북에 찍거나 즙을 내 그림으로 표현하는 놀이

6월쯤 캠핑을 가면 뽕나무에 매달린 오디를 심심찮게 볼 수 있습니다. 오디를 따서 맛보는 것도 즐거운 놀이지만, 오디를 맛보기 전에 오디의 일대기(?)를 알아보는 것도 재미있어요. 주워 온 오디를 커다랗고 평평한 돌이나 커다란 나뭇잎 위에 올려놓고 아이들에게 '열매가 익어가는 순서대로 줄을 세워보라'고 하거나 '맛있을 것 같은 순서대로 줄을 세워보라'고 해보세요. 그러곤 맛이 어떨지 상상한 뒤 이야기를 나누고 나서 실제로 맛을 보는 겁니다. 까맣게 잘 익은 것을 입 안에 넣은 밀크는 잠깐 이상한 표정을 짓더니 "괜찮은데 좀 싱거워."라고 했지요. 빨갛게 제법 섹시하게 익은 것을 입 안에 넣은 초코는 "쪼끔 달아!"라며 오묘한 표정을 지었습니다. 덜 익은 푸른색 열매는 떫기도 하

고 자칫 배탈을 일으킬 수 있기 때문에 맛에 대해 설명만 해줍니다. 이 과정에서 아이들은 열매 색깔에 따른 맛을 구분할 수 있게 되고 앞으로도 푸른색의 오디는 결코 먹지 않겠지요? 잘 익은 오디로 또 할 수 있는 놀이는 바로 점묘화 그리기입니다. 잘 익은 오디의 끝을 칼로 자른 다음 스케치북에 아이 마음대로 점을 찍도록 하는 거예요. 다섯 살 초코는 오디 찍기에 푹 빠져서 금세 훌륭한 점묘화 한 점을 완성했어요.

READY

미리 준비하기
스케치북

주변에서 구하기
잘 익은 오디

HOW TO

1— 잘 익은 오디를 주워 끝을 자른다.
2— 스케치북에 1의 오디를 콕콕 마음대로 찍는다.
3— 2의 스케치북을 잘 말린다.

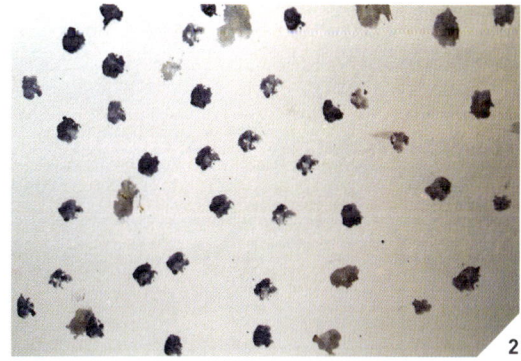

PLAY 7

숲가방 꾸미기

언제
봄·여름·가을·겨울에

어디서
캠핑장에서

무엇을
아이가 들고 다닐 심심한 모양의 에코백을

어떻게
아이 취향대로 예쁘게 꾸미는 놀이

캠핑 놀이를 시작하면서 아이들과 가장 먼저 했던 게 함께 들고 다닐 숲가방을 꾸미는 놀이였어요. '무인양품'에서 판매하는 몇 천 원짜리 무지 에코백과 패브릭 펜을 사 와서 주주들에게 "이 가방은 숲놀이를 할 때 필요한 준비물들을 넣을 거야~" 하고 얘기를 해주고 밀크와 초코가 각각 앞뒷면을 자유롭게 꾸미도록 했습니다. 밀크는 새와 나뭇잎 등을 그렸고, 초코는 형이상학적인 도형들을 그렸지요. 자신들이 들고 다닐 것이라니 더욱 열심히 색칠하고 꾸미더군요. 하지만 아이들이 그리는 그림들이 반듯할 리 없습니다. 색이 스케치 선 밖으로 삐져나오고 이색저색 섞이고 야단이었지만 그래도 녀석들에게도 표현의 자유가 있기에 그냥 지켜봤습니다. 하지만 잠시 뒤 탄생한 주주 브라더스의 숲가방은 엄마가 생각했던 것 이상으로 멋졌어요(살짝 북유럽 일러스트 같기도 하다고 엄마는 자기 암시 중). 여기에 집에 있던 알파벳 스탬프를 꺼내 엄마가 좋아하는 'into the wild'라는 말을 찍었습니다. 이렇게 엄마와 주주들의 콜라보레이션으로 제작한 숲가방은 지금까지도 캠핑 놀이 준비물을 담는 데 유용하게 쓰이고 있답니다.

READY
미리 준비하기
무지 에코백, 패브릭 펜이나 색연필, 스탬프 등

HOW TO
1. 가방의 용도를 설명해주고 무지 에코백에 패브릭 펜으로 마음껏 그림을 그리게 한다.
2. 아이들이 그린 그림 위에 엄마는 브로치 등의 액세서리를 달거나 아이들이 원하는 위치에 원하는 문구의 스탬프를 찍어준다.
3. 집에서 다리미의 뜨거운 열로 한 번 눌러준다.
    ★ 패브릭 펜은 열을 가해야 잘 지워지지 않습니다.

PLAY 8

추억의
빗 그림 그리기

언제
365일 아무 때나
어디서
캠핑장, 집 등에서
무엇을
나뭇잎이나 낙엽을
어떻게
종이 위에 올려두고 물감, 빗, 칫솔을 이용해 엽서를 꾸미는 놀이

7080 세대가 했던 추억의 빗 그림 그리기를 기억하시나요? 칫솔에 물감을 묻힌 뒤 빗살에 문질러 물감을 떨어뜨려 그림을 그리는 것인데, 마땅한 편지지가 없던 시절에 편지지를 꾸미기 위해 종종 써먹던 방법 중 하나였지요. 낙엽이 우수수 떨어지던 어느 날, 모양이 예쁜 낙엽들을 주워서 스케치북에 올려놓은 뒤 빗 그림 그리는 쇼(?)를 보여줬더니 우리 주주들이 제법 관심 있게 지켜보고 따라 했습니다. 스케치북의 물감이 다 마른 후 낙엽을 걷어낼 때는 작품을 망칠까 조심조심하기도 했고요. 호기심 많은 초코는 낙엽뿐 아니라 자신의 그림을 오려서 스케치북에 올려놓고 색다른 방법으로 만들어보기도 했습니다. 스케치북 위에 낙엽을 무작위로 올려놓는 것도 괜찮지만, 낙엽 모양에 따라 어떻게 하면 재미있는 모양이 표현될 수 있을지 얘기를 나눠보면 더 좋겠죠? 이를테면 검정 종이에 별 모양의 단풍잎을 여러 개 얹어 밤하늘을 표현한다든가, 동그란 나뭇잎에 구멍을 송송 뚫어 무당벌레를 표현한다든가, 무궁무진한 이야기를 만들 수 있답니다. 완성된 그림엔 동시를 적어보기도 하고, 하얗게 남아 있는 낙엽 모양을 다시 크레파스나 물감으로 색칠해도 재미있습니다. 어른들도 함께 하다 보면 예전에 누군가에게 썼던 편지 생각에 잠시 추억에 잠기기도 하는 그런 놀이예요.

READY

미리 준비하기
물감, 팔레트(주주맘은 플라스틱
달걀판을 팔레트로 활용),
못 쓰는 일자 빗,
못 쓰는 칫솔, 스케치북
주변에서 구하기
각종 나뭇잎 또는 낙엽

HOW TO

1. 여러 가지 모양의 낙엽을 줍는다.
2. 스케치북 위에 낙엽들을 자유롭게 놓은 뒤 어떤 작품을 꾸밀지 이야기를 나눈다.
3. 플라스틱 달걀판에 물감을 짜고 너무 묽지 않게 물을 섞는다.
4. 칫솔에 **3**의 물감을 묻혀 일자 빗에 문질러 **2**의 스케치북 위에 흩뿌린다.
   ★ 칫솔모와 빗살은 90도 각도로 서로 반대 방향이 되게, 즉 빗은 수평으로 들고 칫솔모는 그 위에 수직으로 얹어 좌우로 문지릅니다.
5. **4**의 물감이 완전히 마른 후 스케치북 위의 낙엽들을 조심히 걷어낸다.

뻥튀기 가면 파티

PLAY 9

언제	봄·여름·가을·겨울에
어디서	집 안팎, 캠핑장에서
무엇을	뻥튀기 과자를
어떻게	가면으로 만들어 가면 파티를 여는 놀이

이탈리아 베네치아에선 매년 1월 31일부터 2월 17일까지 세계적인 가면 축제가 열리지요. 매년 300만 명 이상의 관광객이 찾는다는 이 축제가 열리는 동안에는 사람들이 가면을 쓰고 거리로 나와 함께 즐깁니다. 이 가면 축제를 해가 진 캠핑장으로 옮겨 오는 것은 어떨까요? 동그란 뻥튀기 과자로 만든 가면을 쓰고요. 뻥튀기 가면은 평소 집에서도 뻥튀기 과자를 먹다가 장난처럼 만들기도 해요. 그런데 밤에 캠핑장에 모여서 뻥튀기 가면을 만들어 파티를 열면 좀 더 실감납니다. 초콜릿 시럽이 들어 있는 초코 펜(파리바게트나 다이소에서 구입 가능)이나 식용 데코 펜(베이커리 재료 쇼핑몰에서 구입 가능)을 가져가면 좀 더 재미있게 가면을 꾸밀 수 있어요. 특히 랜턴에 비춰 그림자 놀이까지 하면 더 즐겁습니다. 뻥튀기는 손으로만 모양을 만들려고 하면 잘 부서져서 원하는 대로 오려내기가 쉽지 않지요. 이럴 땐 포크로 콕콕 찍는 방법을 추천합니다. 처음에 뻥튀기로 모양을 만들기 힘들어하던 밀크도 포크로 콕콕 찍어 오려내는 방법을 알려주었더니 이후에는 잭오 랜턴 모양, 별 모양 등 다양한 가면을 만들어냈답니다.

READY
미리 준비하기
뻥튀기 과자, 포크, 나무젓가락 등

HOW TO
1— 동그란 뻥튀기 과자를 포크로 콕콕 찔러 가면 모양을 만든다.
2— 나무젓가락을 가르지 말고 살짝 벌리기만 한 다음 틈 사이에 1의 뻥튀기를 끼운다.
3— 랜턴을 켜고 텐트 한쪽 면에 뻥튀기 그림자를 비춰 그림자 놀이를 한다.
4— 1을 얼굴에 쓰고 역할극을 해본다.
★ 아이는 엄마 가면으로, 엄마는 아이 가면으로 서로가 만든 가면을 바꿔 쓰고 이야기를 나눠보는 것도 재미있어요.

TIP
다양한 뻥튀기 활용법

뻥튀기 위에다 '나만의 아바타' 꾸미기 놀이를 해봐도 재밌어요. 과일, 볶은 검정콩, 견과류, 초코 펜, 과자나 젤리 등 식용 재료들만 가지고 꾸미는 것이지요. 어떤 재료든 상관없습니다. 재료만 꺼내서 올려두면 아이들은 알아서 꾸미니까요. 열심히 뻥튀기를 꾸민 후에는 냠냠 맛있게 먹는 시간. 아이들은 자기가 만든 것이기 때문에 웬만하면 다 잘 먹습니다. 평소 볶은 검정콩은 먹지도 않던 밀크는 뻥튀기 위에 눈동자를 꾸밀 때 썼던 콩은 먹었어요. 동그란 뻥튀기는 아이들 간식을 담을 때 접시 대용으로 사용해도 좋아요. 쉽고 간단한 놀이를 할 때 의외로 활용도가 높은 아이템이기 때문에 저는 국도를 오갈 때나 휴게소 편의점에서 뻥튀기가 보이면 일단 하나 삽니다. 뻥튀기 과자 하나만 있으면 뭔가 하나 할 수 있을 것 같거든요.

펠트로
인디언 왕관 만들기

언제
봄 · 여름 · 가을 · 겨울에

어디서
캠핑장에서

무엇을
펠트와 가죽끈 등을

어떻게
활용해 인디언 왕관을 만드는 놀이

캠핑장에서 쓰고 놀 수 있는 인디언 왕관을 만들어보기로 했어요. 기왕이면 두고두고 종종 꺼내 쓸 수 있도록 견고하게 만들면 더 좋겠단 생각을 했지요. 때에 따라 자연물을 곁들여 장식할 수 있으면 어떨까 하는 생각에 엄마는 궁리를 하다가 왕관 안쪽에 빨대를 붙여보기로 했어요. 이렇게 했더니 빨대 구멍에 계절마다 다양한 나뭇잎, 풀 등을 꽂을 수 있는 그런 왕관이 만들어졌습니다. 녀석들에겐 인디언 왕관에 꽃을 꽂거나 풀을 조심히 꺾어 오라는 미션을 줍니다. 아이들은 자신이 주워 온 나뭇잎을 왕관 꾸미기에 쓸 수 있다는 것에 흥미를 느끼는 것 같았어요. 아이들은 가져온 강아지풀, 낙엽, 꽃 등을 빨대 구멍에 다양하게 꽂아보면서 자신만의 인디언 왕관을 만들었습니다(하지만 강아지풀의 경우 너무 많이 꽂으면 마치 군대에서 유격 훈련할 때 위장한 것처럼 보일 수 있으니 주의!). 펠트로 만든 인디언 왕관은 재미있게 놀이를 한 후에는 접어서 보관해두었다가 다음번에 또 가지고 놀 수 있어요. 여러 명이 만들어 쓰면 인디언 코스프레도 할 수 있답니다. 여기에 옥수수가 나는 계절이라면 옥수수 껍질 등을 끈으로 엮어 치마를 만들어 입으면 더욱 그럴싸해 보여요.

READY

미리 준비하기
펠트 가로 50cm×세로 8cm, 가죽끈 약 80~90cm, 구슬, 나뭇잎 모양 펠트 장식, 깃털, 빨대 2~3개, 패브릭 본드

주변에서 구하기
꽃, 나뭇잎 등 인디언 왕관에 꽂을 자연물 등

HOW TO

1_ 펠트 양쪽 끝에 가죽 끈을 끼울 수 있도록 세로 1cm 정도의 구멍을 2개씩 만든다.

2_ 빨대는 5cm 길이로 3~5개 잘라둔다.

3_ **1**의 펠트 중심에 **2**의 빨대를 본드를 이용해 간격에 맞게 붙인다.

4_ **3**의 본드가 다 마르면, **1**의 양끝 구멍에 가죽끈을 신발 끈처럼 X 자로 끼운다.

5_ 양쪽 끈 끝에 구슬을 끼운 후 나뭇잎 모양 펠트 장식을 묶어 연결한 다음 머리 둘레에 맞게 조절한다.

6_ 완성된 왕관에 주변의 자연물을 꽂아 장식한다.

NOTICE

인디언 왕관 DIY 키트 펠트 버전 구입처
키즈 캠핑 전문 몰 '아이와캠핑'(iwacamping.net)의 '인디언 왕관 DIY 키트'를 이용하면 재료를 각각 구해야 하는 번거로움 없이 쉽고 간편하게 인디언 왕관을 만들 수 있어요.

낙엽으로 인디언 왕관 만들기

언제	가을에
어디서	캠핑장에서
무엇을	낙엽과 종이봉투 등으로
어떻게	인디언 왕관을 만들어보는 놀이

캠핑장에서는 종이봉투나 종이 박스로도 충분히 인디언 왕관 만들기가 가능해요. 인디언 왕관 펠트 버전은 엄마 손이 많이 가는 데 비해 낙엽 버전은 아이가 혼자서도 충분히 만들 수 있습니다. 주주들은 엄마 손이 더 많이 필요했던 인디언 왕관 펠트 버전보다 혼자서 꾸민 낙엽 왕관을 더 좋아했어요. 스스로 왕관을 꾸밀 낙엽을 모으고, 그것들을 종이에 붙이고, 색깔 펜으로 꾸미기까지의 과정을 통해 성취감을 느꼈던 모양입니다. 단정하고 깔끔한 것을 좋아하는 다섯 살 밀크의 낙엽 왕관은 역시 군더더기 없이 깔끔한 모양이고, 화려한 스타일을 좋아하는 초코의 낙엽 왕관은 가을 색깔들의 향연이 펼쳐집니다. 가을에는 이렇게 머리에 두를 종이만 있으면 언제 어디서든 인디언이 될 수 있어요.

READY

미리 준비하기
크라프트지 종이봉투나 종이 박스,
딱풀(없으면 식은 밥의 밥알을 눌러 사용 가능)

주변에서 구하기
낙엽 등 다양한 자연물

HOW TO

1 ─ 크라프트지 종이봉투의 입구에서 10~15cm 길이 아랫부분을 가로로 잘라 띠지를 만든다.
★ 크라프트지 종이봉투가 없다면 종이 박스의 얇은 종이 부분을 뜯어내 사용해도 됩니다.

2 ─ **1**의 띠지를 아이 머리 둘레에 맞춘다.

3 ─ **2**를 낙엽 등으로 자유롭게 꾸민다.

4 ─ **3**이 완성되면 양 끝을 붙여 동그랗게 만든 다음 머리에 쓰고 인디언 흉내를 내며 논다.

NOTICE

인디언 왕관 DIY 패키지 활용

감성 미술용품 전문 몰 '더 펀즈'(www.thefunz.co.kr)에서는 크라프트지 스타일의 인디언 왕관 DIY 세트를 구입할 수 있어요. 크라프트지 인디언 왕관에 여러 가지 자연물을 붙여서 나만의 인디언 왕관을 완성해보는 것도 재밌습니다.

PLAY 12
옥수수 껍질로 팔찌 만들기

언제	옥수수가 많이 나는 7~8월에
어디서	캠핑장에서
무엇을	옥수수 껍질을
어떻게	잘게 잘라 팔찌로 만드는 놀이

주주맘은 옥수수를 좋아합니다. 어렸을 때 방학이면 강원도 외가에 가서 살다시피 했는데, 매일매일 옥수수를 서너 개씩은 먹었던 것 같아요. 외할머니나 외숙모께서 삶아주시는 옥수수는 어찌 그리 달고 구수하던지 하나로는 도저히 성에 차지 않았거든요. 그래서 주주맘에게 옥수수는 지금도 소울 푸드처럼 느껴집니다. 저희 가족이 자주 가는 캠핑장 중 하나인 강원도 횡성 라라솔 캠핑장에는 옥수수 밭이 있습니다. 이곳의 주인이 캠핑장을 찾는 아이들을 위해 체험용으로 가꿔놓은 곳인데 여기서 이따금 옥수수 따기 체험도 할 수 있어요. 주인분들이 직접 옥수수를 따다가 캠퍼들에게 삶아서 나눠주기도 합니다. 바로 따서 삶아 먹는 강원도 옥수수는 아무것도 넣지 않아도 진짜 달고 맛있어요(옥수수는 수염을 뗀 후 금방 삶지 않으면 단맛이 줄어든다고 하네요). 이렇게 옥수수를 삶기 전 이파리와 수염을 다듬으며 할 수 있는 놀이가 있는데, 바로 여자아이들이 특히 좋아하는 옥수수 팔찌 만들기입니다. 옥수수 잎을 찢어서 머리 땋듯 땋아 팔찌를 만드는 건데 주주들은 만들다가 금세 저 멀리 도망가버렸지만 라라솔 캠핑장 주인의 막내 따님인 일곱 살 서진이는 재미있다며 제 옆에서 두어 개를 함께 만들었습니다. 그러고 보면 세상에 버릴 게 하나 없지요? 참, 팔찌와 함께 옥수수 껍질을 끈에 걸어 인디언 치마처럼 만들어 입혀보는 것도 재미있답니다.

READY

미리 준비하기
옥수수 껍질

HOW TO

1. 옥수수 껍질을 세로로 잘게 잘라 3개의 끈처럼 만든다.
2. 3개의 끄트머리를 하나로 묶은 다음 머리를 땋듯이 땋아나간다.
   ★ 땋다가 길이가 모자라거나 끊기면 다시 새로운 옥수수 껍질을 덧대서 이어나가면 됩니다.
3. 다 땋으면 매듭 부분의 지저분한 것들을 제거한다.
4. **3**을 아이의 팔에 두르고 묶어준다.

1

2

3

4

TIP

옥수수 맛있게 삶아 먹기
아이와 함께 껍질을 깐 옥수수는 맛있게 삶아 먹어야죠. 수확해서 바로 소금물에 넣고 50분 정도 삶으면 구수하고 맛있어요. 집에선 한 번에 여러 개 삶아서 냉동실에 얼렸다가 먹고 싶을 때마다 하나씩 꺼내 해동한 뒤 다시 살짝 쪄 먹으면 영양 간식으로 최고죠.

PLAY 13

초간단
캠핑 문패 꾸미기

언제
봄·여름·가을·겨울에

어디서
캠핑장 테이블에서

무엇을
간단한 캠핑 문패를

어떻게
예쁘게 꾸며보는 놀이

캠핑 인테리어의 기본이 되는 캠핑 문패. 굳이 없어도 되는 것이지만, 하나 만 들어두면 기념이 됩니다. 하루 또는 이틀 후엔 사라질 집이지만 존재감을 확실히 알릴 수 있는 게 바로 이 캠핑 문패거든요. 나뭇가지나 작은 돌멩이를 붙여서 만들기도 하고, 패브릭에 그림을 그려 넣거나 가랜드 식으로 만드는 가족들도 있습니다. 이 문패들을 쭉 구경하다 보면 집 주인이 어떤 사람일지 대충 짐작되기도 합니다. 가장 쉽게 꾸미는 방법은 시중에 판매하는 미니 칠판을 활용하는 거예요. 칠판 끝에 끈이 달려 있어 캠핑 문패뿐 아니라 때에 따라 알림판 기능도 합니다. '옆 사이트에 갑니다' '낮잠 중' 등 분필로 간단한 메모를 남길 수 있지요. 아이들이 심심해할 땐 그림판으로도 활용할 수 있고요. 하지만 분필로 쓰기만 하면 너무 간단해서 재미가 없을 수 있으니 칠판에 자연물을 붙이거나 매달아 다양하게 꾸며보세요.

READY

미리 준비하기
끈이 달린 미니 칠판
(오픈 마켓 등에서 판매),
분필, 목공 풀

주변에서 구하기
나뭇가지, 열매, 돌멩이 등

HOW TO

1— 나뭇가지와 열매 등을 줍는다.
   ★ 도토리, 솔방울, 딱딱한 씨앗 등 되도록 시들지 않는 자연물로 구하세요.
2— 끈이 달린 미니 칠판 테두리에 **1**을 붙인다.
3— **2**의 칠판에 분필로 가족의 이름이나 별명 등 알릴 만한 문구를 적는다.

채소 스탬프 놀이

언제
봄·여름·가을·겨울에

어디서
캠핑장 캠핑 테이블에서

무엇을
각종 자투리 채소를

어떻게
스탬프로 만들어 찍어보는 놀이

"엄마, 나도 칼로 잘라보고 싶어요." 요리를 할 때 아이는 옆에서 간섭하고 싶어 안달이 나지요. 하긴 저도 어렸을 때 엄마의 손끝에서 채소들이 같은 모양으로 싹둑싹둑 잘려 나가는 것이 참 신기했던 것 같습니다. 하지만 그렇다고 아이에게 날카로운 칼을 줄 순 없지요. 대신 아이를 위해 감자, 당근, 무, 고구마 등 단단한 채소의 자투리를 좀 여유 있게 남겨둡니다. 이 자투리와 쿠키 커터(빵틀, 모양 틀)만 있으면 채소 도장을 만들 수 있어요. 채소에 쿠키 커터를 대고 꾹 눌러 찍으면 끝. 당근보다는 감자가, 감자보다는 무가 덜 단단해서 스탬프를 만들기에 괜찮습니다. 쿠키 커터로 채소 도장을 만들었다면 이제 스탬프 잉크를 묻혀서 스케치북에 찍어봅니다. 없다면 포도 껍질 즙을 내 써도 된답니다(잉크보다는 색감이 옅게 나온다는 점 참고하시고요). 스케치북의 첫 번째 장에 자유롭게 스탬프 찍기 놀이를 했다면, 두 번째 장에는 여러 가지 모양의 스탬프로 이야기가 있는 그림을 꾸며보는 것도 좋겠네요.

READY

미리 준비하기
여러 가지 모양의 쿠키 커터,
스탬프 잉크, 스케치북

주변에서 구하기
음식을 만들고 남은 채소
(감자·당근·무·고구마 등)의 자투리

HOW TO

1— 채소 자투리의 평평한 면에 쿠키 커터를 얹은 뒤 손으로 눌러 모양 도장을 만든다.

★ 당근·감자·무·고구마 등 단단한 뿌리채소류가 적당한데, 해당 재료는 닭볶음탕이나 채소 볶음밥을 할 때 주로 쓰이는 것들이니 닭볶음탕이나 채소 볶음밥을 만들 때 하면 좋아요!

2— 1에 스탬프 잉크를 살짝 묻힌 뒤 스케치북에 자유롭게 모양을 찍어본다.

★ 당근, 감자, 무 등은 그 자체가 수분을 머금고 있는 채소들이라 잉크를 너무 많이 묻히면 스케치북에 찍을 때 많이 번질 수 있으니 주의하세요.

3— 2를 보며 자유롭게 이야기를 만들어본다.

NOTICE

재미있는 모양의 쿠키 커터 구입처

아기자기한 모양의 쿠키 커터는 다이소(놀이에 쓴 쿠키 커터는 다이소 제품)나 이마트 등 대형 마트의 베이킹 코너에서 수시로 삽니다. 조금 큰 공룡 모양이나 별 모양 등 시중에서 쉽게 구할 수 없는 것들은 서울 방산시장 내에 있는 베이킹 재료상에 가서 직접 고릅니다. 이왕이면 아이가 이야기를 만들기 좋은 모양을 고르는 것도 좋겠죠?

과일, 채소에 표정 그리기

언제
봄 · 여름 · 가을 · 겨울에

어디서
집과 캠핑장 어디에서나

무엇을
각종 과일과 열매를

어떻게
껍질을 벗겨 먹기 전에
그림을 그리며 놀기

"엄마, 이 호박 너무 못생겼어!" 초코의 말에 고개를 돌려 보니, 마트에서 파는 매끈한 모양의 애호박이 아니라 요상한 모양의 애호박 하나를 주워 왔더군요. 어디에서 난 거냐 물어보니 캠핑장 부근 텃밭에 떨어져 있던 걸 주웠대요. "그 애호박이 왜 못생긴 것 같아?" 하고 물어보니 "뚱뚱하니까." 하며 웃습니다. 그러더니 "엄마, 나 여기에 그림 그려도 돼요?"(역시 부탁이나 아쉬운 말을 할 땐 존댓말을) 합니다. 이렇게 초코의 요청에 시도해본 것이 과일과 열매에 표정 그려주기 놀이었어요. 누군가는 먹는 것으로 장난치면 안 된다고 말할 수도 있겠지만, 참외, 사과, 수박, 호박, 오이 등은 어차피 껍질을 깎아 먹어야 하니까 먹기 전에 재미있는 상상을 하며 그림을 그려보는 것도 괜찮을 것 같았어요. 숲가방에 들어 있던 검정 유성 펜을 하나 주니 초코는 신이 나서 눈, 코, 입을 그려 넣습니다. 캠핑장에서 자주 구워 먹는 고구마도 훌륭한 캔버스가 됩니다. 종종 하다 보니, 이번에는 어떤 상상을 했을까 궁금해지기도 해요. 얼마 전엔 고구마를 화로에 구워 먹기 전에 맘껏 그림을 그리라고 주었더니 인기 애니메이션 주인공 '라바'를 그렸더라고요. 그러고 보니 정말 라바와 비슷한 몸매의 고구마들이었어요. 밀크는 고구마를 들고 라바가 기어가는 모양을 흉내 내기도 했습니다. 가끔은 스케치북처럼 평면이 아닌, 입체감이 살아 있는 곳에 그림을 그려볼 수 있는 기회를 주는 건 어떨까요? 여름에는 딱딱한 참외, 수박, 멜론, 키위 등을, 가을에는 감, 사과, 배, 밤 등을 활용할 수 있습니다.

READY
미리 준비하기
껍질을 벗겨 먹는 딱딱한 과일이나 채소 또는 열매, 유성 펜

HOW TO
1 — 껍질을 벗겨 먹는 딱딱한 과일이나 채소 또는 열매를 껍질째 주고 어떤 표정일지, 어떤 맛일지 아이와 이야기를 나눠본다.
2 — 1의 과일과 채소 위에 유성 펜으로 마음껏 그림을 그린다.
3 — 다 그린 후에는 어떤 느낌의 얼굴인지, 어떤 성격을 가진 과일, 채소, 열매일지 상상력을 동원하여 이야기를 나눈다.

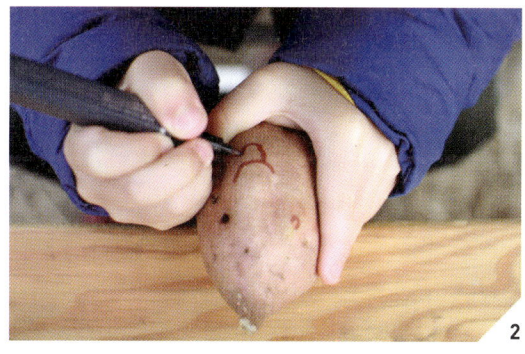
2

3

TIP
과일, 채소, 열매를 아이에게 주기 전에
과일이나 채소, 열매는 우선 깨끗이 씻어주세요. 농약이나 왁스 등이 묻어 있을 수 있으니까요. 고구마와 감자는 흙도 많이 묻어 있으니 그런 것들도 말끔하게 털어내고 주면 좋겠죠. 놀이를 즐긴 다음에는 아이에게 "껍질을 깎아도 될까?" 하고 물어보고, 되도록 아이가 허락하면 깎아서 잡숫는 걸로! 의외로 못 깎게 하는, 작품에 애착이 강한 아이도 있답니다. 또 부활절 달걀에 그림을 그리는 것처럼 달걀에 가족들의 얼굴을 그려보는 것도 재미있어요. 아이가 달걀에 그림을 그리다가 깨뜨리는 게 염려된다면 삶은 달걀을 사용하는 게 좋겠죠?

PLAY 16

휴지 가습기 만들기

언제
가을·겨울에,
건조한 날에

어디서
집, 캠핑장에서

무엇을
휴지와 페트병을

어떻게
이용해서 가습기를 만드는
놀이

가을과 겨울에는 '건조'가 사람 잡지요. 공기도 건조, 피부도 건조. 게다가 목이나 코의 점막까지 건조해져서 감기에도 걸리기 쉽고요. 특히 텐트 안에 히터나 난로를 켜야 하는 겨울 캠핑 때에는 수건을 흥건히 적셔 물수건을 만들어 걸어 놓고 자도 아침에 일어나면 수건이 바짝 말라 있을 정도로 건조합니다. 이런 때는 유해 성분이 없는 천연 가습기를 만들어보는 것도 재미있습니다. 솔방울로 만든 솔방울 가습기(231쪽 참조) 외에도 페트병과 나무젓가락, 휴지만으로도 가습기를 만들 수 있어요. 수분을 뿜어내는 가습기만큼은 아니지만 임시로 쓸 만하답니다. 따뜻한 물에 휴지의 끄트머리를 담가두면 물이 휴지를 타고 올라오면서 증발해 가습기 역할을 해줘요. 비교적 간단해 아이와 함께 만들기 좋습니다. 휴지 가습기를 만들면서 수증기의 원리와 역할, 습도에 대해서도 이야기를 나눌 수 있고요.

READY

미리 준비하기
나무젓가락 또는 젓가락, 휴지, 물, 가위

주변에서 구하기
투명 페트병

HOW TO

1 — 가위로 투명 페트병을 반으로 자른다.
2 — **1**의 자른 입구 부분 양 끝에 역삼각형 모양으로 가위집을 낸다.
3 — **2**에 나무젓가락 또는 젓가락을 가로로 걸쳐놓는다.
4 — 두루마리 휴지 3~4칸 정도를 잘라 **3**에 걸친다.
5 — 물을 3분의 2 정도 담는다.
6 — 손이 닿지 않는 곳에 놓아두고 눈금을 표시해둔다.

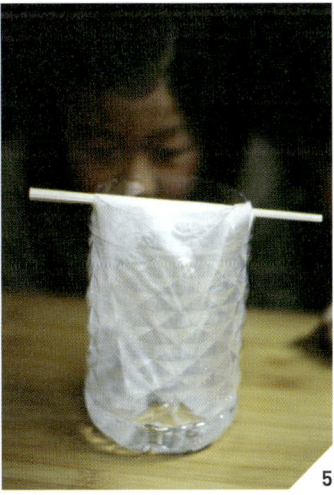

TIP

페트병에 물 높이를 표시하기
가습기를 만들 때 페트병에 네임 펜으로 물 높이를 표시해두고 다음 날 일어나서 물 높이를 관찰하면 증발한 물의 양을 아이들이 눈으로 직접 확인할 수 있습니다.

종이컵 탑 쌓기 놀이

언제
비나 눈이 와서 텐트 안이나 타프 아래 있어야 할 때
어디서
텐트 안 또는 타프 아래에서
무엇을
한 번 쓴 종이컵들을
어떻게
순발력 있게 쌓는 놀이

캠핑을 본격적으로 시작하면서 종이컵은 가급적이면 쓰지 않게 되었습니다. 캠핑장에 넘쳐나는 쓰레기들을 보다 보면 자연스럽게 환경오염에 대한 경각심이 생기더라고요. 하지만 깜빡하고 컵을 두고 왔다거나 캠핑장에 손님이 방문해 인원이 많아졌다거나 해서 종이컵을 쓰게 되면 물로 헹군 후 잘 말려서 종이컵 탑 쌓기 놀이를 합니다. 전문 용어로 '스피드 스택스'라는 놀이인데, 종이컵을 빠르게 쌓아올리거나 반대로 쌓아올린 컵을 빠르게 정리해서 순발력을 체크하고 기를 수 있는 놀이지요. 실제로 스마트폰에 있는 스톱워치 기능을 켜두고 초재기를 하면 승부욕이 활활 불타오르죠. 빨리 쌓으려다 종이컵이 우르르 무너지면 깔깔깔 하고 웃음보도 터진답니다. 아이들뿐 아니라 어른들까지도 열광하게 만드는 종이컵 탑 쌓기 놀이에 온 가족이 함께 도전해보는 건 어떨까요.

READY
미리 준비하기
종이컵(또는 일회용 플라스틱 컵) 10개

HOW TO
1. "시작" 하는 구령과 동시에 종이컵을 맨 아래층부터 4개, 3개, 2개, 1개 순으로 쌓는다.
2. 1을 다 쌓은 후 바로 쌓았던 컵들을 정리해 1개로 모은 후 기록(소요 시간)을 잰다.

NOTICE
스피드 스택스 구매
제대로 스피드 스택스를 즐기고 싶다면 온라인 쇼핑몰 등에서 '스피드 스택스'로 검색해 패키지를 구입하면 됩니다.

—

오후 6시,
캠핑이 사랑스러워지는 시간.
뾰쪽하고 뜨겁던 해가 너그러워지고,
내 아이들이 비운 자리에
남의 집 아이들이 와서 시끌벅적 놀고,
밥 누른내와 서늘한 밤바람과
조용한 음악이 내 곁을 맴돌고,
아이 밥 한 끼 먹여줬다고
감자탕에 밑반찬을 잔뜩 보내오는
오늘 처음 만난 옆 텐트 부부의 다정한 인사가 있는 이 시간.

누군가가 나에게 왜 그 고생을 하냐고 묻는다면
분명 굳이 사서 할 만한 가치가 있는 고생이라고 말하고 싶어요.
캠핑을 통해 자라는 것은 아이뿐만이 아닌 것 같습니다.

엄마표 캠핑 놀이 106
PART 6

먹으면서 놀자

PLAY 1 바비큐 꼬치 끼우기 놀이

언제	봄·여름·가을·겨울에
어디서	캠핑장에서
무엇을	바비큐 꼬치 재료를
어떻게	색깔 순서대로 끼워보는 놀이

캠핑의 꽃은 바비큐라고 하지요. 근데 바비큐를 할 때도 놀이가 가능하다는 사실. 바비큐 꼬치에 들어가는 오색찬란한 재료들을 이용한 이 놀이는 아이들에게 색깔에 대해 가르칠 수도 있고, 순서의 개념도 가르칠 수도 있고, 기억력 테스트도 할 수 있습니다. 바비큐 꼬치에 들어가는 기본 재료는 고기, 빨강·노랑·초록 파프리카, 버섯 등이고 여기에 파인애플이나 브로콜리, 주키니 호박 등을 추가하기도 하는데 색깔 고운 파프리카와 소시지만 있어도 충분해요. 재료가 준비됐으면 바비큐 꼬치 꽂기 대회를 엽니다. 엄마나 아빠가 놀이 진행자가 되어 꼬치에 꽂을 재료의 순서를 불러주면 아이가 해당 재료들을 찾아 순서대로 꽂는 식이에요. 처음에는 느린 말투로 순서대로 꽂길 기다려주며 "빨강 파프리카 위에 주황 소시지, 주황 소시지 위에 빨강 파프리카, 빨강 파프리카 위에 노랑 파프리카, 노랑 파프리카 위에 주황 소시지 그리고 하얀 버섯…." 이런 식으로 시작했다가, 아이가 어느 정도 감을 잡으면 빠른 말투로 "빨강 위에, 노랑 위에, 주황 위에, 노랑 위에, 초록 위에, 주황 위에, 빨강 위에, 주황 그리고 하얀…." 이런 식으로 기억해서 꽂을 수 있도록 합니다. 지난해 봄 캠핑 때 처음 해봤는데 초코랑 밀크는 두세 꼬치 끼워본 후 자신감이 생겼는지 "그냥 쭈욱~ 빠르게 불러주세요~"라고 강력하게 요청하더라고요. 그래서 서너 개씩 한 번에 불러줬는데 순서대로 기억하고는 제법 잘 꽂았어요. 그 뒤로도 종종 하는데 할 때마다 즐거워하고 또 자신이 직접 만든 바비큐 꼬치는 자기 거라며 꼭 찾아서 먹는답니다. 이 놀이를 한 후 파프리카 섭취량도 늘었어요.

READY

미리 준비하기
바비큐용 소시지, 파프리카 빨강·노랑·초록 각 1개씩, 바비큐용 꼬치

HOW TO

1. 놀이 시작 전 소시지, 파프리카 등을 한 입 크기로 잘라 재료별, 색깔별로 구분해둔다.
2. 바비큐용 꼬치를 들고 진행자의 지시에 따라 호명되는 색상의 재료를 꼬치에 끼운다.
3. 호명이 끝나면 바비큐 꼬치에 끼운 재료의 순서가 맞는지 확인한다. 정확하게 빨리 끼운 사람이 놀이의 승자.
4. **3**의 꼬치를 숯불에 구워 냠냠 먹는다.

> **TIP**
>
> **꼬치 끼우기 주의 사항**
> 이 놀이를 시작할 때는 사전에 준비물을 미리 다듬어 가는 게 좋아요. 고기는 아이들이 끼우기 어려우니 소시지로 대체하고요. 파프리카, 버섯 등을 한 입 크기로 자른 다음 지퍼 팩에 담아 가면 캠핑장에 가서 재료 준비 하는 시간이 줄고, 캠핑장에서 나오는 음식물 쓰레기도 줄일 수 있지요. 그리고 꼬치가 뾰족해서 위험할 수 있으니 어른이 곁에서 꼭 지켜보는 가운데 게임을 진행하는 것이 좋아요.

PLAY 2 | 초콜릿 퐁듀 파티

언제	밸런타인데이 전후에, 아이들이 단것을 찾을 때
어디서	집, 캠핑장에서
무엇을	초콜릿을
어떻게	녹여서 마시멜로 등을 찍어 먹는 놀이

캠핑장에서도 간단하게 퐁듀를 즐길 수 있답니다. 저희 집 남자들은 치즈보다는 초콜릿을 좋아하는 관계로 치즈 대신 초콜릿 퐁듀를 간식으로 아주 간혹 먹어요. 화로에 불을 피워 그릴 한쪽에 냄비를 놓고 초콜릿만 녹이면 무엇이든 찍어 먹을 수가 있거든요(치즈 퐁듀 요리도 마찬가지로 냄비에 치즈를 녹여 고기류 등을 찍어 먹으면 맛있습니다). 아이들에게 단것은 무조건 안 좋다고 하기보다는 이렇게 한 번쯤은 초콜릿 퐁듀 놀이를 하면서 단것에 대한 해방감을 주고 다음에 또 먹기로 약속하면 당분간은 단것을 안 찾기도 해요. 마시멜로, 젤리, 바나나, 딸기 등을 초콜릿에 찍어 먹는 초콜릿 퐁듀 파티는 가급적 너무 덥거나 춥지 않은 날에 하길 권해요. 더운 날엔 초콜릿에 찍어 먹을 다른 재료들이 쉽게 물러지고 마시멜로도 끈적해지거든요. 또 장마철에는 눅눅해지기 쉽고, 추운 날에는 초콜릿이 금세 굳어버리고요.

하얀색 마시멜로는 그냥 초콜릿에 찍는 것보다는 화로나 버너에 겉을 살짝 구운 뒤 찍어 먹으면 더 맛있어요. 딸기는 깨끗하게 씻어서 녹인 초콜릿에 찍어 먹으면 색도 예쁘고 맛도 좋죠. 바나나도 초콜릿에 퐁당 빠뜨리면 인기 만점이고요. 3단 파티 플레이트나 예쁜 그릇, 나무 꼬치 등을 챙겨 가면 레스토랑 안 부러운 근사한 초콜릿 퐁듀 파티가 된답니다.

READY.

미리 준비하기

마시멜로, 딸기, 바나나, 젤리, 막대 과자, 초콜릿, 나무 꼬치, 버너나 화로, 초콜릿을 녹일 만한 냄비

HOW TO

1_ 딸기는 깨끗하게 씻어 그릇에 담는다.
2_ 바나나는 껍질을 까서 한 입 크기로 잘라놓는다.
3_ 나무 꼬치에 마시멜로, 딸기, 바나나, 젤리 등 먹고 싶은 것을 꽂는다.
4_ 냄비에 물을 붓고 초콜릿을 잘라서 중탕해 녹인다.
5_ **3**의 꼬치에 꽂은 재료들과 막대 과자를 **4**의 초콜릿에 찍어 먹는다.

TIP

초콜릿 퐁듀 파티를 할 때

예쁜 패턴의 마스킹 테이프(문구점이나 다이소 문구류 코너에서 판매)를 준비하여 나무 꼬치를 장식하고, 좀 더 부지런을 떨어 시중에서 판매하는 퐁듀기와 워머용 양초 등을 챙겨 가면 좀 더 근사한 초콜릿 퐁듀 파티를 열 수 있습니다.

PLAY 3

못난이 핫도그 만들기

언제
출출할 때
어디서
캠핑장 또는 집에서
무엇을
직접 만든 못난이 핫도그를
어떻게
기름에 튀겨서 먹는 놀이

조금 모자라는 것도 괜찮습니다. 늘 예쁘고 완벽한 모습일 필요는 없지요. 조금 못생겨서 더 정이 가는 것들도 있으니까요. 출출하다 싶을 때 아이와 핫도그를 만들어 먹습니다. 특히 여름에 물놀이를 끝내고 먹는 핫도그는 그야말로 꿀맛이에요. 미끈한 몸매의 핫도그가 보기 좋기는 하겠지만, 핫도그 아저씨가 아닌 이상 어른인 저도 예쁜 핫도그를 만들기가 쉽지 않더라고요. 이러면 어떻고 저러면 어떤가요. 맛있으면 그만이지요. 완벽주의 성향을 가진 아이들은 실수를 두려워하고 망치는 것을 싫어합니다. 우리 밀크가 약간 그런 스타일이에요. 그래서 가끔 틀릴 기회와 망칠 기회를 줍니다. 핫도그를 만들 때도 그냥 핫도그를 만드는 게 아니라 '못난이 핫도그'를 만들자고 합니다. 못생기게 만들기 놀이를 하게 되면 아이에게 실수는 스트레스가 아닌 재미가 되지요. 그저 소시지를 나무젓가락에 끼워 엄마 아빠가 미리 만들어놓은 반죽으로 옷을 입히는 정도지만 아이는 가장 중요한 재료를 다루는 과정을 담당하는 만큼 막중한 책임감을 느끼며 진지하게 참여합니다.

READY

미리 준비하기

핫케이크 가루 300g, 빵가루, 미니 소시지 7~8개, 달걀 1개, 나무젓가락, 식용유, 케첩

HOW TO

1 — 핫케이크 가루에 달걀을 풀어 잘 섞는다. 반죽이 너무 뻑뻑하면 물이나 우유를 추가해 농도를 조절한다.

★ 달걀을 푸는 것도 아이들이 좋아하는 놀이 중 하나예요.

2 — 나무젓가락에 소시지를 끼운 다음 **1**의 반죽에 잘 묻힌다.

3 — **2**를 빵가루 위에 굴린다.

4 — 끓는 기름에 **3**의 핫도그를 넣고 골고루 잘 튀겨준다.

5 — 핫도그가 노릇노릇해지면 꺼내 식힌 후 케첩을 뿌려 먹는다.

TIP

밀가루 대신 핫케이크 가루

핫케이크 가루는 반죽의 농도나 점성이 밀가루보다 떨어질 수 있습니다. 하지만 맛에서는 밀가루보다 단연 한 수 위! 달달한 맛이 섞여 있어 핫도그 완성 후에 설탕 없이 케첩만 뿌려 먹어도 맛있답니다. 밀크는 자기가 만든 못난이 핫도그를 무려 3개나 먹었어요.

언제
배고플 때
어디서
캠핑장이나 집에서
무엇을
카레라이스를
어떻게
재미있게 만들어 먹는 놀이

PLAY 4   러버덕 카레라이스

카레라이스는 캠핑장에서 자주 먹는 메뉴 중 하나지요. 때론 너무 자주 먹어서 아이들이 식상해하기도 하고, 물려서 안 먹는 경우도 있어요. 이럴 때는 약간의 재미를 가미하면 전혀 새로운 음식처럼 느껴질 수도 있답니다. 특히 밥은 아이들에게 미술 놀이를 할 때 점토 같은 역할을 할 수도 있어요. 동그랗게 주먹밥을 만들 수도 있고, 여러 가지 모양을 만들기도 쉽지요. 카레라이스를 해 먹을 때, 쉽게 만들어볼 만한 것이 스노우맨입니다. 밥을 동그랗게 주먹밥 모양으로 2개를 만든 뒤 쌓아 올리면 되지요. 여기에 김으로 눈·코·입을 표시해주면 끝. 이런 식으로 '러버덕'도, 애니메이션 「빅 히어로」의 주인공 '베이맥스'도 만들 수 있어요. 아이들은 엄마가 상상하는 것 이상을 만들어내기도 한답니다.

READY

미리 준비하기
카레, 당근, 김, 흰밥

HOW TO

1. 흰밥과 카레를 미리 조리해놓는다.
2. 당근은 작게 세모로 잘라둔다.(러버덕 입 모양)
3. 김은 손톱보다 작은 크기로 동그랗게 잘라둔다. (러버덕 눈 모양)
4. 흰밥 한 덩어리는 크게, 한 덩어리는 3분의 2 정도 크기로 동그랗게 빚는다.
5. 흰밥 작은 덩어리에 2의 당근을 오리의 입 모양이 되게 꽂는다.
6. 5에 3의 김을 눈 모양이 되게 붙인다.
7. 4의 흰밥 큰 덩어리에 6을 얹는다.
8. 볼에 카레를 3분의 1 정도 붓는다.
9. 8의 카레 위에 7을 얹는다.

★ 완성된 오리 모양에 카레 국물을 뿌리면 노란색이 입혀지면서 더욱 러버덕다워진답니다.

2

4

5

9

마시멜로 쿠키
만들기

언제
마시멜로를 간편하면서도 색다르게 먹고 싶을 때

어디서
캠핑장이나 집에서

무엇을
마시멜로를

어떻게
녹여서 쿠키 속에 넣어 먹는 놀이

마시멜로는 캠핑할 때 재미 삼아 가지고 다닙니다. 사실 무슨 맛인지는 아직도 모르겠으나 아이들은 화로에 마시멜로를 구워 먹는 그 자체만으로도 참 즐거워합니다. 그런데 이 마시멜로라는 게 불 조절을 조금만 잘못해도 타기 쉬워요. 시커멓게 그을리는 것은 다반사고, 자칫하면 불이 붙어 본의 아니게 불쇼를 하기도 하지요. 이 까탈스러운 마시멜로를 어떻게 먹으면 잘 먹었다고 소문이 날까 고민하다 살짝 구워 쿠키에 끼워 먹기 시작했습니다. 아주 쉬운 방법으로는 한쪽 면에 초콜릿이 묻은 쿠키 2개 사이에 살짝 구운 마시멜로를 끼워 눌러 먹으면 마시멜로와 함께 초콜릿이 녹으면서 더욱 맛있어지지요. 좀 더 요리스럽게 먹으려면 바나나나 딸기, 초콜릿을 쿠키 사이에 넣은 뒤 말랑말랑해진 마시멜로를 곁들여보세요. 마시멜로의 온기에 초콜릿이 녹으면서 맛있는 마시멜로 쿠키가 된답니다.

READY
미리 준비하기
마시멜로, 초콜릿 쿠키, 딸기, 바나나, 초콜릿, 나무 꼬치

HOW TO
1 — 딸기, 바나나를 얇게 자른다.
   ★ 딸기와 바나나는 무른 과일이기 때문에 플라스틱 칼로 아이가 직접 잘라도 됩니다.
2 — 초콜릿 쿠키(초콜릿이 발린 면을 위로 해서) 위에 **1**의 딸기와 바나나, 초콜릿을 순서대로 얹는다.
3 — 마시멜로를 나무 꼬치에 끼워 버너나 화로에 살짝 구워 말랑말랑해지면 **2** 위에 얹은 뒤 다른 초콜릿 쿠키 1개를 초콜릿이 발린 면을 아래로 해서 덮는다.

2

3

PLAY 6 맥주 캔에 팝콘 튀겨 먹기

언제	
밤에	
어디서	
캠핑장에서	
무엇을	
팝콘을	
어떻게	
맥주 캔에 넣어서 불에 튀기는 놀이	

불이 활활 타오를 때마다 맥주 캔 속에서 옥수수 알갱이가 하얀 팝콘이 되어 퐁퐁 튀어나옵니다. "우와!" "우리 아빠 진짜 멋진 팝콘 아저씨 같아요!" 놀라다 못해 격양된 목소리(?)가 나오게 하는 이 놀이, 바로 맥주 캔에 팝콘을 튀겨 먹는 놀이지요. 일명 '맥주 캔 팝콘'은 버리는 맥주 캔이 팝콘 기계가 되는데, 아이뿐 아니라 지켜보는 어른들도 꽤 재미있어하고 신기해합니다. 맥주 캔 팝콘은 주로 가스나 버너에 많이 해 먹는데, 화로에서도 잘 만들어져요. 팝콘 알갱이가 맥주 캔에서 하나씩 튀어나올 때마다(처음에는 가뭄에 콩 나듯 튀어나옵니다) 웃음소리가 끊이질 않습니다. 팝콘 좀 튀겼을 뿐인데, "아빠, 최고!"라는 말을 듣는 능력자로 변신! 팝콘 한 번 튀기면 점수 잃었던 아빠도 금세 '레벨업'된다는 거 기억하세요.

READY

미리 준비하기
팝콘용 옥수수 알갱이,
식용유 또는 버터, 맥주 캔, 쿠킹 포일,
화로 또는 버너

HOW TO

1. 깨끗이 씻어 말린 맥주 캔 몸통 부분에 'ㄴ' 자 모양의 문을 만든다.
2. 1의 맥주 캔을 쿠킹 포일로 감싸 튀어나오는 팝콘을 받을 '팝콘 받이'를 만든다.
3. 2의 맥주 캔에 식용유를 자작하게 붓고 화로에 올린 뒤 맥주 캔 구멍에 팝콘 재료인 옥수수 알갱이를 넣어준다.
   ★ 팝콘용 옥수수에는 기름이 함유되어 있으므로 식용유는 적당량만 사용하세요.
4. 3의 식용유가 끓어오르며 팝콘이 완성되어 튀어나오면 받아서 맛본다.

PLAY 7
어묵 꼬치 끼우기 & 모양 내기 놀이

언제	어묵탕이 먹고 싶을 때
어디서	캠핑장이나 집에서
무엇을	어묵을
어떻게	쿠키 커터로 찍어서 재미있게 만들어 먹는 놀이

캠핑장에서 빼놓을 수 없는 메뉴가 있다면 바로 어묵탕. 특히 쌀쌀해지는 계절의 캠핑 야식 1순위로 꼽히지요. 만들기도 간단하거니와 가성비 좋은 그럴싸한 식재료라 개인적으로 어묵을 좋아합니다. 캠핑 가기 전에 부산의 삼진어묵 사이트에 들어가 종종 구입하곤 하는데, 그중에서도 '납작오뎅'이라고 불리는 네모 반듯한 얇은 어묵을 꼭 주문해요. 이 어묵을 접어서 꼬치에 끼우는건 3세 이상의 아이 이라면 어렵지 않게 할 수 있어요. 대나무 꼬치에 꼬불꼬불하게 끼우기도 하고, 쿠키 커터로 모양을 찍어보는 놀이까지 하면 어묵탕이 조금 특별해집니다. 공룡 마니아인 초코는 역시나 공룡 모양 틀을 찍어 공룡 어묵을 완성했고 놀이를 함께 한 이웃집 아이 주원이는 토끼·고양이 모양 틀을 찍어 동물왕국 어묵을 만들었답니다. 초코는 보글보글 끓고 있는 어묵 속 공룡 모양 어묵을 보며 "마치 공룡 목욕탕 같아." 하며 웃었습니다. 모양 틀을 찍고 남은 부분은 버리지 말고 탕에 넣거나 양파, 파, 기름을 살짝 넣고 볶으면 알뜰하게 먹을 수 있어요.

READY

미리 준비하기
4인분 기준 납작한 어묵 15장, 어묵용 대나무 꼬치, 쿠키 커터, 다시마, 무, 파, 국간장 조금, 소금, 요리용 테이블 매트, 요리용 비닐장갑

HOW TO

1 — 요리용 비닐장갑과 앞치마를 착용한다.
　★ 앞치마가 없으면 통과!
2 — 납작한 어묵을 요리용 테이블 매트나 도마에 놓고 눈대중으로 3등분한 다음 어묵을 접는다.
3 — **2**의 어묵을 대나무 꼬치에 지그재그로 끼워 10개 정도 준비한다.
4 — 남은 어묵 5장은 쿠키 커터로 모양을 찍는다.
5 — 냄비에 물을 붓고 다시마와 무, 파를 넣어 육수를 우린 후 국간장과 소금으로 간을 해 **3**과 **4**의 어묵을 넣고 끓인다.
6 — 다 함께 모여 맛있게 먹는다. 자기가 만든 어묵 꼬치가 어떤 것인지 찾아보는 재미도 쏠쏠하다.

여러 가지 모양
카나페 만들기

PLAY 8

언제
간식 시간에
어디서
집, 캠핑장에서
무엇을
식빵과 치즈를
어떻게
쿠키 커터로 찍어서 카나페를 만들어 먹는 놀이

모양을 찍을 수 있는 쿠키 커터는 요리 놀이를 할 때 참 유용합니다. 아이가 재미있게 요리에 참여할 뿐 아니라 평소 잘 먹지 않는 음식도 아이가 좋아하는 모양으로 만들어주면 잘 먹거든요. 그래서 캠핑장 갈 땐 항상 챙겨가는 아이템이기도 하지요. 식빵을 작게 잘라서 구운 뒤 한쪽 면에 버터를 바르고 닭가슴살이나 치즈 등을 얹은 카나페는 어른들에겐 와인 안주로 사랑받는 메뉴이지만 캠핑장에서 아침 대용식이나 간식으로 만들어 먹기 좋아요. 이때 모양을 찍을 수 있는 쿠키 커터가 있으면 식빵과 치즈가 재미있는 모양으로 업그레이드되지요. 주주들은 치즈를 잘 먹지 않으려고 하는데 함께 만들다 보면 남은 재료를 슬쩍 집어먹기도 해서 자연스럽게 먹이기가 좋더라고요. 쿠키 커터의 종류는 어떤 것이든 좋지만, 이왕이면 한 입 크기로 먹을 수 있게 모양이 조금 크게 나올 수 있는 것으로 고르면 좋아요. 주주들은 동물 모양 쿠키 커터를 골랐습니다. 식빵과 치즈를 포개어 쿠키 커터로 찍는 것부터 참치를 으깨거나 2개의 포크를 활용해 게맛살 잘게 찢는 것까지 아이가 스스로 해볼 수 있답니다. 특히 초등학생 이상이라면 드레싱을 뿌려 참치 & 게맛살 샐러드를 만드는 것부터 식빵과 치즈 위에 얹는 것까지 전 과정을 스스로 해볼 수도 있어요.

READY

미리 준비하기

식빵, 치즈, 게맛살, 참치살, 샐러드용 드레싱(주주맘은 시판 제품 사용), 여러 가지 모양의 쿠키 커터

HOW TO

1 ─ 식빵을 살짝 구워 식힌 다음 치즈 1장과 포개어 놓고 쿠키 커터로 찍어 모양을 내 자른다.
  ★ 이때 식빵이 다 식은 후 치즈를 얹어야 치즈가 녹지 않습니다.
2 ─ 참치살은 기름기를 뺀 다음 으깨고, 게맛살은 포크 2개를 이용해 잘게 찢어 샐러드용 드레싱을 적당히 넣은 뒤 잘 섞는다.
3 ─ **1**에 **2**를 적당량 얹는다.
4 ─ 맨 위에 방울토마토나 견과류를 곁들여 완성한다.

짜파게티 꾸미기

PLAY 9

언제	간식 타임에
어디서	캠핑 테이블에 앉아서
무엇을	짜파게티 면과 밥, 단무지 등을
어떻게	접시에 담아 얼굴처럼 표현해보기

한때 짜파게티와 너구리 라면을 섞은 변종 라면(?) '짜빠구리'가 유행했지요. 캠핑장에서도 인기 폭발이었어요. 요즘엔 인스타그램을 하는 사람들이 늘면서 작품에 가까운 음식 사진들을 어렵지 않게 찾아볼 수 있는데, 자칭 트렌드세터(?)라고 주장하는 주주맘은 간식 하나도 '에지' 있게 만들어주려고 고민합니다. 짜파게티는 캠핑장에서도 간식이나 식사 대용으로 종종 먹는 인기 메뉴인데, 이 짜파게티 면과 밥, 단무지, 후리가케 등을 활용해 짜파게티 요리사 아줌마 얼굴을 꾸미는 놀이를 해봤지요. 아이들의 반응은 무척 뜨거웠답니다. 특히 밀크는 친구들에게 완성품을 자랑하느라 짜파게티가 식는 줄도 모르고 한참을 들고 돌아다녔네요. 물론 만들다 보면 중간에 면을 흘리거나 흘러내린 면을 손으로 줍는다든가 하는 약간의 비위생적인 불상사(?)가 발생하기도 하지만요.

READY
미리 준비하기
짜파게티, 깊이가 살짝 있는 접시,
밥, 단무지(반달 모양),
후리가케(또는 비엔나소시지나 콩자반),
딸기 같은 빨간색 식재료

HOW TO
1. 밥을 작은 그릇에 눌러 담은 후 공기를 접시에 엎어 밥이 동그란 모양이 되게 담아둔다.
2. 짜파게티를 끓인다. 이때 되도록 국물 없이 볶듯이 만든다.
3. 젓가락으로 짜파게티를 건져 **2**의 밥의 상단 부분에 얹는다.
   ★ 밥으로 얼굴, 면으로 파마를 한 머리카락을 표현했어요.
4. 단무지(반달 모양)는 입 모양처럼 **3**의 밥 위에 얹는다.
5. 후리가케(또는 볶아서 얇게 썰어놓은 비엔나소시지)로 눈을 표현한다.
6. 딸기 등 빨간 식재료로 볼을 표현한다. 케첩을 이용해도 괜찮다.

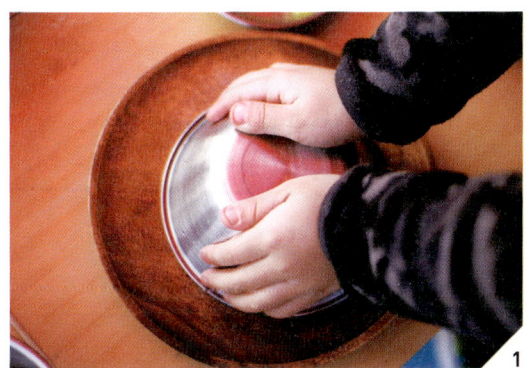

NOTICE
작품 같은 요리를 보고 싶다면?
요리를 잘 못하지만 관심은 무지 많은 주주맘이 즐겨 찾는 사이트가 있는데, '벤토 몬스터즈'(www.bentomonsters.com)라는 곳이에요. 아이들이 좋아할 만한 인기 캐릭터 도시락부터 '토토로' 같은 애니메이션 주인공까지 음식으로 표현한, 상상력 가득한 도시락 작품들을 만날 수 있답니다.

PLAY 10

추억의 달고나 만들기

언제
봄·여름·가을·겨울에

어디서
집, 캠핑장에서

무엇을
설탕을 이용한 달고나를

어떻게
쿠키 커터로 찍어 재미있는 모양으로 만들어보는 놀이

추억의 주전부리 달고나. 어린 시절 집에서 엄마 몰래 커다란 국자에 설탕 넣고 소다 넣고 해 먹다가 국자 다 태워 야단맞았던 그 추억의 그 달고나는 버너를 쓰는 캠핑장에서 해 먹으면 딱입니다. 그냥 해 먹는 것도 충분히 즐거울 수 있지만, 쿠키 커터를 활용하면 제법 유니크하고 시크한 달고나가 만들어져요. 저희는 시중에서 판매하는 기본 달고나 세트를 가지고 다니는데, 자동차, 별, 칼, 사람, 무 등 추억의 모양 틀이 들어 있어요. 어른인 저에게는 향수가 느껴지는 수수한 모양 틀이지만, 비주얼이 한층 업그레이드된 시대를 사는 요즘 아이들의 눈길을 사로잡을지 의문이 들어 재미를 극대화하기 위해서(?) 아이들이 좋아하는 동물 모양의 쿠키 커터를 투입해봤어요. 아이들이 원하는 모양으로 만들어주면 더욱 기억에 남는 추억이 될 테니까요. 충치가 걱정될 때는 일반 설탕 대신 자일로스 설탕을 쓰면 아주 조금 죄책감이 덜어지긴 합니다. 시중에서 판매하는 달고나 세트의 바닥판은 그 옛날 그 소재가 아니라 그런지 실제로 해보니 달고나가 많이 들러붙더라고요(선무당의 장구 탓). 이럴 때는 설탕을 곱게 간 뒤 파우더로 만들어 충분히 뿌리거나 바닥판에 식용유를 충분히 발라야만 떼어낼 때 고생하지 않아요(달고나를 떼어낼 때 부서지기라도 하면 아이들의 원성을 한 몸에 사게 될 수 있다는 것도 기억해야 해요). 달고나 만들기는 먹는 것도 즐겁지만, 아이들에게 고체였던 설탕이 열을 가하면 액체가 된다는 과학 상식을 알려줄 수 있다는 점도 좋아요. 여기에 팽창제 역할을 하는 식소다(탄산수소나트륨)를 첨가하면 음식이 부풀어 오르는 현상에 대해서도 설명해줄 수 있지요. 특히 식소다를 투하하는 과정에서 "엄마가 마술을 보여줄게! 부풀어 올라라, 얍~" 하고 말하면 아이들의 호기심은 절정에 달합니다. 하지만 얘기를 하다가 태워 먹는 경우가 허다하니 주의하세요.

READY

미리 준비하기
달고나 세트, 쿠키 커터, 설탕, 식소다

HOW TO

1− 설탕을 곱게 갈아 달고나 세트 안에 들어 있는 바닥판에 뿌려둔다.
2− 달고나 세트 안에 있는 국자에 설탕을 2숟가락(어린이용 숟가락 기준) 정도 넣는다.
3− **2**의 설탕을 약한 불에 나무젓가락으로 저으며 서서히 녹이다 액체 상태가 되면 나무젓가락으로 소다를 두 번 정도 찍어 넣은 뒤 재빠르게 휘젓는다.
4− **3**이 부풀어 오르면 재빨리 **1**의 바닥판에 붓는다.
5− **4**가 식기 전에 달고나 세트에 동봉된 누름판으로 살짝 누른 뒤 아이가 골라놓은 쿠키 커터를 대고 찍어준다.
6− **5**의 모양대로 뽑으면 상을 준다.

NOTICE

국자가 타면
국자가 타면 설탕이 새까맣게 변하면서 쓴맛이 납니다. 이럴 땐 국자에 물을 조금 붓고 끓이면서 나무젓가락으로 주변에 달라붙은 설탕 찌꺼기를 제거해주세요. 금세 국자가 깨끗해진답니다. 팔팔 끓는 물에 국자를 담가 놓아도 됩니다.

> **TIP**
> **슈거크래프트도 만들어보세요**
> 달고나를 만들 때 식소다를 넣지 않고 설탕만 녹여 굳히면 사탕이 되는 것 아시나요? 바닥판에 녹인 설탕을 모양을 내서 흘려 굳히면 이것이 바로 슈거크래프트!

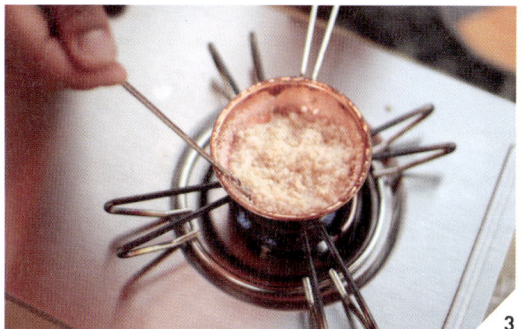

먹으면서 놀자

PLAY 11

레모네이드 만들기

언제	
봄·여름·가을에, 더운 날에	
어디서	
캠핑장에서	
무엇을	
탄산수와 레몬 가루를	
어떻게	
섞어서 레모네이드를 만들어 마시는 놀이	

시원한 것이 그리운 여름이라면 아이들이 직접 음료를 만들어 마시는 놀이도 빼놓을 수 없지요. 그저 두 가지 재료를 섞는 놀이인데, 그것마저도 아이들은 서로 하겠다고 옥신각신합니다. 탄산수와 레몬 가루를 이용해 레모네이드 만들기는 탄산가스가 녹아 있는 탄산수의 특징을 관찰할 수 있는 놀이입니다. 레몬 가루를 넣으면 탄산가스가 기포가 되어 우르르 올라오는데 아이들은 그 현상을 꽤나 신기해하더라고요(물과 비교해주면 그 차이를 더욱 확실히 관찰할 수 있습니다). 제대로 관찰하고 두 재료를 제대로 섞으려면 비커 같은 투명 컵이 있으면 좋은데 캠핑장에 있을 리 만무하지요. 역시 이럴 땐 생수 페트병을 반으로 잘라 사용하면 딱입니다. 레모네이드를 만드는 것에는 밀크가, 만들어진 레모네이드를 마시는 것에는 초코가 관심이 많았답니다. 참, 탄산이 들어간 음료수를 마신 직후에 양치질을 하는 것은 이에 좋지 않다는 것 아시나요? 탄산음료는 높은 산성을 띠고 있어서 탄산음료를 마신 직후에는 입 안이 잠깐 산성 환경으로 되기 때문에 그럴 때 이에 자극을 가하면 손상이 될 수도 있다고 해요. 일단 탄산음료를 마셨다면 물로 입 안을 깨끗하게 헹구고 20분 정도 지난 후에 양치질을 하는 것이 좋다는군요.

READY

미리 준비하기

탄산수 500mL, 레모네이드 가루 소포장 2개, 투명 페트병

HOW TO

1— 투명 페트병에 탄산수를 붓는다.
2— 레모네이드 가루를 넣고 탄산가스 기포가 발생되는 것을 관찰한다.
3— 나무젓가락 등으로 **2**의 탄산수를 잘 저어준다.
4— 얼음이 있으면 넣어 시원하게 마신다.

TIP

레몬 가루대신 생레몬으로 만들기

만약 시중에 판매되는 레모네이드 가루를 좋아하지 않는다면 레몬스퀴저를 이용해 생레몬을 즙을 낸 다음 탄산수에 부어서 먹어도 맛있습니다. 다만 탄산가스 기포는 레몬즙보다 레모네이드 가루를 넣는 것이 관찰하기 쉽습니다.

초판 1쇄 발행 2015년 6월 8일
초판 2쇄 발행 2016년 1월 5일

글·사진 박근희
발행 (주)조선뉴스프레스
발행인 김창기
편집인 우태영
기획편집 김화(출판1팀장), 김민정, 박영빈
판매 방경록(부장), 최종현, 박경민
디자인 올디자인
표지 캘리그라피 양삼우
교정·교열 김현지

편집문의 724-6726~9
구입문의 724-6796, 6797
등록 제301-2001-037호
등록일자 2001년 1월 9일
주소 서울특별시 마포구 상암산로 34 DMC디지털큐브 13층 (주)조선뉴스프레스 (121-904)

값 16,000원
979-11-5578-057-2 13590

* 이 책은 (주)조선뉴스프레스가 저작권자와의 계약에 따라 발행하였습니다.
저작권법에 의해 보호받는 저작물이므로 무단 전재와 복제, 전송을 금합니다.
* 저자와 협의하여 인지를 생략합니다.
* 조선앤북은 (주)조선뉴스프레스의 단행본 브랜드입니다.

> 삶을 아름답고 풍요롭게 만드는 도서를 출판하는 조선앤북에서는
> 예비 작가분들의 소중한 원고를 기다립니다.
> **블로그** blog.naver.com/chosunnbook
> **이메일** chosunnbook@naver.com